國立中央大學國學圖書館小史

盋山案牘　合刊

（上冊）

柳詒徵　撰

武黎嵩　李昕垚　整理點校

商務印書館
The Commercial Press
創于1897

柳詒徵先生像

1927 年，柳詒徵與國學圖書館同仁合影
前排左一柳詒徵，左二范希曾，第二排右三繆鳳林

1928 年 5 月，柳詒徵與國學圖書館同仁在烏龍潭合影
左一王悦之、左二向達、左六江筱石、左八李小緣、左九王春霆、左十汪藹庭、
右一趙鴻謙、右二陳漢章、右三柳詒徵、右四王瀣（伯沆）、
右六湯用彤、右七張祖言、右八陶少夔、右十范希曾

1934 年年底，國學圖書館同仁在景陶堂前合影
前排居中柳詒徵

1946 年冬，國學圖書館同仁合影
前排居中柳詒徵

國學圖書館正面圖

國學圖書館側面圖

國學圖書館正門

江南圖書館和國學圖書館的藏書樓——陶風樓

陶風樓內部

國學圖書館內景陶堂

目録

國立中央大學國學圖書館小史 ……………………………………………… 一

盋山案牘 ………………………………………………………………………… 一三一

　　國學圖書館年刊案牘輯録 ………………………………………………… 一四二

　　盋山牘存 …………………………………………………………………… 八三五

　　盋山牘稿 …………………………………………………………………… 九七一

柳詒徵國學圖書館四種著述整理後記 …………………………… 武黎嵩 一〇一九

國立中央大學國學圖書館小史

柳詒徵　撰
李昕垚　整理點校

苦茶圃壽圃平圃
半圃中圃中甫小顯

目次

第一章　緣起‥‥‥‥‥‥‥‥‥‥‥‥‥‥‥‥‥‥‥‥‥‥五

第二章　沿革‥‥‥‥‥‥‥‥‥‥‥‥‥‥‥‥‥‥‥‥一六

第三章　環境‥‥‥‥‥‥‥‥‥‥‥‥‥‥‥‥‥‥‥‥二五

第四章　圖書上‥‥‥‥‥‥‥‥‥‥‥‥‥‥‥‥‥‥三七

第五章　圖書下‥‥‥‥‥‥‥‥‥‥‥‥‥‥‥‥‥‥六二

第六章　目録‥‥‥‥‥‥‥‥‥‥‥‥‥‥‥‥‥‥‥七一

第七章　人物‥‥‥‥‥‥‥‥‥‥‥‥‥‥‥‥‥‥‥七七

第八章　經用‥‥‥‥‥‥‥‥‥‥‥‥‥‥‥‥‥‥一〇〇

第九章　規制‥‥‥‥‥‥‥‥‥‥‥‥‥‥‥‥‥‥一〇七

第一章　緣起

金陵之有圖書館，歷時財二十餘年，無久遠之歷史也。顧一事之興，恒函有地域人事流衍興感之因，非皆無端而崛起。雖其影響有遠有邇，而文化之淵源，及區域之關繫，一爲研索，往往有蹊徑相通。故欲知本館之起因，當先知金陵自來藏書之歷史。遠者第弗深考，自南唐徐楚金，迄明焦澹園藏書之盛，代有聞人。

陸游《南唐書》：「徐鍇，字楚金，會稽人。與兄鉉號『二徐』，酷嗜讀書，隆寒烈暑，未嘗少輟。久處集賢，朱黃不去手。精小學，故所讎書尤審。江南藏書之盛，爲天下冠，鍇力居多。」

《明史》：「焦竑，字弱侯，江寧人。爲諸生，有盛名。從督學御史耿定向學，復質疑于羅汝芳。舉嘉靖四十三年鄉試，下第還。定向遴十四郡名士，讀書崇正書院。按姚鼐《游故崇正書院記》：「清涼寺之左，明戶部尚書耿定向爲御史督南畿學時，建崇正書院于此。迄張江陵柄國，毀書院，江寧諸生改爲祠，以祀定向。至國朝，祠亦頹散矣。今釋展西居之，飭修其祠宇具完。因建前後屋，以奉佛居僧，而俗猶因故名，呼曰崇正書院。其前有竹軒，窈然幽靜，可以忘暑。後依山作小室丈許，啓窗西向，則萬樹交翳，樹隙大江橫帶，明滅其間，爲登覽之勝，知南畿學者，故嘗雲集西城矣。」以竑爲之長。及定向里居，復往從。萬曆十七年，始以殿試第一人，官翰林修撰，益討習國朝典章。二十二年，大學士陳于陛建議修國史，欲竑專領其

事。竑遂謝，乃先撰經籍志。……竑博極群書，自經史至稗官雜說，無不淹貫。善爲古文，典正馴雅，卓然

名家。《集》名「澹園」，竑所自號也。」

而集慶路學及明之南雍，儲藏雕印，著在志乘。迄今南監本史書尚流布海內，語其性質，實即國立學校

之圖書館，而兼印行所也。

《至正金陵新志》卷九《學校志》：「置經籍……宋天聖中，賜監書。紹興初，賜石經。宋末，閫帥師儒收

置其所藏，有御書石經、經書、史書、子書、理學書、文集、圖志、類書、字書、法書、醫書、書板石刻，卷帙以數

千計。歸附兵火，散失蕩然無一存，詳見《前志》。……路學書籍，則《景定志》所云賜書板刻置買者，兵火散

失殆盡。歸附後，于諸路裒集及捐學。計續刊設職收掌，所買經、史、子、集、圖志諸書，視他郡亦略全備。

十七史書板，計總二萬三千張。《史記》一千八百一十九，《前漢》二千七百七十五，《後漢》二千二百六十六，《三國志》一千二百九十六，《晉

書》二千九百六十五，《南史》一千七百七十三，《北史》二千七百二十一，《隋書》一千七百三十一，《唐書》四千九百八十一，《五代史》七百七十

三。雜書板：《金陵志》四百八十，《貞觀政要書》二百，《朱子讀書法》一百七十一，《南唐書》一百八十，《禮部玉篇》二百七十，《集慶志》一百三

十五，《修辭衡鑑》五十六，《農桑撮要》五十八，《救荒活民書》一百五十，《曹文貞公詩集》二百八十五，《憲台通紀》五百一十五，《陳子廉先生

詩》二十，《魯齋先生詩解大學》二十九，《樂府詩集》一千三百八十，《厚德錄》六十，《刑統賦》六十三。」

《南雍志》卷十八《經籍考》「官書本末」：「《金陵新志》所載《集慶路儒學官書》有宋御書石經本，且多諸

家奇書，卷帙以數千計。經兵火，後[元人收購，亦略全備，及改爲國子學，而元書皆不存。今本監所藏，乃

我累朝所頒及遞年所積之書也。正統末祭酒陳敬宗、嘉靖中祭酒費寀所奏請賜者在焉，獨《大明集禮》近所頒者，與舊十九史多失于祭酒陳寰時。惟沈約《宋書》歸然獨存，是不可以不紀也。舊志有總目，有給六堂數目，皆重復書之。歲久，逸者過半，或名存而實亡。今獨貯于彝倫堂之東西及東堂東厢者，即舊總目之遺也。六堂所貯，則近年請于工部新印二十一史而已。今考其顛末，著其存亡于下，以備觀者得有所考焉。其分給六堂所貯，既貯于彝倫堂，今不復重書云。嘗見天順年間官書，往往筆其後曰：『某堂失亡某書，今鈔寫陪補若干篇。』嗚呼！此亦衛書之鈇鉞也，後之人可不懼哉！可不謹哉！」

又《梓刻本末》：「《金陵新志》所載集慶路儒學史書梓數，正與今同，則本監所藏諸梓，多自舊國子學而來也明矣。自後四方多以書板送入，洪武、永樂時，兩經欽依修補，然板既叢亂，每爲刷印匠竊去，刻他書以取利，故旋補旋亡。至成化初，祭酒王㒜會計諸書亡數，已逾二萬篇。時巡視京畿、南京、河南道御史上海董綸，乃以贓犯贖金送充修補之費，《文獻通考》補完者幾二千葉焉。弘治初，始作庫樓貯之。嘉靖七年，錦衣衛間住千戶沈麟奏准校勘史書，禮部議以祭酒張邦奇、司業江汝璧，博學有聞，才猷亦裕，行文使逐一考對修補，以備傳布。于順天府收貯變賣庵寺銀，取七百兩發本監，將原板刊補，其廣東布政司原刻《宋史》，差人取付該監，一體校補。《遼》《金》二史原無板者，購求善本翻刻，以成全史。完日通印進呈，以驗勞績。制曰：『可。』于是邦奇等奏稱：『《史記》、前後《漢書》殘缺模糊，原板脆薄，剜補隨即脫落，莫若重刊。又于吳下購得《遼》《金》二史，亦行刊刻，共該用工價銀一千一百七十五兩四錢七分，刷印等費不在數

内。其餘十五史費用尚多，合于本監師生折乾銀內，動支一千八百兩以給費用。』

已而邦奇、汝璧陞遷去任，祭酒林文俊、司業張星繼之，乃克進呈。然多有遺脱，不如新刻之精緻也。今委

助教梅鷟盤校，分有九類，鷟以己見附焉。一曰制書類，二曰經類，三曰子類，四曰史類，五曰文集類，六曰

類書類，七曰韻書類，八曰雜書類，九曰石刻類。亡缺者，視成化初又過半矣。將來何以處之，意欲奏聞盡

籍留都刻印工匠于本監而日補之，或庶乎可完也。」

朱緒曾《南雍志跋》：『《經籍考‧天順年間官書》有二十一史，分藏彝倫與六堂七處，一百四十七部三

千七百八十本，以便師生觀覽。其十七史，皆元建康道蕭政廉訪使所得善本，正德十年刊補，嘉靖七年校

正補刊乃完。其梓刻本末[一]，助教梅鷟盤板，分經、子、史、文集、類書、韻書、雜書、石刻九類。《十三經註

疏》皆宋元刻。其餘明人書，多足備考證，亦目錄家之所必考也。」

有清一代，寓公土著，書目如林。千頃之黃，五松之孫，津逮樓之甘，開有益齋之朱，皆藝林所贍炙。

《金陵通傳》：「黄虞稷，字俞邰，江寧人。父居中，字明立，號海鶴。萬曆十三年舉人，除上海教諭，轉

國子監丞，擢黄平知縣，不赴。自晉江來居金陵，家馬路街，搆千頃堂以藏書。……虞稷七歲能詩，年未二

十，博洽群書。康熙中，以諸生薦博學鴻詞，廷試，授檢討，纂修《明史》及《一统志》。在館十餘年，乞假歸

〔一〕「梓」，原書作「榜」，據民國二十年江蘇省立國學圖書館影印明嘉靖刻隆慶萬曆天啓增修本《南雍志》改。

里，益務收藏。有書數萬卷，著有《千頃堂書目》。

丁丙《善本書室藏書志》：『《千頃堂書目》三十二卷，舊鈔本。泉州黃虞稷俞邰所錄，皆有明一代之書。經部十一類：爲易，爲書，爲詩，爲三禮，爲春秋，爲孝經，爲論語，爲孟子，爲經解，爲四書，爲小學；史部十八門：曰國史，曰正史，曰通史，曰編年，曰別史，曰霸史，曰史學，曰史鈔，曰地理，曰職官，曰典故，曰時令，曰食貨，曰儀註，曰政刑，曰傳記，曰譜系，曰簿錄；子部十二門，乃儒家、雜家、農家、小說家、兵家、天文家、曆數家、五行家、醫家、藝術家、類書、釋家、道家；集部八門，則別集、制誥、表奏、騷賦、詞典、制舉、總集、文史也。每類後附宋金元人之書，殆補三史藝文之闕，故不及五代以前撰著。張廷玉等撰《明史·藝文志》，往往據以採錄，則其賅贍可知矣。俞邰于崇禎末流寓金陵，家富藏書，至今遺籍流落人間，得者視同球璧。』

《金陵朱氏家集》云：『南仲公朱廷佐入吳郡庠，與周忠介友善，南渡後，面折馬、阮，不求仕進，手寫《古今書目》，爲黃俞邰、龔蘅圃所得，以備史料。《千頃堂書目》蓋即參取南仲公書目而成，公之原書不可得見，特附記之。』

《續纂江寧府志》：『孫星衍，字淵如，一字季逑，陽湖人。築五松園于舊王府東北隅，極水木明瑟之致。隔道南爲祠，以藏書，所謂《孫祠書目》也。平津館、岱南閣板庋其中，句曲山大徐篆書石，皆銜于壁。』

《白下瑣言》：『金陵昔多寓公。隨園而後，享林泉之樂，極觴詠之娛者，莫如陽湖孫伯淵。始僑居舊內之五松園，園有古松五株，故名。』

邵懿辰《四庫簡明目録標註》：「《孫氏祠堂書目》七卷，岱南閣刊本。」

《續纂江寧府志》：「甘國棟，字遜士，江寧人。家有津逮樓，積書至十餘萬卷。子福，字德基，號夢六，生平嗜學慕古，蓄書極富。至今談收藏者，猶稱甘氏津逮樓焉。」

陸心源《開有益齋讀書志跋》：「上元朱述之先生諱緒曾，道光初舉人。一目十行，無書不覽，藏書甲於江浙。累官浙江秀水孝豐知縣，有循聲。其書仿《郡齋讀書志》之例，而精核過之。」

而丁氏《古歡社約》，尤爲烏龍潭上藏書家一大掌故。

《金陵通傳》：「丁雄飛，字菡生。耆古樂善，積書數萬卷。每出，必擔篋囊，載圖史以歸。居烏龍潭心太平庵，立古歡社，與黃虞稷互相考訂。其《古歡社約序》云：『予生有書癖，初識之無，便裁寸楮，裝小冊，聞保姆諺語，或瞽女歌詞，挽人書之，藏襟袖間。九歲，外傅師每日拈十題，令作破，予總録一册。時秋葵正茂，私識曰《丁先生葵窗新藝》，王父見而大笑。十三歲，隨先君子宦溫陵，固文藪也。雖閉署中，先君子日搜典籍，予得肆披閱。燈檠雞鳴，率以爲常。凡手録者，童子録者，雖未等身，然已盈笥。十九歲，自溫陵反，積有金數鋌。一至虎林、虎邱，見書肆櫛比，典册山積，五内震動，大叫欲狂，盡傾所蓄以易之。授室後，内子有同癖。結縭未十日，遂出奩中藏四笥畀予，向書隱齋得數抱而返。自後簪珥衿裙，或市或質，銷于買書、寫書兩事，内子欣然也。予是時積書幾二萬卷。後先君子西去，遺書二十厨，取而匯焉，分十二部，得厨四十，藏心太平庵中。庵凡三楹，兩楹爲書所據。中一楹置長几、胡床，列丹黃，具香茗，予危坐披

翻，湘簾不卷而神思靜穆，豁豁然、融融然與書俱化。閨中三婦，俱弄筆墨作楷。有會心者，指而錄之。蓋

已合掌佛前，願終其身老是蠹魚間矣。因慨天下之同予癖者甚少也。」……時同里有陶汝成者，性孝友，爲

人慷慨善解紛。身不逾四尺，兩目如電，笑聲若雷，蓄書與雄飛同。金陵書賈雲集，雄飛五日一探，十日一

訪。每往，汝成必先在。雄飛撰述極富，著有《尊儒帖》《烏龍潭志》《清涼山志》等書，計九十八種，所積書

有《古今書目》十卷，尤多秘本。」

繆刻《古歡社約》：「黃子俞邰，海鶴先生次郎也。先生文壇伊呂，藏書甲金陵。俞邰生時，先生將七

十，從錦褓中，便薰以詩書之氣。年未二十，而問無不知，知無不舉其精義。今且多方搜羅，逢人便問，吟

詠聲達窗外。每至予心太平庵，見盈架滿床，色勃勃動，知其心癢神飛，殆若汝陽之道逢麴車者。但黃居

馬路，予棲龍潭，相去十餘里，晤對爲艱。如俞邰者，安可不時時語言，取古人之精神而生活之也。盡一日

之陰，探千古之秘。或彼藏我闕，或彼闕我藏，互相質證，當有發明，此天下最快心事，俞邰當亦踴躍趨事

矣。因立約如左：

要務有妨，則預辭。

爲日已訂，先期不約。

每月十三日，丁至黃；二十六日，黃至丁。

不入他友，恐涉應酬，兼妨檢閱。

到時，果核六器，茶不計。

午後，飯一葷一蔬，不及酒，逾額者，奪異書示罰。

興從每名給錢三十文，不過三人。

借書不得逾半月。

還書不得託人轉致。」

繆荃孫《跋》：「右《古歡社約》一卷，丁雄飛撰。雄飛字葭生，江浦人。居烏龍潭上山水最佳處，取陸放翁語，名之曰『心太平庵』。積書數萬卷，尤多秘本。……此約最爲簡便，同志共讀書者，可取以爲法。黃目傳，丁目不傳，亦有幸有不幸。丁有《烏龍潭竹枝詞》云：『一匝潭邊三里多，農家亭館綠陰窩。三更燈火寂如許，猶有書聲出薛蘿。』『主人世事盡情刪，慣在黃鸝白鷺間。日出呼童理香茗，殘燈猶戀杏花灣。』『一遍地藤蘿罩短牆，行行徑徑可徜徉。閑從有叟堂${}_{庵中堂名}$中過，飽飫清芬道味長。』『釣竿收起倚書床，春草灘邊小閣涼。驚去鷺鷥波萬叠，浣衣帶有芰荷香。』讀數詩，猶可想見此老之豪情勝概矣。」

惟公家藏書以飼學者之舉，未有所聞。同治甲子，曾軍復江寧，訪求揚、鎮之閣書。莫友芝奉湘鄉公委訪鎮江文宗、揚州文匯兩閣四庫全書。經燹後，如有散存十一，宜購歸恭貯，以待重繕。

夏日歷瀬江諸郡，有以宋元舊槧若干帙來覈定者，適維揚市出此本，亟購以待鈔補。」莫友芝《宋元舊本書經眼録》『《欽定天禄琳瑯書目》『《天禄琳瑯書目》本十卷，此闕末一卷。同治乙丑春，友芝奉湘鄉公委訪鎮江文宗、

莫友芝《上曾文正公書》：「友芝奉鈞委探訪鎮江、揚州兩閣四庫書，即留兩郡間二十許日，悉心諮問，並謂閣書向由兩淮鹽運使經管，每閣藏派紳士十許人，司其曝檢借收。咸豐二三年間，毛賊且至揚州。紳士曾呈請運使劉良駒籌費移書避深山中，堅不肯應。比賊火及閣，尚扃鑰完固，竟不能奪出一冊。鎮江閣在金山，僧聞賊將至，亟督僧眾移運佛藏，避之五峰下院。而典守書閣者揚州紳士，僧不得與聞，故亦聽付賊炬，惟有浩歎。比至泰州，遇金訓導長福，則謂揚州庫書雖與閣俱焚，而借錄未歸，與拾諸煨燼者，尚不無百一之存。長福曾於甘、泰間三四處見之，問其人，皆遠出倉猝，無從究詰。以推金山庫書，亦必有一二縣存者。友芝擬俟秋間，更歷諸郡，子細蒐訪一番。隨遇掇拾，不限多少，仍交運使恭弇，以待將來補繕。

同治四年五月十四日。」原函現存本館。

黃國瑾《文瀾歸書圖詩》注：「子偲先生晚客金陵，曾文正公命訪文宗、文匯書，因游瀕江諸邦，得《天祿琳瑯書目》於維揚市中。見所著《經眼錄》。」

創設治山之官局。

《續纂江寧府志》：「同治三年四月，總督曾文正公與公弟今山西巡撫威毅伯，刊《王船山遺書》，立局安慶。江寧收復，移局東下。初設于鐵作坊，後移江寧府學之飛霞閣，延請紳士一人，督理局事，提調道府一人佐之，並延四方續學之士，分任校勘。稽工匠之勤惰，遴良者授以事，書成，平其值售之。」

繼而惜陰書院又有勸學官書局，斯實圖書館之先聲也。

《續纂江寧府志》：同治十年　月，江南鹽巡道孫公衣言，以江寧士子寒畯者多難于得書，請于總督曾文正公，取江寧、江蘇、浙江、湖北四書局新刊經籍，每部四分，藏於惜陰書院。凡本籍士子，得詣書院借讀。事領於官，而簿鑰出納，則紳士掌之。」

光緒季年，號稱立憲。蘇撫端方赴歐考察，歸而盛道泰西之文明，首在圖書館之美備。比督兩江，適浙江丁氏欲售藏書，日本人多方覬覦，冀與皕宋樓之書並歸三島。端方以其事關國粹，遂屬繆荃孫、陳慶年等購其書至金陵，而置館於蓋山，其詳具見原奏。

端方《創建圖書館摺》：「竊維強國利民，莫先於教育，而圖書實爲教育之母。近百年來，歐美大邦，興學稱盛。凡名都巨埠，皆有官建圖書館。閎博暉麗，觀書者日千百人。所以開益神智，增進文明，意至善也。臣奉使所至，覽其藏書之盛，歎爲巨觀。回華後，敬陳各國導民善法四端，奏懇次第舉辦，而以建築圖書館爲善法之首。 按：端方奏議屢及此事，而原摺並未刊載所謂『導民善法四端』聞其次即公園，餘未詳。 中國開化最先，文物茂美。自兩漢以來，藏書之盛，官私譜錄，史不絕書。然東觀、蘭臺，大抵珍儲天府，至于郡縣圖書，罕聞官立。元之九路、明之南監，但有刊書之功，仍非儲書之地。……江浙地方，建立文宗、文匯、文瀾三閣，盡出四庫之藏，以惠東南人士，而揚州、鎮江得其二。由是江左學風，冠冕全國。……江寧爲省會重地，自經粵亂，官府以逮縉紳之家，藏書蕩然。承學之士，將欲研求國粹，揚抉古今，輒苦無所藉手。爰建議於城內創立圖書館。舊時揚、鎮兩閣恩賜秘籍，久罹兵燹，擬即設法傳鈔。次則四庫未收之書，以及舊槧精鈔之本，

兼羅並蓄，不厭求詳。至于各國圖書，義資參考，舉凡專門之藝術、哲學之微言，將求轉益多師，宜廣徵書之路。惟是購書經費，所需較巨，亟應先立基礎，徐議擴充。適有浙中舊家藏書六十萬卷出售，已籌款七萬三千餘元，悉數購致。此外，仍當陸續采購，務臻美備。並由臣延聘四品卿銜、翰林院編修繆荃孫爲圖書館總辦，檄委前江浦縣教諭陳慶年爲坐辦，候補同知琦珊爲提調。其司書編校各員，均經分別委派。購到書籍，先行借地儲藏。一面于城北清曠地方相度建築，但求規制合宜，工程堅實，無取華侈。藏書及觀書章程，已飭妥爲商訂。其購書建館經費，員司薪水雜支，均飭財政局籌撥的款。核實動用，事關輔助教育，應請作正開銷。〔光緒三十四年七月〕

由此推之，斯館起因，致爲深複。有丁氏多年珍藏之書，適值其欲舉而售之公家，一也。當陸氏售書東鄰，彼國矜爲瑰寶之後，群知華夏典籍不容忽視，二也。學校初興，民智甫啓，輔助教育，相因而及，三也。第此三因，同時可影響于各地，顧獨歸宿于白下者，則緣遠西之政教俗尚，驟與端方嗜古說學夙懷相會，而南都文物，盋山故事，良亦與有關繫，有開必先，其是之謂歟！

第二章　沿革

圖書館館址，舊爲盋山園，一名博山園。道光中，兩江總督陶澍所置。

《盋山志》：「博山園，道光中陶文毅公置。園兼今惜陰書院、四松庵址，金陵印心石屋在焉。公十石屋之一，嘗以《圖說》進御，有御書石刻，今移庋督署園中。其制倚山麓爲石臺，冠屋其上。臺前橫蓺木芙蓉一行，芙蓉下蠟梅一行間之，梅下又橫蓺木芍藥一行。磴道左右，層蓺而下。每一花開，餘爲所掩。如冬時，但見滿山黃雪，寒香被遠近而已。他花時稱之，觀者以爲奇。山巔有亭曰『讀秋』，魁松檜而立，公所稱。牛首、獻花巖、三山二水、蔣山、青龍、石頭、雞籠山、雨花臺與青溪、秦淮諸水盤互映帶，儼如畫圖者，亭實有焉。」

後以倡導古學，即園立惜陰書舍。

《續纂江寧府志》：「道光十八年，總督陶文毅公立惜陰書舍於盋山園。課士經史詩賦，不及制藝。有優獎無膏火，月一試之。公自捐廉一萬兩，發典生息焉。」

兼祀陶侃，以彰祖德。

陳鑾《陶文毅公行狀》：「公系出晉大司馬桓公侃。侃就封長沙，子孫散處吳楚。後唐同光元年，有諱

昇者，由吉州遷安化，支族蕃衍。十五傳至公之考鄉賢公。」

《盋山志》：「陶桓公祠，在盋山惜陰書舍，祀晉陶桓公侃。道光十八年，總督陶文毅公澍以桓公嘗破蘇峻於此，繪其像，刻石祀焉。」

咸豐中，半燬于兵。同治五年，始復修建。

《續纂江寧府志》：「同治五年，復惜陰書舍，以古學教士。」

至光緒初，陸續增葺，並祀文毅，改書舍爲書院。

《續纂江寧府志》：「惜陰書院，在龍蟠里盋山園側，亂後存屋十餘間。同治、光緒年間，增建四十八間。

奉文毅公木主于景陶堂後軒，以誌不忘。」

《盋山志》：「惜陰書院，同治中增建。負盋山正立，面南嚮，即昔惜陰書舍也。徑桐柏以入，曰『景陶堂』。

循而西，有門，入之，曰『碧琅玕館』。軒其後牖之玻璃，其外竹數十百竿，儼立階下，坐者神爲之遠。與相望者曰『藤香館』，桑根先生全椒舊館，今補題，居之其右爲內宅。編竹籬界之，藝群卉其中。籬所被獨月季，花時灼灼，張錦屏矣。直『景陶堂』後曰『饗堂』，龕陶文毅公祐。又入，有樓枕山麓，書籍所庋。金陵書局勸學官書。出循而東，有門，入之，曰『盋山精舍』。兩梅相對立，夜寒始花。新月忽覺香爲所浸，冷甚拂之。趨燈檠，讀書其中，清絕也。」

光緒癸卯，廢書院，興學堂，改惜陰書院爲上元高等小學堂，其規模已異於昔。

又，《是日至小學堂，與伯雨縱談詩》注：「諸生多樓居。桑根師手種竹數百竿，今無一存者。」

秦際唐《癸卯上巳修禊烏龍潭詩》注：「潭上惜陰書院，已改爲學堂。」

端方奏辦圖書館，初儲書於戚家灣之自治局。既遂撥款，即小學堂址，改築後樓，定名爲江南圖書館。

江督端札：「江南籌設圖書館，前經會紮編修荃孫爲總辦，札委陳訓道慶年爲坐辦，會同藩、學兩司，一同規劃，並委琦守珊經理建築事宜，各在案。嗣據該館稟稱，查得龍蟠里地方所設上元縣高等小學校，地址寬平，規模宏敞，堪以改設設圖書館，懇請勘定，飭令該校設法遷讓等因，經本部堂親往履勘一周，果屬合用。當飭該校設法遷移。去後，茲據該堂長揀選知縣楊熙昌稟稱，昨經覓得房屋一所，坐落馬府街，計屋三十餘間，尚適學堂之用，略加修改，便可遷移。合之操場，每月行租共銀五十兩，擬於按月額款節省項下開支。其押租一項，連同搬費、修理費，約需銀八百兩，無從籌措，懇請飭撥等情。據此，除批飭迅速遷移，并由財政局籌撥銀六百兩交該堂領應用外，合行札到該館遵照，會同工料總所各員繪圖貼説，估核工程預算，應需經費若干，刻日詳候核奪，以便撥款興造。」（光緒三十四年四月初八日）

圖書館申江督稿：「光緒三十三年十一月，奉札購書籍，設立圖書館。當因館屋未建，暫假自治局後進樓房，庋收所購各書。……自三十三年十二月，暫設館所，庋藏書籍。所有陸續奉委各員，俱經遵飭到館，並雇用丁役、更夫，隨時防護打掃，以昭慎重。」

戊申五月，小學遷讓。

圖書館移工料所文：「上元小學校原舊房屋，於五月初二日，經堂長楊令熙昌逐進點交敝館照收。查前後房屋，本以惜陰書院改設，窗扇裝修頗多損朽。除飭司役、看守，俟建造書樓後，請以拆改餘料，添配修葺。 光緒三十四年五月十五日」

七月，由工料總局估工。

金陵工料總局所估工呈開：

一、估藏書樓第一進，上下樓房共計二十二間，連前帶走廊，估需工料銀一萬二千七百八十二兩六錢六分八釐八毫。

一、估藏書樓第二進，上下樓房共計二十二間，連前帶走廊，估需工料銀一萬二千一百六十八兩五錢二分五釐二毫。

一、估兩邊廂樓，每邊上下六間，兩邊上下共計十二間，估需工料銀二千五百五十一兩三錢九分四釐八毫。

一、估圍牆，共長四十三丈四尺，估需工料銀一千八百六十兩六分五釐一毫。

以上統共估需工料銀二萬九千三百六十二兩八錢五分三釐九毫，又雜用銀一千七百兩。 光緒三十四年

七月二十一日

九月，興工。

承修州判李文志稟：「九月半，先行開工。天氣寒冷，則催做木架。一經和暖，再大興土木，一氣呵成。

天氣晴和，預計五個月可以完竣。

宣統元年五月，續估錫背。

李文志稟：「昨經督憲到工履勘，諭將各樓頭停以上，加添錫背。此項續估錫背等工，約需銀一千三

百兩。〔宣統元年五月十三日〕

金陵工料總所申文：「監修藏書樓等項工程，統共實用湘平銀三萬四千七百六十一兩二錢六分六釐四

毫。〔宣統元年九月二十日〕

是年九月，工竣。實支銀三萬四千七百六十一兩有奇。

翌年十一月十八日，開辦閱覽，制定規章。江蘇省之有大規模之公開圖書館，實自是始。

圖書館申報開辦閱覽稿：「敝館于宣統元年十一月內，將所儲書籍，一律移運龍蟠里書樓安放。因即

督率各員司分部檢查，即以所置書厨、書箱八百餘隻，按部陳列。其蟲蛀破損者，即飭匠修補裝訂；其缺頁

剝毀者，即令人校對配鈔。本年二月，復由財政局派員送交范道德培充價書籍。四千五百五十七種，當照

點收已，先就觀覽之類，排印目錄，以備閱覽。三月內，蒙批飭財政局派員修理書樓，前進舊有惜陰書院房

屋，爲閱覽室、辦事室之用，並經工程委員添建過道、穿堂三座，補築書樓左右塞口牆兩道，又由敝館將書

樓四面走廊鋪釘白鐵，以防雨漏。至閱覽室需用長案、洋式長椅，並各處室中應用什具，俱已辦備齊

全。

敝館擬即于本月十八日開辦閱覽事宜，先期廣告，俾此邦人士，及軍學各界，皆得到館瀏覽，以饜人士向學之心，而爲增進文明之地。〔宣統二年八月十一日〕

顧當樓工甫竣，館章未定之時，已有議行裁併者，館中當事力爭，始寢。

圖書館詳稿：「本年正月二十八日，奉飭裁併局所并摘發冊議通飭遵辦一案，内開『江楚編譯局現經奏明，改爲江蘇通志局，俟奉旨後另行議辦。圖書館專爲庋藏書籍而設，別無他事，似可附屬通志局兼管，以免歧立。應由司會商書局，另議復奪』等因。查職館之設，爲增進文明一大機關。國家文明之程度，視乎國民之出書多寡。出書之多寡，與看書人之多寡，有相當之比例。看書人數之多寡，與儲書種數之多寡，亦有相當之比例。故圖書一館，各國均視爲独立之性質，而不以爲附屬之品，誠重其事也。本年正月十二日，遵奉札發學部奏定圖書館章程二十四條。其宗旨在廣徵博采，供人閱覽。而其分治之事項，則有選擇精槧，影寫舊鈔，廣集官書，選刊秘笈，附設聚珍之版，旁羅外國之書，與夫偏駁之雜著須審視而爲之屏除，專家之考求須講肆而備人諮訪。詳覽部章，皆職館之所有事，實非庋藏之外別無他事可比。上年法國文學博士伯希和，欲于職館藏書之多，介紹來館。問宋元版本之源流，談中西交通之故籍，竟日周旋，必檢校群書，與之酬對，即其已事。是職館之設，視學堂附設之書樓，僅以一二員司收發管鑰者，固不可同日語矣。上年十一月間，職館始將購調各書七百數十箱，移運到樓。當即督同員司陳書發篋，分別部居，以便檢閱。樓屋兩重上下四十餘間，已無空處。正在請修辦事屋宇，布置閱覽書室，期符部章依限設立、造就

通才之至意。伏思圖書館，永久建立之館也，與通志局為修志而暫設之局，其性質各別。通志告成，即無所事，志局一撤，館又誰歸？就兩事以推求其建立之本意，既久暫不同，論辦理之方針，自功能各別。管理群書，與撰述一書，組織員司，辨別職掌，宜令分功而治，使各得其所安。學部固有編書之專局，而此次經營圖書館一館，即不以之附入；亦以事體互殊耳。此職館礙難改併志局之情形也。宣統二年二月十六日

至宣統辛亥，復有歸併學務公所圖書科之議。事雖未行，而核減經費，併收志局，視端方奏辦之意，大相徑庭矣。

江督張札：「江蘇諮議局議決宣統三年預算案，請將江南圖書館歸併學務公所圖書科兼管，業經剗復，叙明學務公所距圖書館甚遠，圖書科科員人少，兼顧亦屬為難。但應酌量核減，力求撙節在案。復議案稱『剗復說明事由，自應酌改前議。在總數內劃定五千兩，專為添置圖書擴充之用。其餘留作館內辦事人員薪水、工食、雜費開支』等語。查圖書館自端前督院創辦時，即購致浙中舊家藏書六十萬卷，加以官紳陸續購發寄贈，及調取他省局書，共不下八十萬卷。每日到館閱書者，亦復絡繹不絕。規模既大，則管理在在需人，館內監督、提調、典守、檢書、發券各員及雜役等薪工伙食，每月至少亦須三百兩。若如局議分配之數，實屬萬不敷用。且添購書籍，亦不必限定五千兩之數。現由會議廳公同議決，將通志局併入圖書館，即以該館歸其兼管。一面裁汰冗員，既可通融辦理，又可節省雜費。應委通志局總辦張道彬兼管圖書館事，所有局館大小事，均歸該總辦一人主持，以專責成。但不再加薪水，以節公款，仍會同繆監督、江藩司、

寧學司詳加商酌，就圖書館經費六千四百餘兩，及通志局經費二萬二千餘兩範圍之內，通盤籌畫，將兩處可以裁併之員，節省之費，以及通志局分纂員修金之多寡，校對員酬金之等差，統行預算，分別列冊，詳候核辦。〔宣統三年四月二十一日〕

鼎革之際，屯駐粵軍。館員星散，部委辛漢接替，改名江南圖書局。

辛漢呈內務部文：本月十三日，奉部頒發委任狀，並令赴局接替，以專責成，而便整理。除令管理江南圖書館及江蘇通志局之林朝圻移交外，合行令知等因。當即親身馳往館局，調查現狀，面晤前館員張恩慶。據稱，林朝圻雖奉內務府都督程令管局館，適前清總辦張彬、監督繆荃孫、提調陳慶年，均避往上海，未及移交，繆仍函請代理都督莊照會陳慶年來館管理。陳至今並未到館，僅伊率同丁役常川駐館云云。竊思館局為保存新舊圖籍之所，何等重要。繆、陳均不在寧，林朝圻既未接收于前，亦難移交于後。張恩慶先後住館未離，可否即令其造具移交？……現在館局合併，自應認真管理，剔清宿弊。所有總辦、提調，種種名目，一併撤銷。茲擬設文牘一人，收掌書籍兩人，閱覽室招待員一人，書記二人，丁役六人，修書匠二人，隨時酌增，以期已編未竣之書，不至功虧一簣。……所最亟者，館內桌椅器具，為現住之廣東軍隊搬往他處應用。住館之員役火食，亦復無著。擬請部憲批准撥給開辦費一千元，先行開辦，俾古籍圖書不致漸歸遺佚。〔民國元年二月二十七日〕

民國二年七月二日，復改名為江蘇省立圖書館。

陸維李呈文：「本月二號奉令，內開『南京圖書局，現在改組爲江蘇省立圖書館。委任教育司第三科科長盧殿虎兼任該館館長，合行訓令該知事剋日將南京圖書局所有圖書、器具、款册、鈐記等件移交該館長接收』等因，遵于本月　號，移交新任館長接收。二年七月」

中經兵事，政局變遷，僅派專員保管，無復閱覽之事。至民國八年，改稱江蘇省立第一圖書館，以蘇州學古堂之書亦設館而稱第二也。十年七月，復開閱覽，而善本書仍慎重保管，限制借閱。至十六年九月二十日，改定新章，全館之書，悉許學者閱覽。尋改名爲第四中山大學國學圖書館。十七年二月，第四中山大學改名江蘇大學。是年五月，又改名中央大學。本館亦隨之一再改名。此館名歷年沿革之梗概也。

第三章　環境

龍蟠里名，不詳其所自始。昔人稱斯地之勝迹，或尸清涼山，或舉烏龍潭，或主盋山，不以里。以里榜其門，自同治中薛時雨長惜陰書院始。

《盋山志》：「龍蟠里，在盋山前。西直城垣有黌門，榜曰『古龍蟠里』。桑根先生所建題。虎踞關，山徑直其東。相傳昔諸葛武侯與吳主權論建都形勢，《三國志》未詳，見《建康志》。《江表傳》則謂爲蜀先主事。曰：『鍾山龍蟠，石城虎踞。』故名。」

里之勝，以山水，以人物，居其間者，偶然遠埃堨，而有高山景行之思，故于儲書講學爲尤宜。山之大者，曰清涼，曰石頭。

《重刊江寧府志》：「清涼山，在上元清涼門內。……石頭山，在上元、江寧兩界處，即城之所踞也。有塘岡，有後岡，有駐馬坡，有蚵蚾磯。」

枝分翼布，以次而東。里所專者，盋山、蛇山也。

《盋山志》：「盋山，名以形，其陽如初弦之月。烏龍潭一泓，近在抱中。前馮虵山如几，西偏坡陀盡處，

二五

倚石頭城垣。迤東，勢漸夷。山徑四達，小橋直其間。而清涼山諸峰，橫裹相錯，若斷若續，山之陰也。」

又：「虵山，與盋山對峙，中即烏龍潭，迤南曰龜山。」

盋山之著，自嘉、道間陶氏築餘霞閣始。

姚鼐《餘霞閣記》：「江寧城西四松庵，僧彌朗居也。庵後倚山，有軒南向，本民居。衆買其地，歸于陶氏讀書之所。……嘉慶十八年冬，陶熙卿暨其從子子靜，樂庵居。子靜乃出財，飭其敝壞，種卉木，治石磴，作室爲庵。又于軒後爲閣三間，西向臨江，盡收江南北之山于檻內，觀于夕陽時，尤宜。俾余名之，乃取謝朓詩語，以表其美，且著閣所由始焉。嘉慶十九年二月。」

管同《餘霞閣記》：「府之勝，萃于城西。由四望磯迤西，稍南，有岡窿然而起，俗名曰盋山。盋山者，江山環翼之區也，而朱氏始居之。無軒亭可憩息。山之側，有庵曰『四松』。其前有古木叢篁，極茂翳，憩息之佳所也。而其境止于山椒，又不得登陟，而見江山之美。吾鄉陶君叔侄兄弟，率好學、樂山林。厭家宅之喧闐也，購是地而改築之，以爲閒暇讀書之所。由庵之後，造曲徑以登。徑止，爲平臺。由臺而上，建閣三楹，殿以書室。室之後，則仍爲平臺而加高焉，由之可以登四望。盋山與四松各擅一美焉，而不可兼并。自餘霞之閣成，而登陟憩息者，始兩得而無遺憾矣。」

閣燬于兵燹，迄未復。同、光間，山麓之四松庵亦有名。

《盋山志》：「四松庵，同治十一年重建。在盋山之麓。舊有古松四，故名。邑陶氏餘霞閣及陶文毅公印心

石屋在焉。今庵內有小園，層樓冠之。登馮北牖，與盋山前峰值，嵐翠沈沈襲人襟。樓前兩垂楊，弄姿晴

空，池水爲之葱蒨。旁海棠一樹，花時意態穠甚，輕風徐颺，如靚裝豔女，徘徊綠絲步障間。」

今附于曾文正祠，而庵額亦圮矣。圖書館負盋山而面蛇山，朝暉夕陰，澗澠卷册。館外疏圃濱烏龍潭，

自潭上望書樓尤勝。潭故廣長，久而淤澱。光緒初濬之，稍稍澂深，然未能復南唐故迹也。

《盋山志》：「烏龍潭，在盋山前。相傳晉時有黑龍見，或曰劉宋時。故名。明潘之恒嘗言，潭深莫測，廣百

餘尋，長竟三里。南唐後主自珍珠河泛舟至清涼山，即此道。今循潭迤北而東，溪塘猶相間，意由旁近民，或堤或堰，

或湖爲田，故潭長僅餘數武，深廣稱之。同治間，有司開蚳山種茶，按《續纂江寧府志》：「蚳山，涂太守植茶處。」此所謂

有司，即涂宗瀛也。山雨驟至，雜泥沙俱下，潭益淤塞。光緒七年，桑根先生言之總督劉坤一，于水澗濬之，計

工凡二萬有奇，潭乃免湮廢。」

相傳，唐顏真卿置放生池于烏龍潭，故潭魚禁罝網。

《重刊江寧府志》：「烏龍潭，在城西清涼山側。舊說晉時有烏龍見，故名。唐顏真卿置爲放生池。潭

有上下壩，上有放生庵，祀顏魯公神位。按《唐書》本傳：『乾元二年，詔天下臨江帶郭，各置放生池八十一

所，顏公所置在秦淮太平橋側。』國朝方望溪侍郎以爲近潭無橋，而玄武湖當太平門外，遂謂放生池本在

後湖，明祖置册府于湖，始移于此。不悟太平門乃明代門號，豈可以當唐之太平橋？夫魯公放生池既臨秦

淮，而今烏龍潭在清涼山側。今爲城內，古爲城外，正當古秦淮西北沿石城將入江處，則茲潭謂即顏公放

生池，固可信也。」

陳大受《重修顏魯公放生池庵碑記》：「江寧城西有烏龍潭。舊傳唐肅宗乾元二年，顏魯公爲浙西節度

使時，奏置放生池于此。後之人于潭側建庵祀公，而仍以放生名，蓋不没公所以名池，迺所以不没公也。

明正統中，奄人立靈應觀于山上。至國朝康熙二十二年，道士居仙極盡沈歷年禁碑，數罟入潭。時孝感熊

公以相國僑居白門，率紳士言于制府于清端公，罪居仙極而逐之。潭故有二壩，未幾，大府又令以上壩屬

觀，下壩屬庵，由是兼并之勢成，而放生之事廢而不講矣。且不惟是也，潭之旁山嶺回互，霖雨既降，水潦

下注于潭，賴其深廣以容并潭者。苟藉輸課之名而種芰植藕，使日就淤填，水至而無所歸，則浸淫四出，破

屋壞垣，邇來十年之間，居民三被其患，則是害之大者。乾隆八年，邑之諸生以其事來聞，余惟昔之人愛及

于物，而今無以庇吾民，心竊愧焉。乃屬邑令謀于邑之人，而復庵以祀魯公，又爲改下壩潭課入于後湖之

盈餘。繼自今以往，處不爭之地，加以濬治。游泳者有所歸，泛溢者有所止。物若其性，民安其居，而常無

戕賊擾害之者，是誠魯公之所深慰者歟。」

金和《顏魯公放生池詩序》：「城西烏龍潭，有顏魯公放生池古迹。其實非魯公之池，乃唐肅宗乾元二

年，遣左驍衛右郎將史元琮、中使張庭玉奉詔特置之池也。時魯公方爲昇州刺史，嘗撰《天下放生池碑

銘》，後人猥屬之魯公耳。然斯地之爲唐池，亦有不可盡信者。即以公碑證之，公碑序有云：『始于洋州之

興遠、泉山南、劍南、黔中、荆南、嶺南、江西、浙西諸道，訖于昇州之江寧秦淮太平橋，臨江帶郭，上下五里，

各置放生池凡八十一所。』則在江寧者，不過一所，第所謂太平橋上下五里者，今已不可確指，而宋淳熙間

史志道，因舊放生池爲府學泮水，而移置放生池于青溪之梁江總持故宅，建閣於上，則唐池已久非其舊，且

盡湮矣，何從知此地獨爲唐池？況復于潭側起放生庵祀公，直謂爲魯公之池乎？惟是古迹半蕪，登臨或

廢。烏龍潭今在城內，昔在城外，于臨江帶郭之意略符意者，實與唐池相近，不妨姑存陳迹，以寄幽懷。」

潭中有宛在亭。 藕花盛放時，席月其中，不亞于西子湖也。

《盋山志》：「宛在亭，光緒七年，總督劉公坤一爲桑根先生建。或曰其址即明肥月亭也，先生改題今

名。 在烏龍潭，中徑以堤，爲小橋通波，盋山、蚰山環抱左右，而兩山樓閣，或高或下，若屏垣繚之。每夕陽

西下，山坳碧霞元君祠隔水送梵聲至，倚欄聽之，身世輒爲蕭寥。」

里中祠宇最夥，駐馬坡有諸葛武侯祠。

《盋山志》：「諸葛武侯祠，光緒七年建。 在蚰山之麓，與靈應觀同門異室，桑根先生釀成之。 饗堂三楹，龕

武侯栗主以祀，後繪有巾扇小像，憺如也。 直饗堂三楹，曰『淡靜山房軒』。 其前，三山在天外，襃携江光一

綫，與風帆雲樹，納之座中。 其北牖叢篁蔽虧，時見高下樓臺與烟水搖曳，奧如曠如也。」

烏龍潭北有顏魯公祠。

《盋山志》：「顏魯公祠，同治間修。 祀唐昇州刺史魯國顏公真卿，門臨烏龍潭，直西城垣繚之，如屏如著。

有古柏一，自城東望，如天際孤鶴，曳翠羽以翔。」

陶文毅督兩江時，祠陶桓公、陶靖節于盋山。惜陰之名，即秉桓公之教。

《盋山志》：「陶桓公祠，在盋山惜陰書舍，祀晉陶桓公侃。道光十八年，總督陶文毅公澍，以桓公嘗破蘇峻于此，繪其像，刻石祀焉，今失。

又：「陶靖節祠，道光中，陶文毅公于盋山餘霞閣前，建深柳讀書堂以祀。今桑根先生以三代下完人，漢惟武侯，晉惟靖節，昔人每並稱之，餘霞閣既圮，因奉靖節栗主，祀之武侯祠內南楹。」

讀書其地，望古遙集，因以砥行厲節，其所關匪細矣。圖書館側，爲明汪文毅公祠。

《重刊江寧府志》：「汪偉，字叔度，上元人。崇禎戊辰進士，授慈谿令。多異政，擢檢討。荊襄失守，上《江防綢繆疏》千餘言，帝嘉之。甲申，賊薄都城，守兵乏餉，不得食，偉市餅餌以饋。城陷，偉繼室耿氏檢新製祖衣，上下縫固以待，偉援筆題襟曰：『翰林院檢討汪偉、繼室耿氏同死節。』次早城陷，投繯死，諡文烈。

國朝賜諡文毅，事詳《明史》本傳。」

《續纂江寧府志》：「汪文毅公祠，在龍蟠里。同治八年，知府涂宗瀛重修。按前志，汪文毅公祠在府治古城隍廟北，祀明翰林院檢討汪偉，繼室同死甲申之難。順治八年詔卹崇禎死事諸臣，賜諡曰文毅。命建祠江南，賜田七十畝，春秋祀之。」

夾道相望者，桐城方氏教忠祠也。

蘇惇元《望溪先生年譜》：「乾隆七年壬戌，先生年七十五歲。乞解書局，回籍調理。四月出都歸里，杜

門著書，不接賓客。江南總督尹文端公踵門求見者三，皆以疾辭。……始營建教忠祠于清涼山麓，并將己

所置田盡捐爲祭田，祀遷桐五世祖斷事公，以公殉節，故祠名教忠。按，斷事公名法，明爲四川都司斷事。永樂初，自沈

于江。其側又建太僕公小宗祠，歲時率族人致祭。其祭田經費贏餘，則以周子孫宴艱，嫁娶、喪葬不能自舉

者，定祭禮，作祠規、祠禁及祭田條目，以示後人。」

望溪所居，雖在中正街將園。

《望溪先生年譜》：「明季避亂，僑居江寧府上元縣中正街，後移居土街。……康熙四十三年甲申，先生

年三十七歲。秋七月，移居中正街故宅之將園。」

然假歸則居僧寺，養疴則在潭亭。李餘三、尹元孚諸人操几杖請謁時，當皆在祠堂旁舍。《儀禮析疑》

之屬稿亦必在是中，與胡竹邨、楊雅輪之著《儀禮正義》後先輝映。此尤談龍蟠里講學著書之掌故者所宜特

筆也。

方苞《重修清涼寺記》：「雍正二年，請假歸葬。卜兆未定，不敢即私室。寓北山僧舍，會黃山老僧中州

率其徒來居清涼寺，數與往還。」

《望溪先生年譜》：「乾隆十年乙丑，先生年七十八歲。夏六月，洛陽李餘三學裕來謁，時爲安徽布政

使，未受印，屏騶從，造北山，爹戶而入，執弟子禮。……十二年丁卯，先生年八十歲。秋八月，博野尹元孚

會一來受學。時元孚視學江南，蒞江寧，待諸生入闈，乃徒步操几席杖屨，造清涼山下潭亭，執弟子禮，北

面再拜，越日，又獨來。……十四年己巳，先生年八十二歲。秋七月，《儀禮析疑》成。」

近代祠宇，則館之右有曾文正公祠。

《續纂江寧府志》：「曾文正公祠，在龍蟠里，祀總督曾國藩，同治十一年建，有碑記。」

《盋山志》：「曾文正公祠，同治十一年建。在盋山。祀總督曾公國藩。規制宏敞，甲盋山諸祠。祠之西偏曰四松庵，與祠通。」

左有馬端敏公祠。

《續纂江寧府志》：「馬端敏公祠，在龍蟠里，同治十二年建，祀總督馬新貽。」

道南教忠祠之西，有沈文肅公祠。

《續纂江寧府志》：「沈文肅公祠，在龍蟠里，光緒六年建，祀總督沈葆楨。」

曾、沈二公之遺愛，至今猶在人口，非徒崇其爵位也。

鄭孝胥《沈祠詩》：「一見斯人愴永藏，病中猶自意堂堂。流風可但興吾黨，後起誰當望雁行。入幕往曾依蕭毅，游吳晚及接忠襄。若憑目擊評風節，公論年來有短長。」

又《題顧子朋齋壁》自註：在龍蟠里曾、沈諸祠之側。：「客坐晚窗明，行吟山鳥驚。殘陽一峰静，秋水半潭清。几席餘文字，祠堂近老成。終知歸寂寞，徙倚若爲情。」

越山徑，入大壑，有一拂清忠祠，祀宋監門鄭俠，亦附祀沈公等。 又西清涼寺，鄭俠嘗讀書其中，尤足引

起讀書者之志尚矣。

《重刊江寧府志》：「鄭俠讀書堂，在清涼寺，俠隨父宦江寧，讀書于此。」

又：「一拂清忠祠，在府治清涼山麓，祀宋監安上門鄭介公俠，以上《流民圖》去國，僅存一拂

拂先生。父監江寧稅，俠嘗隨父讀書清涼寺中。 嘉定間，總領商碩爲祠以祀，後圮。明萬曆中，葉向高修

復之，又建堂祠明靖難閩中死事諸臣。」

《盋山志》：「一拂清忠祠，光緒三年，因舊址重建。 宋嘉定間，總領商碩建，祀監安上門鄭公俠，後圮。明萬

曆時修復之，增祀閩中靖難死事諸臣，葉福、陳彥同、陳繼之、林英。及閩六生等。曾廷瑞、伍性原、陳應宗、呂賢、林珏、鄒君

默，又以張經、周起元祔。 國朝祀督學雷公鋐、鄭公任鑰，近又增總督林文忠則徐、沈文蕭葆楨、督學林公天齡。

其祠在清涼山東偏大壑中，壑如箕南張，與盋山相直。 春夏時萬木環蔭，鬱成一綠。 及新霜時下，林葉紅

黃，靜對蕭槭間，携斗酒延秋，最逸矣。」

明季吳應箕謂烏龍潭爲山水都，居雖復數椽，可以延眺清朗，不必園也。 然其《留都聞見錄》載明季仕

宦園林極夥。 有余中丞園、陳中丞園、齊王孫園、金太守園等，今其遺址都不可考。 他書所載，如茅氏寱園、唐氏山水園，亦

可想像其勝。

《盋山志》：「山水園，在烏龍潭上，明唐長史時園也。 露台層閣，移花倒影，黃虞稷嘗稱之。 今湮。 《金陵

待徵錄》」

又：「竂園，在烏龍潭北壖，明茅元儀園也。軒亭錯落，散處盈山坡陀間。又構木甃石如幔亭，朱闌迴

互之，浮泊潭中，名曰喻筏。今湮。參《名山勝概記》」

清之中葉，有汪氏園，在烏龍潭上。夏木千章，兼饒水石，芰荷花放，如在香國，遁暑最勝。見《忠雅堂

集》，今亦不可考。 清季園圃之著者，惟薛廬，惜陰書院諸生構以居山長薛時雨，有永今堂、仰山樓、夕好軒、

冬榮春妍之室諸勝，其略見于譚獻《石城薛廬記》。

譚獻《石城薛廬記》：「全椒薛先生，家世儒者，教授鄉里。先生策名筮仕，爲劇邑令，爲大郡守，進筦糧

儲，孳孳爲政。……嘗設教於杭州西湖之上，浙江東西著弟子籍者數百人，去思之頌，亦既盈耳。群弟子

以先生客也，乃結屋湖濱，表遊息之迹，氏之薛廬。先生大布之衣，邛竹之杖，相羊其間，士之以名節自許，

誠義欲用於世者，奉教先生如古經生家法焉。……同治八年，先生去杭州，設教于石城山下。……淮流鍾

阜間，束帶自修，以名節自許，誠義欲用於世，著弟子籍者又數百人。逡巡十年，嚮學益衆，有德有造，盛於

浙江東西。先生大年六十有三，稱東南老師。群弟子以先生少長于是也，乃結屋山麓，表遊息之迹，氏之

薛廬。先生大布之衣，邛竹之杖，相羊其間，如在杭州而加樂焉。」

而《盈山志》紀其所在尤詳。

《盈山志》：「薛廬，在盈山。光緒六年，桑根先生門下士爲先生築之，以儷西湖薛廬。先生挂冠後，主杭州講

席，其人士爲築。先生擴之爲別墅者也。門對盈山麓，入之，修竹被徑，植雜卉其下。歷一室，有門，題曰『西巖

招隱」，入之，曰『永今堂』。軒楹靚曠，階梅時花，四座爲馨逸。堂後曰『冬榮春妍之室』。室西隅構木方丈，雕鏤之，籠以紗，先生石刻小像在焉。東隅有門，入之，曰『雙登瀛堂』，冠以樓曰『仰山堂』，之東曰『吳瓻書屋』，此先生別構之者，其門榜曰『全椒薛氏試館』。冬榮春妍室後有石介然立，聳削如危峰，幽草環藝，與庭蕉競綠。倚石海棠一，花時香色俱酣，如赤城霞起。又入，曰『寱園』。用茅氏舊名。界竹籬爲徑，籬下植蔦蘿，旁行斜上，所在延緣，當其既花，如千萬散金星綴碧紗障，直籬之中編竹門如月。倒栽槐一，亭亭如張蓋，四時之卉翳焉。入月門，木芍藥尤盛，春時數花事，謂且屬諸園木芍藥王之矣。拾級上，曰『有叟堂』。用舊名。後曰『半潭秋水一房山』。又西曰『蟄齋』，室小而幽，庋四部書爲屏障，榻於其間，爇名香，啜苦茗，先生鬭塵夢所也。齋後曰『美樹軒』。堂東室一，軒其前，曰『夕好』，直夕好軒，有甓門，題曰『山光潭影』。堂西室一，界其中，前題曰『抱膝』，來晤坐客。外甃雨花臺石子爲隄，納潭水其中，俾朱魚宅焉，曰『半璧池』。過橋曰『芳草閒門』，美樹軒垣門也。垣外有海鶴二，循隄雅步，自饒塵外姿。橋隄之西偏，榜曰『作濠濮間想』。其陰曰『杏花灣』。有水如睸隔水，榜曰『作兩家春』。則比鄰所宅，東偏柵隄爲門，榜曰『山光照檻水繞廊』。隄植以闌而疏籠卉木于內。立虵山麓迴望，隄柳緣潭外圍，如巨綠環無端，中抱紅闌，雜花間之，如彩虹半偃其身，而宛在之亭巍立相輝映，狀景者輒曰圖畫。此豈圖畫能寫耶？隄艤畫船一，題曰『薛舫』。時一放棹，容與沈潭，逖然與烟波俱遠矣。」

薛氏居此，歲以上巳修禊潭上。　其後，薛之弟子顧雲居之，詞流多集焉。　張之洞《金陵游覽詩》評薛廬，謂「雖無五松雅，猶勝倉山熱」，知其地位猶在隨園右矣。

張之洞《薛廬詩自註：在烏龍潭上，昔爲全椒薛慰農院長所居，今爲薛祠。潭即顏魯公放生池也，今有魯公祠。》：「人愛顏魯公，地古澤不竭。　天憐薛夫子，分此地幽絕。　閉山籬門內，貯水臥榻側。　貧士生巧思，一墾遂專得。　吟詩搆杜堂，問字比揚宅。　雖無五松雅，猶勝倉山熱。　路荒花竹鬧，家索藩籬缺。　溪亭徒兀兀，無梁不可涉。　影前自炷香，悽然懷抱別。　常恐嘯詠事，後起遂銷歇。」

第四章　圖書上丁氏書

本館儲書，以購自錢唐丁氏者爲大宗。清光緒中，海內數收藏之富，稱瞿、楊、丁、陸四大家。繆荃孫《藝風堂藏書記·緣起》：「今天下稱瞿、楊、丁、陸四大家，目皆高尺許。」

然丁氏于文化史上之價值，實遠過瞿、楊、陸三大家。以其奮起諸生，搜羅古籍，影響于江浙兩省，非徒矜私家之富有也。丁氏昆季皆好古嗜書，而最著者曰丙，字松生。其家世詳俞樾所撰《家傳》。

俞樾《丁君松生家傳》：「丁君諱丙，字嘉魚，別字松生，晚年自號松存，浙江錢塘人。……父諱英，字洛著，候選同知加道銜。道光二十九年，浙西大水，爲粥以食餓者，巡撫吳文節公書『任恤可風』四字表其門。生二子，長諱申，字竹舟，次即君也。初入塾即爲塾師奇異，曰『此子後必有成』。年二十三，入杭州府學。」

左文襄稱其「見義必爲，居心懇惻，而有條理」，「辦理各務，巨細咸宜」。

左宗棠《薦舉人材摺》：「杭州府學生員丁丙，見義必爲，居心懇惻，而有條理。在杭州賑撫局辦理各務，巨細咸宜，人皆稱其善，而服其敏。若授以牧令之職，必能拊循衆庶，希蹤循良。」

《丁松生年譜》：「同治三年，三月，自滬回杭，開辦賑撫局，設立難民局、掩埋局、施材局，清理善堂田

三七

産，創辦同善堂。十二月，奉旨以知縣發往江蘇補用，左文襄公奏保也。」

當時學者，僉稱其精敏果毅。

吳崑田《書庫抱殘圖記》：「余于同治六年之武林，見其仲氏松生于伯平座上。問以兄，則方出游滬瀆，仲氏人所稱精敏果毅人也。武林收復後，勞來安集，仲氏之力爲多。」

顧淡于榮利，不入仕途。

俞樾《丁君家傳》：「君淡于榮利，在同治間，左文襄特薦于朝，有『鉅細咸宜』之目。得旨以知縣發往江蘇，後又叙功，加同知銜。江蘇諸大吏皆敦勸出山，而君不顧也。」

畢生儉約，終于韋布。

《清稗類鈔》：「錢塘丁竹舟主政申、松生大令丙，爲同懷兄弟。家道殷盛而性好儉，惡衣惡食，惟志于道。凡撰擬文字所用紙，每就殘餘者墨之。外來書函之封套，或翻用其裏，或加箋其上，不浪費也。杭城慈善事業，主政、大令主持者有年，大府倚重之。大令謁大府，輒徒步而往，使人挈禮服，至官廳易之，其儉如此。然儉而不吝，睦婣任恤，著于里間。主政之子修甫舍人立誠，大令之子和甫舍人立中，亦皆有父風。每敝衣冠行于市，見者不知其爲富人子也。」

其生平志事，如修復文瀾閣，補鈔四庫書，既赫然爲東南藝林盛事。

《文瀾閣志》卷首：「光緒七年十月十六日，奉上諭，譚鍾麟奏修復文瀾閣請頒發匾額方略並將搜求遺

書之紳士獎勵等語，浙江省城文瀾閣燬于兵燹，現經譚鍾麟等籌款修復，其散佚書籍，經紳士丁申、丁丙購求藏弄，漸復舊觀，洵足嘉惠藝林。著南書房翰林書寫文瀾閣匾額頒發，並著武英殿頒發《剿平粵匪方略》一部，交浙江巡撫祗領尊藏。主事丁申、著賞四品頂戴，以示獎勵。」

又張大昌《記咸豐庚辛之變》：「閣書散佚，郡紳丁申、丁丙收殘籍于兵火中，幾瀕于危，計得九千餘冊。事平，閣雖幸存，棟宇半圮，難以尊藏。稟請大吏，暫儲杭州府學尊經閣。及巡撫譚鍾麟重建之奏入，蒙旨俞允，頒發滿漢合壁『文瀾閣』三字匾額，并《平定粵匪方略》。譚鍾麟敬將宸翰恭摹，勒石築亭以奉之。更於閣之東築屋三楹，額曰『太乙分青』，俾願讀中秘書者憩止。」

《丁君家傳》：「咸豐十年春，粵寇犯杭。君與兄竹舟君糾合城中錫箔之工，得千餘人助戰守。城陷，猶與巷戰。杭城舊有上下之分，上城焚掠甚酷，而下城稍安帖，箔工之力也。君避亂，轉徙松江、青浦、南匯、上海諸處。……明年，仍回杭州。……其時蘇省淪陷，杭勢益孤，寇日深而食且盡。……出城時與竹舟君相失。至陶堰，見其題壁字，始知其在留下，乃往從之。即于留下設肆鬻米，訪求親串之自城出者。留下市中賣物，率以字紙包裹。取視，皆四庫書也。驚曰：『文瀾閣書得無零落在此乎！』隨地檢拾，取數十大冊。君既于灰燼中掇拾得文瀾閣書，乃奉歸，庋之尊經閣，請陸君籀珊繪《書庫抱殘圖》記之。其時文瀾閣毀于兵，未復也。光緒六年，巡撫譚公建復文瀾閣，爰有鈔補閣書之議。君悉出其家藏書，集人迻寫，又于天一閣、抱經樓、振綺堂、壽松堂諸藏書家，按籍徵求。歷七年之

久，得三千三百九十六種，求而未得者僅九十餘種。譚公疏陳其事，言丁申、丁丙兄弟，于兵戈擾攘之際，尚能蒐求遺書，購覽底本，俾後進得窺內府遺編，其識迴越尋常，所費亦難以數計，可謂篤行敦本之士。于是天語褒揚，士林歡誦。兩丁君之名，赫然聞于天下。」

《丁松生年譜》：「同治元年壬戌，三十一歲。始與兄申同收集四庫書殘本。○《宜堂小記》『兄見留下市賣食物，率裂四庫書紙包裹。乃集膽壯者數人，乘夜撿拾，陸續藏西溪，至數千冊。至是，余隨之，收其散帙，至書盡而止。』」

又：「二年癸亥，三十二歲。正月，移家滬上。四月，周匯西負書至滬。○匯西收購殘書約高二尺一束者，計八百束來滬。悉以與丙。匯西名京，杭州人。」

又：「三年甲子，三十三歲。三月，杭城剋復，即自滬歸杭。……六月，尊藏文瀾閣遺書于杭府學尊經閣，繪圖紀事。左文襄題曰《書庫抱殘圖》。莫子偲奉曾文正命，搜訪文宗、文匯兩閣遺書，來杭寓八千卷樓，又爲題眉。」

又：「九年庚午，三十九歲。……命立誠至四明訪購四庫遺書，得遺書數十冊，暨十萬卷樓王氏舊本八百冊以歸。」

又：「光緒六年庚辰，四十九歲。……十月，與鄒在寅典三監造文瀾閣。○繪《文瀾歸書圖》。……閣經始于庚辰之秋，閱十二月而工成。」

又：「八年壬午，五十一歲。……補鈔文瀾閣書。……設局東城講舍。……除閣中收藏原全書三百三

十一種外，其殘編恭配者八百九十一種，補鈔二千一百七十四種，合計三萬四千七百六十九冊……其餘求

而未得之書，別刊訪目，隨得隨補。自戊子後又得三十八種。其所未得者，僅九十餘種。」

王同《文瀾閣補書記》：「茶陵譚公來撫是邦，倡議建閣鈔補，冀復舊觀。乃條上章程，悉出其八千卷樓

珍藏之副本，倩人恭繕。他如鄞郡范氏之天一閣、盧氏之抱經樓、錢塘汪氏之振綺堂、孫氏之壽松堂、海寧

蔣氏之別下齋、山陰沈氏之味經堂、慈溪馮氏之醉經閣、長沙袁氏之臥雪廬、常熟瞿氏之田裕齋、宣城李氏

之瞿硎石室、錢塘吳氏之結一廬、湖州陸氏之皕宋樓、金華胡氏之退補齋、豐順丁氏之

靜持齋、南海孔氏之三十有三萬卷堂，凡他人插架之書，一一按索。……或酬以縑帛，或易以琅函，或裹糧

而往，僦屋傭鈔，或航海而歸，頻年借補。」

又襄辦浙江官書局。

《丁松生年譜》：「同治六年丁卯，三十六歲。……四月，襄辦書局。〇馬端敏于省城設局刊書，君襄辦

一月。」

藏書杭之尊經閣，及鎮江之焦山。

《丁君家傳》：「君又以尊經閣亦不可無書，乃于家藏中重出之本，得如干種；又乞之朋舊，購之市肆，得

如干種，藏庋閣中。」

《丁松生年譜》:「光緒十七年辛卯,六十歲。……七月,藏書焦山。〇凡四百五十一部,二千六百有八

卷,總一千册。」

重興靈隱書藏。

《丁松生年譜》:「光緒十八年壬辰,六十一歲。……八月,重興靈隱寺書藏。」

綜其刊布之書,無慮數百種。蓋丙之劬學聚書,皆以爲社會,爲國人,非顯顯供賞鑒,矜藏庋者。比其殁

也,舉嘉惠堂、八千卷樓、善本書室之書,又歸之江南圖書館,爲清季創興新政,公家設立圖書館之權輿。是

館之成,雖丙所不及見,然其風徽所被,足使無量數之學者食其賜,允爲圖書館專家所尸祝矣。

《丁君家傳》:「君先世本富藏書。君祖掌六公有八千卷樓,至君又益以二樓,曰『後八千卷』,曰『小八

千卷』。然辜較君所藏,固不止二八千也。君以天語有嘉惠士林之獎,因總名藏書之所曰『嘉惠堂』。」

《清稗類鈔》:「杭州藏書家舊稱趙氏之谷林、意林、誠夫。乾隆時開四庫館徵書,猶首及之。丁氏于國

初遷自紹興,五傳至掌六。慕其先世聞人名顯者藏書八千卷,作小樓于梅東里。子洛耆觀察英,嘗往來齊

楚燕趙間,遇秘笈,輒載以歸。孫竹舟主政申、松生大令丙,又克濟其美,雪鈔風校,益其不足。……竹舟

慨汪氏振綺諸家所藏渺不可得,即天一范氏有明所遺亦蕩焉渺焉,慨斯文墜地之厄,發覆簣爲山之思。以

閣目爲本,以附存爲翼,節食縮衣,朝蓄夕求,遠自京師,近踰吳越,外及海國,或購或鈔,隨得隨校。積二

十年，聚八萬卷。視閣目幾及九成，較樓額已逾十倍。浙省奏開書局，多藉其家藏本，以備校勘。……松生經營文瀾閣事畢，因檢家藏四庫著録之書，作堂儲之，額曰『嘉惠堂』，以曾奉『嘉惠藝林』之諭也。別以存目之書，與書出較後，未經採入四庫者，庋之八千卷樓，繩祖武而志舊德，又于嘉惠堂後築室五楹，上爲八千卷樓，又闢一室于西，曰『善本書室』，樓曰『小八千卷樓』。樓三楹，中藏宋元刊本約二百種有奇，擇明刊之精者，舊鈔之佳者，及著述稿本、校讎秘册，合計二千餘種，附儲左右。若四庫著録之書，則藏諸八千卷樓，分排次第，悉遵《簡明目録》。綜三千五百部内，待補者一百餘部，復以《圖書集成》《全唐文》附其後。凡四庫之附存者，已得一千五百餘種，分藏于樓之兩厢。至後八千卷樓所藏之書，皆四庫所未收採者也。以甲、乙、丙、丁標其目，凡得八千種有奇，如制藝、釋藏、道書，下及傳奇、小説，計前後二樓，書厨凡一百六十，分類藏儲，以後歷年所得之書，皆因類編入。　尚有遺珠及續得者，其子和甫中翰立中則撰《續志》數卷，以繼其美。　光緒丁未，以經商失敗，驟耗億萬，虧公帑，官中責償，盡鬻其産始免，而藏書遂爲金陵圖書館物矣。」

世稱藏書之善，以宋刊元槧之多爲準。　館儲丁氏之書，宋刊僅四十種，元刊不逮百種，視百宋千元，良不逮矣。

本館宋板書目表

經　《詩集傳》八卷　六册

《監本纂圖重言重意互注禮記》殘本　一冊

《儀禮經傳通解集傳集注》三十七卷　四十冊

《監本纂圖春秋經傳集解》三十卷　三十冊

《附釋音春秋左傳注疏》六十卷　四十冊

《監本附音春秋公羊注疏》二十八卷　十四冊

《監本附音春秋穀梁注疏》二十卷　十冊

巾箱本《九經白文》　二十冊

都凡八部，一百八十三卷，一百六十一冊。

史

《漢書》一百二十卷　六十冊

《漢書》殘本十四卷　十四冊

小字本《晉書》一百三十卷　五十冊

大字本《晉書》一百三十卷附《音義》三卷　四十冊

宋刊明修本《宋書》一百卷　二十四冊

宋刊明修本《梁書》五十六卷　十冊

宋刊明修本《北齊書》五十卷　八冊

子

宋刊明修本《周書》五十卷　　十册

小字本《唐書》二百五十卷　　三十册

《五代史記》七十四卷　　二十四册

《通鑑記事本末》四十二卷　　八十册

《兩漢詔令》二十三卷　　三册

《新編方輿勝覽》七十卷　　二十册

《咸淳臨安志》九十五卷　　三十二册

　都凡十四部，一千二百零七卷，四百零五册。

《讀書記丁集》殘本一卷　　二册

《讀書記乙集上大學衍義》四十三卷　　二十四册

《百將傳集注》殘本八卷　　二册

《醫說》十卷　　十一册

《聱隅子歔欷瑣微論》二卷　　一册

《璧水群英待問會元》九十卷　　三十六册

《雲仙散録》一卷　　二册

国立中央大学国学图书馆小史 蠹山案牍 合刊

集

《楚辭辨證》二卷《後語》六卷 四册

《李翰林集》三十卷闕前六卷 三册

《韋蘇州集》十卷、《拾遺》一卷 四册

《五百家注昌黎文集》六十二卷 三十二册

《昌黎集》四十卷 十六册

《朱晦庵韓文考異》十卷 八册

《范忠宣文集》五卷 二册

《頤堂文集》五卷 二册

《歐陽文粹》五卷 五册

《聖宋文選》三十二卷 十册

《二十先生回瀾文鑑》十五卷、《後集》八卷 八册

都凡七部，一百五十五卷，七十八册。

本館元板書目表

經

《周易本義》十二卷 八册

都凡十一部，二百二十五卷，九十四册。

四六

《周易程朱傳義》十九卷　八冊

《周易本義附録纂注》十五卷　二冊

《尚書集傳》六卷　三冊

《禮經會元》四卷　四冊

《禮經會元》四卷　八冊

《周禮集説》十二卷附《復古編》　十二冊

《儀禮圖》十七卷　六冊

《儀禮圖》殘本五卷　五冊

《大戴禮記》十三卷　二冊

《禮書》一百五十卷　三十二冊

《春秋胡氏傳》三十卷　八冊

《詳注東萊左氏博議》二十五卷　十冊

《春秋屬辭》十五卷　八冊

《春秋左氏傳補注》十卷　五冊

《春秋左氏傳補注》十卷　二冊

《春秋師説》三卷附録二卷　　三册

《春秋師説》二卷附録二卷　　二册

《大學章句》一卷、《中庸章句》一卷、《論語集注》十卷、《孟子集注》十四卷　　十四册

《四書通義大成》…《大學》一卷殘，《論語》存卷一，《孟子》存卷五、卷九、卷十、卷十三，並《櫽括總要發義》二卷　　七册

《禮部韻略》殘本第四一卷　　一册

《漢隸分韻》殘本三卷　　一册

《六書正譌》五卷　　五册

《爾雅注疏》十一卷　　四册

《樂書》二百卷　　三十二册

史

《三國志》六十五卷　　十二册

《隋書》八十五卷　　二十册

《南史》八十卷　　四十册

《北史》一百卷　　三十册

都凡二十五部，六百五十卷，一百九十二册。

《唐書》二百二十五卷　　五十册

《五代史記》七十四卷　　二十四册

《遼史》一百十六卷　　三十二册

《資治通鑑釋文辨誤》十二卷　　六册

《資治通鑑綱目》二百九十四卷附天台胡三省《釋文辨誤》十二卷　　九十六册

《續宋編年資治通鑑》十八卷　　十二册

《續宋中興編年資治通鑑》十五卷　　四册

《通鑑前編》十八卷、《舉要》二卷　　二十册

《通鑑續編》二十四卷　　十二册

《資治通鑑綱目》五十九卷　　四十八册

《通志》二百卷　　一百二十册

《戰國策校注》十卷　　十六册

《松漠紀聞》二卷、《補遺》一卷　　二册

《注陸宣公奏議》十五卷　　四册

《晏子春秋》八卷　　四册

《東萊校正南史詳節》二十五卷　八冊

《東萊校正北史詳節》二十八卷　八冊

《吳越春秋》十卷　四冊

《至正金陵新志》十五卷　二十四冊

《文獻通考》三百四十八卷　一百冊

都凡二十四部，一千八百五十一卷，六百九十六冊。

子

《說苑》二十卷　二冊

《纂圖互注揚子法言》十卷　四冊

《中說》十卷　四冊

《中說》十卷　二冊

《朱文公小學明說便覽》六卷　五冊

《陳潛室木鐘集》十一卷　八冊

《壽親養老新書》四卷　六冊

《證類增注傷寒百問歌》四卷　二冊

《圖繪寶鑑》五卷、《補遺》一卷　二冊

《困學紀聞》二十卷　六冊

《風俗通義》十卷　一冊

《忍經》一卷　一冊

《古今源流至論前集》十卷、《後集》十卷、《續集》十卷、《別集》十卷　二十冊

《玉海》二百卷附《詞學指南》四卷　八十冊

《新編事文類聚翰墨全書》一百二十七卷　六十四冊

《韵府群玉》二十卷　二十冊

《詩學集成押韵淵海》二十卷　二十冊

《聯新事備詩學大成》三十卷　八冊

《四家錄》二卷　四冊

《繙譯名義集》十四卷　七冊

《石屋和尚住嘉興元福禪寺語錄偈頌》二卷　二冊

《沖虛至德真經》八卷　一冊

《纂圖互注南華真經》十卷　四冊

都凡二十四部，七百八十九卷，三百七十三冊。

集

《駱賓王文集》十卷　二册

《分類補注李太白詩集》二十五卷　十二册

《集千家注分類杜工部詩集》二十五卷附《年譜》一卷　十八册

《藍田王摩詰詩集》六卷　五册

《韋蘇州集》十卷、《拾遺》一卷　四册

《朱文公校昌黎文集》四十卷、《外集》十卷、《集傳遺文》二卷　十六册

《增廣注釋音辯柳先生集》四十三卷、《別集》二卷、《外集》二卷、附錄一卷　十四册

《節孝文集》三十卷《語錄》一卷　四册

《臨川文集》一百卷目録三卷　三十二册

《王荆文公詩》五十卷　六册

《羅豫章文集》十七卷　四册

《香溪范賢良文集》二十二卷　六册

《瓊琯白玉蟾上清集》八卷　二册

《松雪齋文集》十卷、《外集》一卷　六册

《漢泉曹文貞詩集》十卷《後錄》一卷　二册

《范德機詩集》七卷 二册

《澹居稿》二卷 二册

《古文苑》二十一卷 十二册

《文粹》一百卷 四十册

《樂府詩集》一百卷 二十四册

《叠山批點文章軌範》七卷 二册

《注唐詩鼓吹》十卷 五册

《國朝文類》即《元文類》七十卷 二十册

《古樂府》十卷 四册

《蒼崖金石例》十卷 一册

《樂府新編陽春白雪前集》五卷、《後集》五卷 蝶裝

《樂府新編陽春白雪》殘本二卷 同

都凡二十七部，七百八十九卷，二百四十六册。

然經爐三傳，史備晉唐，亦云難得，而其書之可貴者，猶有數種。一爲四庫修書底本，如李杞《周易詳解》，俞汝言《春秋平義》之類。

《善本書室藏書志》：『《周易詳解》十六卷，宋李杞撰。……此乃館中底本，上鈐翰林院印，改正點補，猶可見當時治書法制。』

又：『《周易洗心》九卷，任啟運撰。……此本疑是原稿，經館臣校改，即爲四庫底本，故卷前有翰林院印。』

又：『《春秋平義》十二卷，明俞汝言撰。……此本爲汝言手稿，經館臣校正發謄，上鈐翰林院印，厥後發還本省者也。』

又：『《重廣陳用之真本入經論語全解義》十卷，宋陳祥道撰。……此舊鈔本曾進四庫館採錄發還者，故有翰林院印。』

又：『《張狀元孟子傳》二十九卷，宋張九成撰。……此爲四庫館底稿退棄之帙，當時悉從宋本錄出，第行款不同耳，前有翰林院典籍印。』

又：『《四書經疑貫通》八卷，元王光耘講授，黃紹撰續。……此從范氏天一閣藏本錄出，經進四庫館校錄，事竣發還之書，故上有翰林院印。』

又：『《律呂闡微》十卷，江永著。……雖屬近著，傳本殊希。此猶進呈四庫館之稿本，上加翰林院印發還者，存之以見閣書規模。』

又：『《商文毅疏稿略》一卷。……此白紙藍格，的爲明鈔。卷首加翰林院印，又有館臣批抹之筆，殆即

天一閣進呈發還之本也。」

又：「《後梁春秋》二卷，姚士粦編述。……卷端鈐翰林院印，殆四庫館發還之本。」

又：「《閣阜山志》二卷，明俞策撰。……是册面有『乾隆四十二年兩淮鹽政李質送到馬裕家俞策閣阜山志壹部計壹本』朱記，鈐有翰林院印，蓋採進四庫館閱過發還本子也。」

又：「《常熟縣破山興福寺志》四卷，明程嘉燧輯。……是書叙次雅潔，寫刻精工。首鈐翰林院印，蓋四庫館給還之書也。」

又：「《汝南遺事》二卷，明李本固撰。……此書爲兩淮馬裕家藏本，曾經進呈發還者，上鈐有翰林院印。」

又：「《孫明復小集》一卷。……此鈔本有『紀昀』『曉嵐』兩小印，卷端鈐翰林院印，當爲文達當日進呈本，經館臣録出，發還本家之書也。」

又：「《王魏公集》八卷，宋王安禮。……此爲編鈔底本，有翰林院印，已不甚可辨矣，存此以見館中程式。」

又：「《藏海居士集》二卷，宋吳可撰。……此館臣採輯《永樂大典》之草底，有翰林院點抹，筆迹猶儼然也。」

又：「《三餘集》四卷，宋黃彥平撰。……此册猶是館中草底，尚存點校乙改鈎勒之迹，有翰林院印。」

一爲名人精寫稿本，如厲鶚《東城雜記》《武林石刻記》之類。

《善本書室藏書志》：「《東城雜記》二卷，厲鶚。……此爲手稿本，塗乙審善，繕寫雅逸，其珍重又在宋槧元刊之外。」

又：「《武林石刻記》八卷，倪濤著。……其中《麻剌葛佛碑題詩》尚是厲樊榭徵君手錄，則尚是稿本也。」

又：「《武林金石記》殘本，爲丁敬身隱君所著稿本。」

又：「《小蓬萊閣金石目》八册，稿本，黃易著。」

又：「《金石錄補》不分卷，葉奕苞著。……此鈔本未分卷，有趙誠夫一清墨筆，鮑以文廷博朱筆校補之語。」

又：「《泰山石刻記》一卷，孫星衍編。此淵如觀察初稿。」

又：「《性理大中》二十八卷。卷首有錢塘後學應撝謙自序。……後列凡例七條，引載先儒姓氏及目次，鈔次精整，始終不苟。撝謙爲杭州理學大儒，藏之以志敬恭。」

又：「《鳴野山房書畫記》三卷，沈啓溶原稿本。」

又：「《芸莊雜錄備遺》十六卷，明管律原稿本。……其書似未經付雕。」

又：「《巾箱說》一卷，金埴稿本。」

又：「《玉几山房聽雨錄》一卷，陳撰手寫稿本。……隨筆行楷，風神遒逸，真可作法帖觀。」

又：「《無悔齋集》，周京稿本。……此冊舊在瞿氏清吟閣，亂後亡失過半，僅存三冊，猶可見醉墨流芳也。」

又：「《玉琴齋詞》四冊，余懷手稿本。……卷首有吳梅村、尤展成題詞，後有顧千里、孫淵如二跋，世無刻本。」

又有日本、高麗各地刊印之本，綜計之，得表如左：

	宋板	元板	明板	明鈔	四庫底本	稿本	日本刊本	高麗刊本
經	八	二五	一二六	一四	七	一	一四	二
史	一四	二四	二一九	一一	四	六	四	六
子	七	二三	三三四	二四	一	五	一三	〇
集	一〇	二七	四五二	三五	二四	二	三	一
共	四〇	九九	一一二〇	八四	三六	一四	三四	九

而近代名臣大儒、校勘家、收藏家所藏之書，尤指不勝僂。 名臣所藏如《周易本義》《尚書集傳》《太平經國之書》之類。

《善本書室藏書志》：「《周易》十二卷，朱子本義。 末有『正德三年餘姚王守仁手錄』十一字，書法端正，

無一苟筆，卷端鈐有儀封大宗伯賜禮樂名臣加太子太保諡清恪張公『正誼堂藏書』方印。」

又：「《書集傳》六卷。……有『邃庵藏書畫記』，明石淙楊一清舊藏也。」

又：「《太平經國之書》十一卷。……有『葉氏篆竹堂藏書』圓印，『萬卷樓藏書記』方印。篆竹堂者，明崑山葉文莊公藏書處也。」按館中所藏葉文莊公藏書，自《太平經國之書》外，尚有《春秋屬辭》春秋左氏傳補註《春秋師說》嘉泰會稽志《寶慶續志》朱子語類大全《天原發微》李直講文集《傅與礪詩集》殷強齋文集《漫游稿》等書。

名儒所校，如《易纂言》《郭氏傳家易說》之類。

《善本書室藏書志》：「《易纂言》十卷，惠棟校《通志堂》本。」

又：《郭氏傳家易說》十一卷，盧文弨校三單本。」……按本館所藏盧抱經所校之書最夥，自《傳家易說》外，尚有《周易乾鑿度》詩考《儀禮識誤》大戴禮記《左傳補注》春秋繁露《孟子趙氏注》輶軒使者絕代語釋別國方言《新刊急就篇》說文解字繫傳《竹書紀年》逸周書《鄭中記》直齋書錄解題《史通訓故補》孔子家語《新語》新書《潛夫論》申鑒《中說》韓非子《易林》廣川書跋《鶡冠子》顏氏家訓《雲谷雜記》論衡《東坡志林》澗泉日記《荷亭辨論》新增格古要論《癸辛雜識》山海經《南華真經》抱朴子《朱樂圃餘稿》金淵集《張卿子》湖上編《白下編》蓬宅編《袞晚編》松陵集《碧溪詩話》浩然齋雅談《對床客語》等書，皆密行細字，丹黃爛然。逐卷有瑣記，全書復有總跋。

皆使人讀之蕭然有劬學勵志之思，不獨以流傳久遠爲重。而自明以來收藏家如范氏天一閣、項氏萬卷

堂、祁氏淡生堂、毛氏汲古閣、錢氏絳雲樓、曹氏靜惕堂、朱氏潛采堂、黃氏千頃堂、王氏池北書庫、顧氏秀野

草堂、錢氏述古堂、曹氏棟亭、趙氏小山堂、吳氏瓶花齋、孫氏壽松堂、王氏十萬卷樓、馬氏小玲瓏山館、汪氏

開萬樓、鮑氏知不足齋、黃氏士禮居、吳氏拜經樓、袁氏五硯樓、何氏蝶隱園、許氏鑑止水齋、嚴氏芳茮堂、張

氏愛日精廬、陳氏稽瑞樓、馬氏漢晉齋、袁氏臥雪樓、馬氏漢唐齋、汪氏藝芸精舍、瞿氏恬裕堂、蔣氏別下齋、

勞氏丹鉛精舍、郁氏宜稼堂、朱氏結一廬、李氏瞿硎石室之書，輾轉流移，著之掌錄，少或一二種，多至數十

百部。

按館中所藏收藏家之書，以汪氏振綺堂之書爲最多，如《周易本義附錄纂注》《詩說》《詩考》《經禮補

逸》《春秋纂言》《石渠王氏意見》《靖康紀聞》《辛巳泣蘄錄》《中興禦侮錄》《皇元聖武親征錄》《使朝鮮錄》

《周元公志》《謝皐羽年譜》《殿閣詞林記》《金華先民傳》《紀善錄》《兩漢博聞》《江南野史》《錦里耆舊傳》《三

楚新錄》《五國故事》《咸淳臨安志》《嘉靖惠大記》《水經注釋》《淮南水利考》《雲門志略》《雍錄》《皇明寺觀

志》《帝陵圖說》《東西洋考》《翰林記》《遂初堂書目》《金石錄》《名蹟錄》《經進六朝通鑑博議》《讀書記》《公

是先生弟子記》《曇庵雜述》《安驥集》《畫苑補益》《茶經》《梁谿漫志》《硯北雜志》《負暄野錄》《標題補注

蒙求》《都公譚纂》《晁文元公道院集要》《呂吉甫老子解》《離騷集傳》《陸士衡文集》《千家注批點杜工部

詩集》《黎嶽詩集》《李推官披沙集》《麟角集》《韓翰林集》《宛陵集》《鄱陽文集》《姑溪居士集》《劉左史文

集《演山文集》《陵陽詩集》《羅豫章文集》《蘆川歸來集》《胡澹庵文集》《莆陽知稼翁集》《吳文肅文集》《羅鄂州小集》《東萊詩集》《象山外集》《慈湖遺書》《薛常州浪語集》《石屏詩集》《黃文肅文集》《龍川道人詩集》《野谷詩稿》《杜清獻集》《方是閒居士小稿》《鐵庵方公文集》《默齋遺稿》《玉楮詩稿》《松垣文集》《蘭皋集》《雲泉詩》《柳塘外集》《深寧居士集》《趙寶峰文集》《莊靖遺集》《戴剡源文集》《桂隱詩集》《鄧巴西文集》《輝山存稿》《靜修文集》《秋曉覆瓿集》《許白雲文集》《胡雲峰文集》《弁山小隱吟錄》《馬石田文集》《道園學古錄》《還山遺稿》《魯齋全書》《周翰林近光集》《吳禮部文集》《夢觀集》《貢禮部玩齋集》《圭齋文集》《澹居稿》《傅與礪詩集》《閩過詩集》《玉笥集》《江月松風集》《石門文集》《不繫舟漁集》《居竹軒詩稿》《僑吳集》《友石山人遺稿》《聞過詩集》《潛溪集》《蘇平仲文集》《藍山詩集》《李草閣詩集》《易齋稿》《思復齋稿》《節庵集》《白沙全集》《竹室內集》《西村集》《何燕泉詩集》《戴鎏谷集》《夏東巖詩集》《少湖文集》《貽清堂集》《古今歲時雜詠》《赤城集》《柴氏四隱集》《河汾諸老詩集》《天下同文前甲集》《餘姚海隄集》《小山詞》《酒邊集》《西麓繼周集》《玉田詞》《草窗詞》《張小山北曲聯樂府》《張小山小令》，

凡一百四十七種。

故論館中善本，直接得之丁氏，間接即爲明清兩朝藏書家之結晶，宜世人之以丁氏之書歸之本館，爲得

所也。

《藏書紀事詩》：「書庫兵間憶抱殘，更從湖上起文瀾。宜堂雖共苕溪盡，守藏依然屬漢官。」丁丙嘉魚。 ○

昌熾按，歸安陸氏䜭宋樓精本與守先閣所藏明以後刻本，日本以六萬金，并金石拓本捆載而去。是時匋齋制府督兩江，聞丁氏書亦將散，懼其爲平原之續，亟屬繆筱珊前輩至武林訪之，盡輂之白下，開圖書館以惠學者。兩家之書同一不能守，而松存身後不至流入海舶，視存齋爲幸矣。

第五章　圖書下　范氏書、宋氏書、官書、書畫、名人手札、檔册、板片

丁氏書外，有武昌范氏書四千五百餘種。范氏月槎在同光間，以詩名仕宦，偃蹇不得志，嘗作《仕隱圖》以見意。

顧雲《仕隱圖序》：「武昌范月槎先生官京師時，作圖曰《仕隱》，數十年迄今矣，海内序而詩者且數十家。……先生内冷宦有年，外閒曹有年，今監司矣，猶嚮者閒曹冷宦，退休乎一室，左圖右史，開作詩歌。」

所藏書以集部爲多，其後以負公帑，舉書以償。

《江南圖書館咨財政公所經收范氏書籍文》：「前准江寧藩台移會委派候補知州許庭森，將范道書籍運送到館，點交查收。嗣于二月初十日，照范道處鈔來草目，陸續點收，並派人幫同裝箱，移運至館，計收到書籍四千五百五十七種。宣統二年七月二十四日」

其藏書之印，有「木犀香館范氏藏書」及「月槎之印」「石湖詩孫」等，雖與丁氏書合併，不相溷也。丁氏書之印記，詳見《覆校善本書目》。

外此，又有宋教仁所遺書籍，以其身後書無所歸，由江蘇省署發交本館儲藏。

南京圖書局詳文：「本年一月六日，奉警察廳文開：略稱『宋教仁所存龍宅書籍，共計大小竹木箱隻一百七十二隻，除張氏認領共一百十二箱，其餘六十箱並非張氏所失之書。』按，是年一月，警察廳咨文內開：『公民張志潛稟稱：竊辛亥之役，民家兩代藏書計有五百餘箱之多，為宋教仁歸還原主，一半于共和告成後攜入北京，宋故後已經散失，其餘少數存金陵游府西街龍梓修寓中，情願代表宋教仁歸還原主，并由于出具親筆信函，交民以為收書憑證。』此文所稱張氏所失之書，即張佩綸家之書也。」詳奉巡按使批開『其餘無主書籍六十箱，應由該廳移交無主書籍六十箱外，復查出列傳書籍移交龍蟠里南京圖書局點收保存』等因。……同日又奉警察廳文開略稱『據張、龍二姓代表人稱，除前點交無主書籍六十箱並非張、龍二姓所有』。詳奉巡按使開『此項無主書籍，應仍由該廳送交圖書局查收，妥為保管』等因。民國五年一月十八日

其書雖皆普通習見之本，不足珍異，然為民國偉人之遺，亦足增歷史之價值矣。

李法章《宋教仁傳》：「宋教仁，字遯初，湘之桃源人，一號桃源漁父，不知者或稱為桃先生。……教仁生有大志，天資俊偉。年十二喪父，家貧，刻苦勵學，能窮原委。辛亥七月，教仁偕黃興至鄂，眾舉興為總司令，教仁助胡經武掌外交。……孫文回國，被舉為總統，興為總理，教仁任法制院院長。……北京政府成立，任農林總長。……唐紹儀內閣倒，教仁聯帶辭職。既退，主持黨務，聯合五政黨改組國民黨，勢益張，被舉為理事，助趙秉鈞組閣，調和南北意見，人咸敬仰其為人。……二年三月二十日夜，乘滬寧車北上，于站中遭武士英狙擊，中胸際，入鐵路醫院。以傷重，卒不起。教仁傷後，曾語于右任三事：一、以書籍

捐入南京圖書館；一、請同志撫助其家，善視老母；一、屬同志奮力進行。」

壬癸以後，館費支絀，增購書籍寥寥可數，僅于民國九年七月，江蘇省署撥款二千元，購收山陰薛氏一鶚家藏名人手札七十六册，多清代同光間軼聞，如彭剛直、王壬秋諸公與曾文正之書，亦足資史家之擴撫，備學者之要删焉。

彭玉麐《上曾文正書》：「敬啓夫子大人函丈，麐賦性褊急，學問不深，意氣不平。耳聞目見，遇有情理不順事，即不關己，亦耿結于衷，不能銷釋，甚至終夜不寢以思。其何故如是，又安得有所以開導，使不如是而得乎情理之正，以養天和焉？麐兮麐兮，豈杞人乎？抑古之傷心人，別有懷抱歟？問之麐，麐亦不知也。要皆一腔熱血作祟，使之不覺耳。日前晉省原有數事，關乎軍務、餉糈、吏治大端者，非筆墨所能達，欲面稟陳以消痕迹，否則率性大書特書，形迹太露，恐失忠厚之道。及到省三思，實事不關己，縱痛快陳詞，未必有益于事，徒生煩惱。多一事不如省一事，此亦有鑒於時勢，學習世務人情之進境而然也。故三次晉謁鈞顏，三欲啓口而堅忍咽之，僅草草應酬，數日而歸。內有大通局員一事，料必有害。初擬請查辦以免後禍，不料麐于二十九到省，其事即于是夜發作，更覺寒心氣阻，蓋事由天定，實非人力所能勝也。故一切事以箝口爲佳，何必曉曉多舌耶？況疏不間親之義，聖賢且舉以爲訓，麐一匹夫，何敢違乎？今他事置勿論，昨奉鈞咨，以大通局被搶，雖設立巡船，尚須留親兵營三板數號，以資得力。麐已籌畫另備公牘呈覆，顧全大局，前已將該營官、哨官，究辦其疏失之罪矣。然既往難追，將來可慮，有不得不言者，局員劉履

祥。利弊萬端，去冬曾痛切指陳于鈞處，飭員查訪確實，撤其釐委。甫出局，九世叔即委用于釐金局間壁

之安全局，與以權勢。該員不知斂迹，轉爲得意，虎視狼貪，惡劣日甚。不特官鹽錢店未收，且多開數家，

均樹有部帖招牌，而所開行店，究請有部帖執照，未可知也。以公項作私本，不察可知矣。大釣鈎船數十

隻，私通夷人，買該夷旂號，與廣東漢奸交涉生理，往來江上，所過關卡不敢問焉。五月間，荻港局員王受

祺力阻該夷船鈎鈎十二號，上有夷人，以無領事印票爲憑，王受祺要其完釐，延住數日，則劉履祥函至，認爲

是該局生意船。此私通夷人，其心叵測之明證也。夷船至大通，則以釐金，安全兩局門首爲起貨碼頭，或

十隻、二十隻，橫塞河道，此往彼來，川流不息。先是，親兵營哨船至每日申刻即肅清河道，不准小划往來

以及夜渡。至是，劉履祥夜以繼日，用小划撥貨物，運銀錢，無所謂禁矣。且銀錢露白，此所以起搶劫之由

也。從來釐金船打開錨，戰船相依，便于照應。今春則抵岸灣，泊四面，爲劉履祥生意夷船圍繞，不准防

卡、三板盤詰，往來上下，皆履祥私人。柳壽田屢商其將鈎鈎離開釐船，履祥置不理。及至二十九夜被搶，

戰船礙難開礮，麟閱該釐局有護勇數十名開銷，至一旦有事，不見一勇，則平日有名無實，徒空報銷可想

矣。該局左右皆其私開貨店，而招牌則大書官字。有查問者，答曰九帥使其開之。噫！豈果九世叔使之

乎？即以我夫子訪察各卡劣員撤去者而論，近皆爲九世叔用。在九叔廣施恩惠，原欲其改過自新，不使該

員等廢棄，而該員等不自痛悔前愆，轉爲得計，無所不至，真辜負九叔盛德，而九叔未必知也。據月旦評，

陳茂未必賢于趙研香。然陳茂初接手，不能以平日人言定其優劣。然不懲辦劉，恐陳亦近墨易黑，蓋利之

所在，善忘義也。前案已出，無容追悔，而所以籌後防者，柳壽田有一稟，其中數條未必盡善，究亦可取，另

抄呈電。而劉、陳皆不以為然。揣其故，誅其心，實有礙于私自生意故也。

議，力主于荷葉洲建三碉。噫！此其迂拙而妄花經費矣！一碉須費二百餘金，且該處沙地腳包在內，亦不

槍礮，原以禦寇，豈能防礜局乎？割雞焉用牛刀！若于局外築牆浚濠，即將其私開各行店概包在內，亦不

過一碉之費，足以永固。釐船每夜開錨，一舉手之勞，即可免他虞，其不為也，果何心歟！應請飭該局員辦

理，並密派正直委員私行密訪有害大局各情形，以證是非，勿以麟激烈之言為信，則于大局更有益矣。夫

人欲進德，首重寡言，麟極欲寡言以為進德之基，其如守口不能如瓶，居心又復如矢，甚矣進德之難也！條

何以鳴？風撼之鳴；葭豈灰飛？氣感之飛。有自然而然，不得不然者，麟豈好言哉？不敢知而不言，

有蹈蒙蔽之咎，非所以處夫子之道故也。瑣瀆鈞聽，敬請崇安，伏乞慈鑒。受業玉麐謹啟，十一夜。」

又：「敬啓夫子大人函丈，查辦釐金，只可量局之出息大小，分別核奪以與之，如湖口、吳城二套口。然無

局勇亦不足資稽查彈壓，原以集腋成裘，藉助征兵軍餉，非所以養局員親兵護勇也。華陽鎮此時亦學

壞，依樣矣。華陽鎮麟經辦多年，不知有局勇之名色，但派三板數號稽查而已。自大通除戰船一營外，添

設局勇一款，卒不能護衛局務致失事。以大通局有勇之例，遂至處處局卡，皆照成例有局勇矣。該勇多湖

繞汗褂褲，較征兵尤雄，試問錢從何來？有名無實，不過滋局員小有出息而已，十名中不過五六名落實有

之而已。然既壞例開此風習，可毋庸撤，但局勇號褂補，似應書某局勇，庶便認識稽查。即或不肖，局勇在

外，滋出事端，有號補認識，不致指鹿爲馬。麟近巡查江面，到處見欽差大臣親兵號褂，初以爲有公務差出

者。昨有拆賊牆中瓦屋柱礎數勇，槪穿我夫子親兵號褂，此斷非省垣差出公務，其爲游勇藉號褂名色，滋

擾無疑。拏問之，實係釐局勇拆賊屋修補釐局者，釋放去。因此逐局查察，無勇不然。傳詢委員，僉曰：

『照大通樣、板子磯樣。』相習成風如是耳！實屬荒謬，不成事體。我夫子大人親兵應在省垣，豈可出省沿

江護衛局員乎？此一不可也。局員自問何人，豈配用欽差大臣親兵乎？此二不可也。且局勇皆就本地所

招，藉此自炫，欺嚇鄉鄰，此三不可也。甚至行兇滋擾，壞夫子聲名，而該局員安然無事，此四不可也。以

一欽差大臣親兵，不護衛欽差大臣爲國家剿賊，而分散于各釐金局搜查商旅，爭芥子之利，大體何在？此

五不可也。應求夫子大人即日飛飭牙釐總局，嚴札沿江各州縣局卡，委員速即更換『某局爲某局勇』字樣，

以全體制，而正名分，是爲至幸！麟下死力做謹言工夫，無如遇事觸眼刺心，不得不言也。特肅敬請鈞安，

伏乞玆鑒。受業玉麐謹啓。 同治元年七月初三日。 此函飭發篋軒廉訪青覽。」

王闓運《上曾文正書》：「闓運謹再拜，奉記滌生先生。中堂前在揚州奉詩三篇，叙德攄情，知荷省覽，

江南大鎮，專倚蕃宣，罷民勁卒，悉歸和化，方春農作，重見安平。固令裝公遽其經謀，郭相慚其倡楚，側聞

朝議，良無閒然。昨見上章舉雨亭作都轉，尤服甄材之允。幕府所拔六李，惟斯人有悃愊之節，將令賢彥

聞而自親。山東閻公，治行殊絕，有胡文忠之精銳，而誠廉殆過之。北方所聞，惟此爲異。李閣學弘德授

經，玉音不發，李感愧恩遇，涕泗橫流。上觀久之，取《論語》『君子不器』章，手掩『器』下叩，持以示李。李

猶未悟，對以『不器』。上乃笑曰：『本謂君子不器也。』外間傳述，以知澮哲。樞垣畏事，假權外臺，近賈生

勁毛、憚、陳子彈伯符，憚吏議當移毛、厲，倭促官速辦，竝相並劾張、毛，意指台王，亦仍委僧察覆。新疆事

亟，伊犂孤危，守卒援兵餉道并絕，惟陳尚書、樂總督以功釋還，明公之請也。又議俄夷助勦，尚無定論，揄

寇仍犯湖北，眾議望中堂以之自任，而重發其端。吳漕督復運之請，大爲閣公所駁，而京中欣然。有里子

于元夕作謎，以吳某運米三十萬爲題，隱《漢書》三十一字，人莫能射。俄有人云『日夜思竭其不肖之材力』

至『大謬不然者』四句也，合市知文字者大笑稱絕。今事已騷然，未識能達否？凡此新事，足佐暇聞。外呈

拙作數紙，冀寫民俗、達鄙志，伏惟昭察，不勝區區之懷。閩運再拜上。[同治四年三月初三日]

館中別儲書畫八箱，印有書畫目一册，南陵徐氏所藏也。徐氏亦以負公款，舉書籍字畫以償，其書籍由

江督咨送京師圖書館，字畫則歸本館。

江督端札：『徐道乃光前以書籍字畫抵還機器局欠款，除將書籍咨送學部預備京師圖書館成立儲藏

外，所有字畫四百四十五件，暫交江南圖書館藏書樓收儲。[宣統元年五月二十三日]

都四百四十五件，中多贋鼎，間有精品，披沙揀金，不逮什一。蘇省大吏曾屬畫家梁公約甲乙之，如陳玉

几之《芍藥》，蔡松原之《白描騎牛圖》，皆其中尤物矣。

光緒辛丑，劉忠誠、張文襄會奏變法，設編譯書局于寧垣，編譯新書，以開風氣。宣統二年四月，改是局

爲江蘇通志局，所藏東西書籍，則歸之此館。

江楚編譯官書書總局移文：「案奉督憲奏准，將敝局改爲江蘇通志局，所有敝局書籍板片，業經移交通志局查收，並呈報督憲在案。惟查敝局舊藏之東西文各項書籍，通志局皆無須參考，相應逐一開單，移送貴館，爲供人閱覽之用。宣統二年四月十三日」

都東西文書籍五百三十六種，七百有九本，館中藏書兼羅寄譯，自是始也。編譯局自印之教科書，亦歸于館。時過境遷，不適學校之用，近尚庋之書庫，充兩閒屋云。

館藏官書，有端方請頒之《會典》及《圖書集成》，並調集各省官局書籍。端方《請頒發圖書集成片》：「石印《圖書集成》，前蒙德宗景皇帝頒賞直省各一部。江蘇省早經祗領，尊藏高等學堂。伏查江寧省城創建圖書館，業經臣奏明，爲通省士紳觀書之地，擬懇聖恩，再行賞給石印《圖書集成》一部，俾蘇省承學之士，皆得窺圖書之淵海云云。宣統元年三月」

江南圖書館申江督文：「光緒三十二年，奉前部堂端札，飭暫行開辦，其時因未建館，所假自治局後進樓房，庋儲所購書籍，嗣經前督部堂端奏請，恩賞《大清會典》一部，石印《圖書集成》一部，遵于本年夏季，先後祗領到館，并調取江西、浙江、廣東各省局書，亦均陸續札發在案。宣統元年」

其後淮南書局裁併江南書局，所儲木板亦歸本館經管，江南書局所售淮南書局及江楚書局印行之書，自工本薪資外，所獲淨利均歸館中。故館之西樓，尚儲岑刻《舊唐書》板片全分。其餘淮南局板，亦每種酌抽其一，庋之後樓。江南書局印書時，必來館請取，以便監視焉。

圖書館之初設也，議者不知其重要，有議歸併志局之舉，嗣又以志局併入本館，其中離合，亦有可言。民國元年九月，通志局稿件書籍均移交南京圖書局保存。至七年三月，志局復興，館存之志稿及志局各書復行移交，均載在館中檔册。厥後志局未能刻期蕆事，而經費支絀，復經裁撤。志局所藏江蘇籌防局、財政局各檔案又運交本館，計藏于館中西樓者百數十箱，訖未整理，別儲標籤，分寄于後樓下，爲目五厚册。十六年秋，按目清檢，爲蟫蠹所損，不可辨識者百一；其完善而極有關係者，如《南洋海軍沿江要塞圖籍》，均載入書目，附之書庫云。

第六章 目錄

序跋。

丁氏之書，有《善本書室藏書志》四十卷，《八千卷樓書目》二十卷，其書之美富，目之精當，具見諸家

繆荃孫《善本書室藏書志序》：「《藏書志》四十卷，實能上窺《提要》，下兼《士禮居》之長，賞鑒考訂，兩家合而爲一，可謂書目中驚人秘笈。……此志晚出，所長有二。一在收明人之著述也。晁、陳收至南宋，時代最近，今距明末二百五十餘年，距明初則五百年，閱世愈遠，傳本愈難，一刻再刻，業難考訂，何敢輕棄，非變例也。一在拾鄉先輩之叢殘也。《愛日精廬》間收國朝人未刻之書，今仿其例，尤留意于鄉人，雖一卷半帙，亦必詳悉備載，如有賢子孫欲求先集，可望流播，以免散遺。宅心仁厚，于此可見。」

孫峻《八千卷樓書目序》：「乙未春，松生丁丈有《善本藏書志》之作，約峻辰集西散，日撰解題二十部。峻常登樓，擇其尤者六七十種，供三日之編纂。每晨趣正修堂，丈危坐以待。及開卷檢閱，靡不參伍錯綜，博引旁徵，峻述之而丈書之，閱三年畢事。」

羅榘《八千卷樓書目序》：「其編目之例：頂格者，爲文淵閣著錄；低一格者，爲四庫附存；低二格者，爲

四庫未收。每書若干卷，及某朝某人撰，一準諸家之例，其板本不同者，則備載之。由此而讀《善本藏書

志》，不翅尋落葉于故根，導渤海于黃河也。」

歸圖書館後，印有《江南圖書館善本書目》一冊，較之《丁目》所載，微有出入。如《善本書室藏書志》

首載宋本《周易》十卷，《館目》即無是書，其故惜不可詳。民國八年，館印《江蘇第一圖書館覆校善本書

目》四冊，備載某本某某藏及各家圖記，較初印之《江南圖書館善本書目》爲詳，其原委具見齊耀琳序語。

齊耀琳《江蘇第一圖書館覆校善本書目》序：「丁氏故有《善本書室藏書志》四十卷，篇帙繁重，流傳甚

稀。前館員刊《簡目》以行，世所習見者，皆屬此本。民國三年，余來巡是邦，屢過盈山，登善本書樓，偶取

舊籍與《簡目》對勘，間有異同，心竊疑之。爰特定閱書專章八條，付與館員守之。屬同年胡宗武、曹掾梁

公約兩君，重加校理。凡六閱月而竟，纂成《書目》四厚冊，備載歷朝名人收藏印記，于刊鈔配補、卷帙完

闕，考核尤詳，視前《簡目》加勤焉。暇取而互勘之，如《讀易小得》，如《楊雄蜀都賦讀》，如《春秋左氏傳補

註》，如《篆體偏旁點畫辨訣》，如《錦繡萬花谷前後集》，如《禪宗永嘉集》，如《陸士衡文集》，

如《友石山人遺稿》，胥屬丁氏《善本書藏書志》漏載而《簡目》不收；如《春秋通說》，如《崔清獻全錄》，如《素

問入式運氣論奧》《黃帝內經素問遺篇》，如《宋寶祐四年丙辰歲會天萬年具注錄》，如《老子口義》《列子口義》《莊子口義》，如《山

房四友譜》，如《蝶庵道人清夢錄》，如《大慧普覺禪師書》，如《寶章待訪錄》，如《元刊

《分類補注李太白詩集》，如元刊《集千家注分類杜工部詩》，如《孟浩然集》，如《后山詩注》，如《西塘鄭先生

集》，如《格齋四六》，如《巽齋四六》，如《翰林珠玉》，如《江月松風集》，如《毅庵集選》，皆《藏書志》所載，原

書具在，而《簡目》亦不收。其尤異者，宋張景《醫説》二部僅入明槧，而黃堯圃所藏宋本亦不著録，今均一

一隨類列入，爲書不下三十餘種，則當日丁氏之疏尚少，而前館員編纂之率略泰甚也。兹目經之屬，三百

五十三部，六千一百四十六卷；史之屬，四百九十部，二萬零零七十四卷；子之屬，五百八十五部，一萬一千

零六十八卷；集之屬，一千一百二十部，二萬二千五百九十二卷。都二千五百四十八部，五萬九千八百八

十卷，而藏閲書五百四十四厨尚不與焉。收藏之富，近世官所領者，自京師外，殆罕與儔。」

第《覆校善本書目》，亦多舛誤。最怪者，丁氏《善本書室藏書志》及《江南圖書館善本書目》均載有

《殊域周咨録》一書。

《善本書室藏書志》卷十二：「《殊域周咨録》二十四卷，明刊本，海虞吳蔚光藏。

中嘉禾嚴從簡輯。　是録載于《千頃堂書目》，一卷朝鮮，二至三日本，四琉球，五至六安南，七占城，八真

臘、暹羅、滿刺加、爪哇、三佛齊、勃泥、瑣里、古里，九蘇門答刺、錫蘭、蘇祿、麻刺、忽魯謨斯、佛郎機、雲南

百夷、十吐蕃、十一拂簌、榜葛刺、默德那、天方國，十二哈密，十三吐魯番，十四赤斤蒙古、安定、阿端、曲

先、罕東、火州，十五撒馬兒罕、亦力把力、于闐、哈烈，十六至二十二韃靼，二十三兀良哈，二十四女直。萬

曆癸未，正治上卿吏部尚書滇浙居士寅所嚴清撰序，謂諫議倅紹峰子携所著《殊域周咨録》乞序，乃知其官

行人時所輯。　名以周咨者，因靡及之懷，勤採訪之博，雖于耿光大烈，未克兼總其全，若門類分編，豈非爲

天下九經中柔遠人、懷諸侯之模範哉！有『蔚光太史公小宗伯』『海虞吳氏擁書樓圖史』諸印，蔚光字哲甫，號竹橋，昭文人，乾隆四十五年進士，官禮部主事。」

《江南圖書館善本書目》第四十四號：「《殊域周咨錄》二十四卷，明嘉禾嚴從簡。海虞吳蔚光藏書。一本。

而《覆校善本書目》無之，亦未聲述何時遺失及前目有而此目無之故。又集部《草窗梅花集句》三卷附錄一卷《和梅花百詠》二卷，僅注「明蘭谿童琥」，實則《草窗梅花百詠》爲童琥撰，後附《梅花百詠》則海粟馮氏撰，《和梅花百詠》一卷則魏復字克己所撰。《丁目》未爲標明，《覆校書目》亦沿而不檢。又《繭窩雜稿》一卷，注「清仁和沈昀」，實則此書係仁和吳謙牧所著，有沈朗思藍筆批，非沈撰也。譌謬相仍，初未訂正，似亦未能突過前人矣。

《齊序》所稱「藏閱書五百四十四廚」，故有書目兩種：一曰《江南圖書館書目》，內標「閱覽室檢查書目」，江南圖書館初編，凡八冊，分經、史、子、集、叢、志六類，丁氏八千卷樓書，及初設館時調取之官書，購置之新書，胥載是目，民國以來，訖未重印。一曰《南京圖書局書目二編》，內標「南京圖書局閱覽室檢查書目二編」，凡二冊，分經、史、子、集、叢五類，皆范氏之書。至宋氏之書，爲數無多，歸本館後，未有印目。民國五年一月，江蘇省公署令檢重複之書，移存通俗教育館，計經、史、子、集、叢五種，內有丁氏書四百十一部，六千七百二十冊，范氏書六百八十八部，九千九百十五冊，東文書三百一部，五百七十八冊，兩館均有鈐印、目錄，可覆按也。

汪家聲、陳圍呈省署文：「上年一月，奉飭開省立通俗圖書館，開幕在即，祇以創辦伊始，一切圖書，尚

形寥寥。查該局本分有《善本書目》《閱覽室書目》及《范氏書目》三種，所有善本書本書自應妥爲收藏，其閱覽書及范氏書，應即將藏有二部以上之書，擇其版本較次者，分出若干，暫移該館收藏。另訂『特別閱覽辦法』以供衆覽，而惠來學。除飭知省立通俗圖書館籌辦員遵照外，合行飭仰該員，即便點交該館接收，仍限於五月內移交清訖，具報備案等因，奉此遵即將閱覽室《丁氏書目》並《范氏書目》合併檢查，凡二部以上之書，皆爲提出。又非二部以上，於通俗最有裨益之東文書，亦并檢齊。始自一月，訖四月初，計檢出經、史、子、集、叢五類，内屬于丁氏者，總四百十部，六千七百二十册，屬于范氏者，總六百八十八部，九千九百十五册，又東文書三百一部，五百七十八册，交由該館員葉鎔當面點收，一律移存通俗教育館。兹由該館將接收之書目，造成兩份，各執一份，分蓋印章，核對清訖，理合具報備案。〔民國六年三月十四日〕

館中寫本目録凡兩種：一曰《續提善本書目》，凡五册；一曰《閱覽室書目》，凡十五册。均分經、史、子、集、志、叢六類，編次未精，頃甫改訂。

館中藏書，種別繁複。十六年秋季檢查善本書，都一萬八千五百四十九册，續提善本書三萬一千七百二十六册，普通閱覽書九萬六千六百八十五册，教科書二萬七千零四十九册，時文試帖雜書九百九十九册，雜志二千一百四十六册，名賢手札七十六册，包世臣文稿四册，大凡十七萬七千二百三十四册，十七年續增書尚不在内。而地圖、標本、檔案之别具寫目者不與焉。初，館務懈弛，物議滋多，經大學行政院遴員，偕館員清查各書，得目存而書亡者如干種。

國立中央大學國學圖書館小史　盋山案牘　合刊

《元氏長慶集》五册民國六年八月二日省公署教育科函借

《水經註》十二册民國八年十月十二日諮議廳借

《續行水金鑑》八十册省公署借

《金山縣志》一册第六册

《川沙廳志》一册第三册

《南匯縣志》一册第六册　以上均江蘇通志局借

《文公家禮》一册第五册　禮制會借

《居庸關石刻及蒙古錢幣印本》法文說明一册

《模刻唐石經》一八三葉

時移物換，無可追索。又得書存而無目者二種。

亦不知其自何而來。至包世臣文稿與剔除雜手稿三百九十七葉，共貯一處。細檢之，包文第一册標題

十七葉，惟存十三葉，實失去包氏手書文稿一篇云。

第七章 人物

王士禎《游烏龍潭記》謂「潭上多名士」，蓋指曩時茅元儀、丁雄飛、吳應箕諸人也。道光以來，盆山四松擅丘壑之勝，而惜陰書舍主講者率多大師宿儒，如俞理初、胡竹邨、馮林一諸先生倡學於前，李小湖、薛桑根諸先生講藝於後。龍蟠里一隅，遂為南京學術界之奧區，他書院莫之比也。

《癸巳存稿》俞《公崇祀鄉賢事實》：「一，該故舉人俞正燮，道光丁酉歲，前兩江總督陶澍聘爲江寧惜陰書院山長，昌明經史之學，裁成後進，一時質疑問難者輮履相錯，所謂誨人不倦者，庶乎近之。……一，該故舉人俞正燮卒于道光二十年庚子。」

汪士鐸《戶部主事胡先生墓表》：「先生雖從政農部，而奸蠹布濩，未充[二]厥施，名臣碩輔延主皋比，鍾山、惜陰，士飫其教，講舍百數十人，服膺歸仁，拳拳弗忘。士鐸不才，亦蒙溆拂，蓋門無棄材焉。」

馮桂芬《惜陰書院戊申課藝序》：「湘陰李公督江南之次年，會余服除，謁假家居，招余主惜陰書舍講

〔二〕《汪梅村先生集》卷十一（清光緒七年刻本）「充」作「竟」。

席，進之曰：『此先師陶文毅公所創也。余適躡其後，文毅公于子又有文字之知，子其為我勖諸生以學，以益廣公之遺澤。』余謝不敏，而不敢不勉也。既逾年，余將北行。諸生以選刻課藝，請為甄擇，得若干首，合十餘萬言，付諸梓人，而系之曰：令甲以制藝取士，春秋闈兼用經策，自廷對以訖試館職等，詩賦策論參焉，學政試生童經解古學，體製尤廣，立法至明備也。承學者不察，或因陋就寡，赴速邀時，輒屏棄一切，專事舉業，甚且大小試分其疆，南北闈分其徑，殫心畢力，以冀一合，卒之得失有數，非可力強。於乎！人生百年，少壯二三十時，如日方升至禺中，實精氣所凝聚，不以此時講明道德經濟之學，以為當時用，顧以其大有為之歲月，銷磨隳毀于無益之途，終身莫之悟，則惑之甚者也。說者遂以為科目限之，則殊不然。射策始于漢，後世易以經義、詩賦、制藝，間益之明法、書算，或詔誥表制，內科代有沿革增損，要無大異，而名臣碩儒，不絕于史。然則士亦貴自勉而已，何科目之限人耶？金陵惜陰書舍之法，制府簡省之舉人，及鍾山、尊經諸生之列上舍者，月以經解、詩古文辭課之，此邦故才藪，諸生又其上選，謝玄暉所謂『獻納雲台表，功名良可收』者，不乏其人。余之謭陋，何足資諸生楷模？顧竊有志焉，願偕諸生相勸勉于通經致用之途，不欲以流俗自畫。大之考鏡古今得失，匡時濟世，坐言起行，小之亦作一經，與雅頌比烈，使天下知吾儒事業，果非贅郎、掾吏所能為也。若徒以訓故詞章沾沾自喜，豈所期于諸生哉！月課卷以時送轅門，有佳篇若疵語，公輒為余舉其詞，以是知公于課卷披覽殆遍。余之行也，公商之余，將增定課程，且益廩額，大臣為國養士，培植嘉與之盛心，為不可及也。」

《續纂江寧府志》:「李聯琇,字季瑩,一字小湖,江西臨川人。道光二十五年進士。……由講讀學士升大理寺卿、江蘇學政。咸豐八年,以疾引退。江表既平,曾文正公延主鍾山、惜陰兩講席,謂人曰:『吾為此郡得一大宗師矣。』琇在院,裁成誘掖,十四年如一日。光緒四年,卒于院。人士感慕,籲建饗堂,以附抱經、姬傳諸先生之次。總督沈文肅公為之入告,奉旨嘉予以事迹宣付史館,并入《國史儒林傳》,著有《好雲樓初、二集》《臨川答問》諸書若干卷。」

汪士鐸《臨川李公墓志》:「曾文正公延主鍾山、惜陰兩講席,賓禮殷摯。雖亂後,籤笈請業者投卷逾千百,公評騭自昧爽至丙夜,裁狂成獷,靡息寒暑。侍坐之士,奉公身教為圭臬,參倚忠篤不少跌,故一時氣節文翰,巍為世冠。其造就品類,昌明學術,十四年如一日,為盧抱經、姚姬傳以來諸儒所不及。」

顧雲《桑根先生行狀》:「先生姓薛氏,諱時雨,字慰農,一字澍生,晚號桑根老人。……同治八年,端敏公總督兩江,復聘主江寧尊經書院兼惜陰書院。浙人士結廬西湖鳳林寺,後名曰『薛廬』,以識不忘。既主講江寧凡十七年,人士服其教久,亦結『薛廬』盋山烏龍潭上,宿儒汪孝廉士鐸為之記,以為高密、任城諸大師所未嘗有焉。……書院故事,月二日課于官,給膏火銀頗厚。山長課以月十六日,十人外無所給,籌之郡紳,始給如官之半,士多資焉。校文惟真佳者,不持一律,日可竟百數十篇,臧否無或爽。……教人不甚立主名,始終就宗旨離即出之。……于後進之士,極口獎借,尤能容異量之美,大江南北多鴻才碩學,義理、考證、詞章,人是所業,不能無異。同時其辯,徐以一言折衷之,輒渙然以釋。其不為嘵嘵熱,造次以風

節自持者，既加之敬異；而不理于口，與夫聲華相耀、本末未能別，及牽于時網之徒，苟有一長，亦必爲之所焉。論者以是稱其大，或以鑒擇風，曰：『吾培才也，非用才也。用才者，良楛不辨，或遺他日憂。若夫培才，惟壹志作養，何自隘爲？且學子小小愆咎，爲掩覆之，待自省以反于善，未可知也。』家非饒于財，人士貧不自存者，輒分所入以贍；其或辭弗受，至興造其家賣之。光緒十年季冬，病幾革矣，猶念所從遊無以卒歲，出金命其友婉致焉。嗚呼！此天下士爭以先生爲歸，而識與不識聞先生之喪，莫不異情同悼，而不惟浙父老誦遺愛至今者然也。于是祀先生者，江寧則薛廬永今堂暨盈山精舍，滁則醉翁亭、杭州則東城講舍暨薛廬，而嘉興士民亦祠而祀焉。……先生生于嘉慶二十三年十月二十七日，卒于光緒十一年正月二十二日，年六十有八。」

道光季年，惜陰學生之名者，首推楊大堉、汪士鐸。

《續纂江寧府志》：「楊大堉，字雅輪，江寧廩貢生。……著《說文重文考》六卷，又作《五廟考》，專駁王蕭之失，《論語正義》未脫稿，皆散佚。其《毛詩補註》三禮義疏辨正》各若干卷，已寫定，祁文端公欲代梓，力辭焉。惟爲胡先生培翬補編《儀禮正義》，內『士昏』『鄉飲』『鄉射』『燕』『大射』諸篇幸存。大堉古文秀逸，尤具雄識。制府陶文毅公以防海議試惜陰書舍生，大堉洋洋千言，大略謂中國官恃客氣，居上臨下，視洋人若小負販。顧彼雖好利，而越數萬里海洋至此，此必非無所挾持者。鹵莽行之，必生邊郊，將來之患，不可勝言。時承平久，人習附和之談，獨大堉卓識正論，侃然無所忌諱，若豫卜有義律、璞鼎查之事，讀者變

色撟舌。」

《金陵通傳》:「汪士鐸,初名鏊,字振庵,一字晉侯,號梅村,晚改梅翁。少以貧,習賈,屢遷業,而卒讀

爲諸生,日有名。學使祁寯藻、鍾山山長胡培翬輩皆極賞之。道光二十年舉于鄉。……藏書二萬六千餘

卷,而所自爲說半札記,其書上下左右方,朱墨交錯陸離不可辨。……光緒十年,學使黃體芳以宿儒薦,詔

加國子助教銜。……年幾九十,目眊不能視遠,自稱瞽道人,猶手不釋卷。」

何紹基《金陵雜述絕句》:「當年兩叟重儒林,講藝鍾山與惜陰。橫舍荒餘無寸甓,迴思緒論愴人琴。 壬
寅居此,與潘少白、胡竹邨兩先生談藝最密。 貧士偏耽古籍儲,楊張里巷已邱墟。梅邨幸有歸來日,間井浮湛老著
書。 楊雅輪早逝,張容圃近亦作古,汪梅村客鄂始返,仍居倉巷。 余昔訪之,見門聯云『庸保雜作,間井浮湛』,叩之,果是。」

而馬壽齡、孫文川、蔡琳、金和等,亦有名于時。

《續纂江寧府志》:「馬壽齡,字鶴船,當塗人。……豪宕尚義氣,面折人過,退無私毀。每偕楊雅輪、汪

梅邨聯步冶城山後,雖霜風淒緊,三人者皆忘其窮困之至極也。喜爲詩,宗法小倉山房,與二人之好韓、杜

者不契,而亦無忤。 所作時文律賦,純以氣行,縱橫盪決,有萬馬蹴陣、同雲蔽空之象,雄厚弗可及也。」

《金陵通傳》:「孫文川,字澂之,一字伯澂,上元人。 少敏悟,耆讀書,尤工詩賦,爲諸生試,輒冠其曹。

滁州王煜、吳縣馮桂芬先後主惜陰書舍講席,皆激賞之。 著有《讀雪齋詩集》。」

馮桂芬《懷青山館制藝序》:「道光戊申之歲,余主江寧惜陰書院,以詩古文詞識當塗馬生鶴船。……

生之被難也，倉卒失父，多方迹得之，始竊負而逃江寧；又有孫生文川者，與生事略同；又有蔡生琳者，甫達公車，聞警馳回，城已陷，老母未出，作乞兒裝入城，竟贖歸。皆惜陰上舍生也。余嘗爲《惜陰三生行》紀其事。」

金和《哭湘帆户部序》：「君名壽昌，滿洲鑲黃旗人，世駐防江寧。……吳縣馮景亭先生來主惜陰書院講席，奇君才。……君與余及蔡君函琳、孫君澄之文川交最密。」

桑根主講宏獎尤殷，著録弟子名位之隆者，有張謇、馮煦等。

《張嗇翁自訂年譜》：「同治十三年甲戌，至江寧試鍾山，院長臨川李小湖先生聯琇取第一。復以他名試經古課于惜陰書院，院長全椒薛慰農先生時雨亦取第一。二先生皆傳見。……光緒二年丙子，往江寧，仍借住惜陰書院肄業。院在清涼山麓，橫列三院，右爲薛先生所居，中祀前總督陶文毅公，後樓三楹，故空無人，上年曾借肄業者。……讀《陸宣公奏議》《日知録》。……識海州邱履平心坦、含山嚴禮卿家讓、江寧顧石公云、鄧熙之嘉緝，與爲友。」

張謇《薛廬喜晤石公敬懷桑根先生》詩：「邂逅曾無約，羈棲尚此才。文章池館託，風日酒尊開。便使登三策，都應感八哀。永今堂下路，落葉浩成堆。」

馮煦《盋山志後序》：「歲在著雍，僕來江寧，全椒薛先生館之惜陰書院。其明年，子鵬亦至。……如是者一年，僕遷城南偏。……後二年，子鵬亦去。」

孝秀之以文學稱者，有顧雲、鄧嘉緝、秦際唐、陳作霖等。

《續碑傳集·作者紀略》：「顧雲，字子鵬，號石公，江蘇上元人。同治癸酉優貢，有《盋山文錄》。」

又：「鄧嘉緝，字熙之，江蘇江寧人。」

又：「陳作霖，字伯雨，江蘇上元人。光緒乙亥舉人，候選知縣。」

《金陵通傳》：「秦際唐，字伯虞。博學能文，同治六年拔貢，舉本科鄉試。」

雲與際唐，皆嘗居薛廬及惜陰書院孔久。

顧雲《游烏龍潭記》：「吾友秦君伯虞主講席，奎光而居惜陰書院，迆西數武爲薛廬，則雲所假館。丁亥孟春月既晦，二人者于夕陽將下，循烏龍潭而步，高柳數十，百樹遠佇，梅花近遲，芳草盈盈然。始睇于雪消春漲間，與樓臺俱靚。于是伯虞喟然嘆曰：『是即吾儕之綠野乎？』」

秦際唐《盋山雜詩》：「少年思致身，浮名苦縛束。垂老入名山，山靈笑我俗。及茲補桑榆，餘景未云促。兩山相向中，著我數椽屋。門庭如水清，四圍長新綠。戶後垂疏桐，庭前植修竹。短籬繚其間，野花扇餘馥。一笑脫塵鞅，斯人在空谷。昔者桑根師，于此開講堂。喬木既以壤，三徑亦就荒。我來假賓館，觸景先徬徨。嘉卉皆手植，翦伐根多傷。蛛網冒虛窗，燕泥落空梁。階前草萋萋，今已如人長。俯仰一彈指，變幻誰能量。呼童疁灑掃，拂拭壁與牆。摩挲所留題，墨迹猶淋浪。音響雖已寂，遺愛疇能忘。」「輞川烟水清，鹿門夫妻俱。所惜足音希，開徑空印須。獨游亦云樂，唱和誰喁于。顧子移家來，拍手欣相呼。

望衡復對宇，差幸鄰不孤。有詩商一字，有酒傾百壺。有文必欣賞，有事先咨諏。偶然逞雄談，彼此微齟齬。春雲了無痕，一笑還其初。步月踏荇藻，賞雨搴芙蕖。高歌出金石，驚起洲中鳧。旁人竊竊窺，疑是神仙徒。」

盋山文酒之會，名流詞客，恒流連跌宕于石公齋中。

陳三立《人日石公教授酒集龍蟠里》：「烟光日影在巖阿，柳罅龍潭寂不波。連歲偷爲挑菜會，萬雲初接據梧歌。牆花氣壓杯盤靜，林鳥聲傳笑語和。酒似江潮誰解道，繆筱珊編修有「酒似江潮日兩回」句。主人微領醉顏酡。」又有《人日顧石公廣文飲集龍蟠里至者爲繆筱珊編修張次珊通參張伯純郎中徐積餘俞恪士兩觀察及余凡六人》《尋龍蟠里顧石公學博不遇歸途作》《同叔澥筱珊登掃葉樓歸訪薛廬顧石公遂携石公及梁公約過隨園故址》《二月三日顧石公招飲龍蟠里時鄭蘇堪陶矞林皆自上海至》諸詩。

作霖尤老壽，著述等身。惜陰書院之改爲小學堂，作霖爲之長。及設圖書館，作霖又嘗于其中編茸《金陵通傳》，以一身繫金陵文獻者數十年，其淵源可味也。

陳作霖《訪陳橫山于圖書館率贈長句并际王伯沆朱竹君》詩：「西城古里轉蟠龍，山館高寒雲氣濃。作傳人曾居瞽史，予嘗著《通傳》于此，晚得目疾。求書使更迂陳農。君今來爲史館徵書。采風南國車同軌，畫日中天筆有鋒。頗羨漁洋竹垞輩，談詩靜夜屢過從。」

江南圖書館創于繆筱珊先生，而陳慶年輔之。慶年，筱珊先生弟子也。先生主講南菁書院，慶年爲院之

高才生。光緒之季，先生長江南高等學堂，慶年爲端方上客，遂協議購丁氏書。先生于學無所不通，尤精于版本目錄之流別。手創此館，復應學部聘，創立京師圖書館。其生平事業影響于學術界者，斯爲最鉅矣。

《江陰縣志·繆荃孫傳》：「繆荃孫，字炎之，號筱珊，晚榜所居堂曰藝風，世稱爲藝風先生。祖廷槐，嘉慶乙丑進士，甘肅平慶涇兵備道。父煥章，道光丁酉舉人，貴州候補道。荃孫少隨父居蜀，以華陽縣籍舉同治丁卯鄉試，登光緒丙子進士第，授編修，記名以道府用，加四品卿銜。宣統中，以學部參議候補。性直而和，好學若命。工文詞，爲詩及駢體文，均抗行中晚唐人。貌豐樓，能飲酒，善談謔，豁如也。同光間，髮、撚、回、苗敉平，朝士盛説學。荃孫從之遊，專攻考證、碑板、目錄之學，旁羅山經、地志，洽聞有清一代朝野人物鉅政逸事，故其學博貫衡綜，洪纖畢洞。紹朱彝尊、全祖望、紀昀、阮元、王昶、黃丕烈、顧千里、錢儀吉之緒而恢溢之。收藏宋元明清舊鈔舊刻書十餘萬卷，周秦洎元石刻一萬八百餘種，皆手自校勘題識。得一秘籍新碑，欣然忘飲饌，飛書千里詫朋好。館閣故家，孤本佚文，海內不經見者，必鈎取逸鈔始快，都賈海客，氈椎綫裝之匠，日奔走其門，舉世服其贍博無異識。法蘭西、日本人治漢籍者，胥崇禮之，時時稱舉其所考訂焉。初，荃孫在翰林，充國史館提調總纂，以論學忤總裁徐桐，偃蹇不得志。遂出都，歷主江陰南菁書院、常州龍城書院、江寧鍾山書院，士尊之，匹盧文弨、姚鼐。庚子，徐桐等以右拳匪禍國。事定，各省競興學堂。張之洞督兩江，奏改鍾山書院爲江南高等學堂。荃孫率學者之日本察其學制，歸定規章甚備。端方督兩江，荃

孫說之購杭州丁氏善本書，倡立江南圖書館。尋京師議立圖書館，張之洞箚學部，奏以荃孫主之。發內閣書庋之館，復輦燉煌石室唐寫卷子，購歸安姚氏藏書，按端方《解送京師圖書館書籍片》：「東南各省，夙稱文物薈萃之區，雖經兵燹之摧殘不尟，縉紳之藏弆不脛而走，時有所聞，自應代爲購求，冀以免流失而資補助，嘗經飭由藩學兩司會同購定浙紳姚氏藏書一千零十一種，皖紳徐氏藏書六百四十一種，兩項書籍計共十二萬九百餘卷，分裝一百八十箱，共編目錄一分，于光緒三十四年十二月委員領費，解送學部驗收。所有兩項書價，共銀二萬兩，均由臣飭由財政局分別籌給云云。」蓋即徐氏以書畫歸本館時事也。都十餘萬卷。當是時，新學小生苴芻故籍，諸老先生流風寖衰矣。而南北二館，後先巍立，號爲冊府。篤古之士，猶得鑽仰胍沫其間，不令中國歷代鉅刻珍鈔、萬國希覯之寶，流放沽糶于東西都市者，荃孫力也。辛亥國變，避亂居上海。趙爾巽延爲清史館總裁，寀定目例，獨任「儒學」「文學」「隱逸」「土司」諸傳，及「康熙朝大臣傳」信核有法。己未冬十月卒，年七十有六。荃孫生平爲人編刻之書甚多，率署他人名，若張之洞之《書目答問》，其少作也。所自爲書有《藝風堂文集》八卷，《續集》八卷，《外集》一卷，《辛壬稿》三卷，《藏書記》八卷，《續記》八卷，《金石目》十八卷，《日記》若干卷，《讀書記》若干卷，所撰刻有《常州詞錄》三十一卷，《遼文存》八卷，《續碑傳集》八十六卷，所校輯有《雲自在龕叢書》五集百有五卷，《藕香零拾》九十卷，所總纂之地志有《順天府志》若干卷，《湖北通志》若干卷，《江蘇通志》若干卷，而《江陰縣志》二十八卷爲絕筆。

慶年深于史學，博聞強識，論說有條貫，端方嘗屢薦其才。

端方《請獎書院監督分教摺》：「史略學分教、江南江浦縣訓導陳慶年，史事博洽，經世之才，請賞給內

閣中書。 光緒二十八年九月」

又《薦舉人才摺》:「丁憂江浦縣訓導陳慶年,學修粹博,淹貫中西,于歷史輿地之學尤擅專長。前充湖

北高等學堂分教有年,生徒被其教澤,成材極盛。近年學部奏調人員,及爲各省招致辦理學務者,強半經

其指授。臣前在湖南巡撫任內,派令專辦學務,所訂教育管理諸法,推行普及之方,中外通人無不咸深敬

服。現在江南辦理編譯調查局事,甄綜百氏,經緯萬端,求之東南學人,實不多見。 光緒三十四年三月」

著有《春秋兵法史略學》《橫山類稿》《楊文襄公年譜》諸書。辛亥以後,爲清史館徵書,嘗往來館中。

後以病廢,未能竟其志事。 光宣之際,館中學者有王耕心、丁國鈞等,亦多潛心著述。

王襲立《知府銜南河候補同知先兄道農先生家傳》:「先生姓王氏,諱耕心,字道農,一字穆存,晚號

龍宛居士,直隸正定人。……光緒三十四年,前兩江總督忠愍公端方設江南圖書館,任先生以編纂事。

是年,前安徽巡撫馮公煦奏舉博學者儒,以先生名聞于朝,其奏疏略謂:南河風氣浮囂,獨候補同知王耕

心矯然不淳,閉戶誦經,恥事干謁。平時持論,不騖高遠,而洞明政教之本,服膺漢臣賈誼,撰《賈子次

詁》一書,其言深切著明,憂世之心愀焉,若揭識者,以爲皆實錄云。爲學師宋明諸儒,探討群籍,身體力

行,精嚴懇到。 論學以志士仁人爲宗旨,謂儒者主于修己,而尤以兼善爲急,苟不上希志士仁人,則無以

立人達人,天地生民何賴焉?……于文學有夙慧,九齡而知書,檢點方策,無紊誤。十四五而嗜學,于書

無所不窺,中年肆力于古文,原本經史,上規唐宋,其義法兼取桐城、陽湖兩派及于曾文正諸賢,而不爲

墨守，潔净精微，卓然成一家言。少爲詩，情韵深遠，雅近中唐。既老，風格益遒上，以專心著述，不多作也。……所著書已刻者，《正定王氏家傳》六卷、《賈子次詁》六卷[二]、《惠迪書》六卷、《龍宛居士集》六卷。」

丁氏治史，尤得藝風家法。

繆荃孫《晋書校證序》：「余友丁君秉衡，以研經餘暇，擬援裴松之例，爲《晋書注》，稿凡數易，友人謂應先録校語，遂先出五卷，以活字版印行。荃孫早得讀之，字句之異同，以各本參校之。事實之乖謬，以本書互證之，再列他書折衷之。……秉衡受知長沙師，肄業南菁有年，而荃孫更欲推廣其意。現宋刻有半葉十行行十九字本，在豐順張氏；有半葉十四行行二十五字本，在金陵書樓。先據以校定其文字，再采《四庫考證》，錢氏、王氏、洪氏、勞氏、周氏均標『某氏曰』，而荃孫有《北齊書校證》，則以『某謹案』别之，學者得此書，而各家之考證均在，是長沙師讀書之例，庶後學補其遺佚。自校出者，則以『某謹案』别之，其于此篇，如驂之靳均，不肯以粗心讀史，蹈明人不必旁求也，秉衡以爲然乎否？。荃孫有《北齊書校證》，其于此篇，如驂之靳均，不肯以粗心讀史，蹈明人之陋習也。」

丁國鈞《自序》：「唐貞觀中，以前十八家《晋書》未善，敕房、喬等重加編纂，時謂之《新晋書》。書成，劉

[一]　「六卷」，當作「十六卷」。

子玄即加抨彈，嗣後權史家時亦議之。至國朝張氏燧、錢氏大昕、王氏鳴盛、盧氏文弨、洪氏頤煊、勞氏格、周氏家祿，所糾勘盈數卷，其散見于別籍者，復錯出非一，可謂詳矣。然全書罅漏，實未盡泯也。國鈞束髮染學，所治皆經生家言，于是書懵未涉獵。歲乙酉，肄業江陰南菁書院，病怔忡，不能爲湛深之思，舍經治史，日取是書詳覽熟，復銳思爲之注，搜羅群籍，暨金石文字之涉晉事者，創爲編分類聚之。凡文字異同、事實舛誤，則楬櫫于書眉。久之，不能容識，別紙夾置焉，時復翻擷，凌亂剝落，深以爲苦。同人僉謂是注繁博，非歲月可就，宜先清錄校語，備觀覽，且免散佚。竊韙其言，用檢前人所未及舉正者，寫定《校證》五卷，匡正諸家之失，閒亦條及焉。」

又《跋》：「鈞寫定是書後，越二年甲午，以活字印行數百部，未久罄盡。今春康孫病殤，老境凄涼，脾病日劇。繆澄江師郵書慰藉，亟勸刻所著書以遺日，並爲是稿作序。深感師門厚誼，用即檢交芝蓀弟，代付手民。……澄江師《序》所言金陵藏書樓宋本，鈞前充館中典守編輯員時，曾將其異于今本各條，另錄一分。辛亥變起，官書幸無恙。鈞所鈔藏大半散失。另錄各條，亦復羽化。老病不復能詣金陵再校，真憾事也。」

辛亥以後，風尚遷流，詩人梁菼、王瀣等居館中，品畫鈔詩，間亦播之歌詠，最近支偉成撰《樸學大師列傳》及《國學用書分類述》，斐然有述作意，亦俞、胡諸老餘韻也。書院師有栗主藏館樓者，不具述。設館後，職員嬗替，列表如左：

本館創辦及成立時先後在職人員表　前清光緒三十三年十一月起，宣統三年九月止

職務	姓名	字	籍貫	仕履	任職時期	薪水	備註
總理館務	繆荃孫	筱珊	江陰縣	清進士四品卿銜翰林院編修	清光緒三十三年九月二十七日	三百兩	
坐辦	陳慶年	善餘	丹徒縣	優貢生江浦縣教諭	光緒三十三年	一百兩	
提調	琦珊	仲和	旗籍	候補知府	光緒三十三年九月初五日	一百元	宣統元年五月委缺辭差
典守編纂	丁國鈞	秉衡	常熟縣	廩貢生揚子縣訓導	光緒三十三年十一月初十日	四十元	
司書官	周鉞	左庵	上元縣	河南南陽知府	光緒三十三年十一月	一百元	
管理書籍	金兆芝	伯豫	江陰縣	附貢生候補縣丞	光緒三十三年十一月二十四日	三十元	
管理書籍	李樹棠	蘭甫	玉田縣	監生候選布理問	光緒三十三年	四十兩	
檢繕	王懋鎔	佐昌	湖南善化縣	監生學生	光緒三十三年十一月二十日	三十元	
管理書籍	丁三在	善之	浙江錢塘縣	監生江蘇候補巡檢	光緒三十四年正月十一日	三十元	

續表

職務	姓名	字	籍貫	仕履	任職時期	薪水	備註
管理書籍	袁裕清	閬仙	江寧縣	監生候選縣丞	光緒三十四年正月十五日	三十元	
編輯	龔錫麟	子重	湖南瀏陽縣	舉人候選知縣	光緒三十四年二月初八日	四十元	
文案兼收支	張恩慶	紹亭	丹徒縣	廩貢生候選州同	光緒三十四年二月初八日	五十元	
檢校	陳賜年		丹徒縣	學生	光緒三十四年五月	二十元	
管理員	袁長春	伯庸	丹徒縣	安徽縣丞	光緒三十四年六月	三十元	
典守編輯	王耕心	道農	直隸正定縣	舉人河南候補同知	光緒三十四年八月初八日	五十兩	光緒三十四年二月辭差
管理書籍	段春暉	寶山	河南息縣	附生湖北候補縣丞	光緒三十四年九月初九日	三十元	宣統元年五月調赴北洋辭差
參議	章鈺	式之	長洲縣	進士法部主事	光緒三十四年十二月二十四日	一百元	

續表

職務	姓名	字	籍貫	仕履	任職時期	薪水	備註
提調	鄧嘉緝	熙之	江寧縣	拔貢生改委訓導	宣統元年五月十九日	一百兩	
司書官	陳作霖	雨生	江寧縣	舉人候選教諭	宣統元年閏二月初五日	四十元	
幫辦	梅葵			主事	宣統元年五月	五十兩	
參議	吳俊卿			候補知縣	宣統元年五月	一百元	
校理	周嘉杓			候選訓導	宣統元年五月	三十兩	
采訪員	徐乃昌	積餘	安徽南陵縣	候補道	宣統元年五月	四十兩	
校理	陶保晉	錫三	江寧縣	分省同知	宣統元年四月	三十兩	
合計	二四人						館員除總辦、坐辦以外，任職時期不一，每月開支亦各不同，另詳經費表

前任本館職員表　民國元年二月至十六年六月

職務	姓名	字	籍貫	任職時期	備考
局長	辛漢	濯之	江寧	元年二月	時爲南京知事兼任局長
副局長	方潛		湖南	同上	民國元年三月辭職
	龔翼鵬				民國元年辭職
局長	鍾洪聲		江寧	二年四月	署理江寧縣知事兼任局長
	陸維李	子貞	同上	同上	時爲江寧府知事兼任局長
保管員	汪家聲	振之	同上	二年十月	十二年十二月病故
	陳圉	子固	同上	同上	七年十月病故
編輯員	王瀅	伯沉	溧水	三年三月	四年十一月辭職
	顧孝珣	貞甫	江寧	三年九月	
館長	鍾福慶	叔進	同上	十年七月	十三年一月兼任保管員，十四年七月交卸
	夏仁溥	博言	同上	十四年八月	十四年十二月底交卸
	胡庶華	春藻	湖南	十四年十月	任江蘇教育廳長兼館長，十五年一月交卸

續表

職務	姓名	字	籍貫	任職時期	備考
	江恒源	渭漁	海州	十五年二月	江寧教育廳長兼館長，十六年三月離職
主任	支偉成		丹徒	十四年十一月	
保管助理兼編輯員	汪汝燮	調之	江寧	八年一月	現尚在館
文牘	龔乃保	艾堂	同上	三年九月	現尚在館
	倪東甫		同上	十一年七月	
	程芝窩	幼舫	同上	同上	
掌書員	沈維騏	子良	同上	元年二月	
	朱逢咸	竹君	六合	同上	
	汪闓	靄庭	江寧	十年九月	現尚在館
	蘇慶仁	壽山	同上	十一年七月	
	鍾興和	儀修	同上	十三年一月	
	張繼曾	省三	同上	十三年四月	現尚在館

續表

職務	姓名	字	籍貫	任職時期	備考
	江國棟	筱石	同上	十四年八月	現尚在館
會計	傅德昭	亮卿	同上	十一年九月	
	張仲衡		同上	十四年八月	
	孫士函		同上	同上	
	陳家麟	梅陔	湖南	同上	
	盧鍔	俊卿	江寧	十五年十二月	
庶務	呂國銓	子欽	宜興	十四年八月	
	陳嚴之		江寧	十四年十一月	
	王義粹	少竹	同上	十六年七月	
書記員	方承組	叔彎	同上	十年七月	
	成聖楷	樹伯	湖南	十二年十一月	
	劉志伊	仲伊	江寧	十三年十一月	

續表

職務	姓名	字	籍貫	任職時期	備考
修書工	秦錫麟	玉書		十三年十二月	現尚在館
	陶基承	少夔	同上	十四年八月	現尚在館
	艾榴	丹若	同上	同上	
	趙瑋	仲佩	安徽	同上	
	任治實	致遠	江寧	十四年十一月	
	董廷祥	瑞芝	揚州	民國元年七月	現尚在館

最近職員錄

姓名	字	年歲	籍貫	職務	經歷	到館年月	備註
柳詒徵	翼謀	四十九	丹徒	館長	歷任各大學教授	十六年七月	
陳漢章	伯弢		浙江象山	參議	國立中央大學教授		
王瀣	伯沆		江寧	參議	國立中央大學教授		
湯用彤	錫予		湖北黃梅	參議	國立中央大學教授		

續表

姓名	字	年歲	籍貫	職務	經歷	到館年月	備註
李小緣			江寧	參議	金陵大學圖書館主任		
趙鴻謙	吉士	三十六	丹徒	主任	國立南京高師國文本科畢業，曾任交通部扶輪第一中學校教員三年，江蘇省立等一中學教員五年。	十六年七月	十六年十二月離職
程學怡	夢徵	四十三	江西新建	傳鈔部兼閱覽部主幹	日本大學法律科畢業，贛省法政學校教員	十六年七月	
范希曾	耒研	二十九	淮陰	編輯部兼保管部主幹	國立南京高等師範國文史地部本科畢業	十六年九月	
張逢辰	祖言	五十	丹徒	傳鈔部兼閱覽部主幹	南洋方言學堂、龍門師範學校、鎮江中學、江蘇省立第六中學、第七中學教員	十七年二月	
向達	覺明	二十八	湖南漵浦	印行部兼訪購部主幹	曾任上海商務印書館編輯員	十七年一月	十七年五月離職
繆鳳林	贊虞		浙江富陽	印行部兼訪購部主幹	國立南京高師國文史地部畢業，曾任東北大學教授，國立中央大學講師	十七年八月	

續表

姓名	字	年歲	籍貫	職務	經歷	到館年月	備註
汪汝燮	調之	六十八	江寧	掌書編輯	前清附貢生	八年一月	
汪闓	靄庭	三十一	江寧	掌書員	南京鍾英中學校畢業	八年十一月	
江國棟	筱石	四十二	江寧	掌書兼庶務	前充江蘇振撫局辦事員，江寧縣警察所收發員	十年七月	
張繼曾	省三	五十二	江寧	掌書員	曾充本館善本部書記，十二年改閱覽掌書	七年一月	
王震保	春霆	四十八	丹徒	指導員兼會計	曾充江西高等學校教員，南京工業專門學校教員，實習工廠管理員，江北長途汽車公司機務員。		
胡樹屏	伯詩	四十五	安徽歙縣	指導員兼文牘	湖南公立法政專門學校畢業，曾任旅湘徽州學校校長，歷充湖南安鄉、華容、平江、衡陽、益陽各縣知事公署一二科科長，兼承審員，任江蘇省立第一中學校文牘主任七年	十六年九月	

續表

姓名	字	年歲	籍貫	職務	經歷	到館年月	備註
秦錫麟	玉書	四十八	江寧	事務員	前充江寧縣公署書記，泰縣徵收員，安徽茶釐分卡員	十三年十一月	
陶基承	少夔	三十六	江寧	事務員	前江寧府崇文中學畢業，歷充北京浦信鐵路總公司辦事員，河南魯山閔鄉縣科員	十四年八月	
余錚	鐵生	二十七	宜興	傳鈔員	宜興縣立第八高小教員，上海寶成沙廠細紗部職員	十六年二月	
趙宗瀛	步洲	三十	丹徒	傳鈔員	鎮江北貨業司賬，兼書記，江西造幣廠駐漢辦事員	十七年一月	
劉作賓		二十二	丹徒	傳鈔員	國立東南大學附屬中學高中畢業	十六年十月	十六年十二月離職
陶鎔貴	竹平	二十二	丹徒	編輯部書記	江蘇公立南京工業專門學校高中部畢業	十六年九月	
王煥銕	悅之	二十三	南通	傳鈔員	南通興言學校畢業	十七年三月	
董廷祥	瑞芝	三十八	揚州	修書工		元年八月	

第八章　經用

清季財政，以官吏之意向爲輕重。端方督蘇，提倡藏書之事，斥金七萬餘元購書，三萬餘兩建館，其來源不可考。第以督府所規畫主藏者，應奉維謹，莫之敢訾也。比張人駿繼任諮議局之議者，視圖書館爲無益之舉，屢議減費，張亦漫不之省。故開創之始，已呈減縮之象，未能如端方所預期與各國圖書館頡頏也。光、宣間之經用贏縮之差，具表一。

壬癸以來，土苴故籍，益以館地之僻左，瀕于廢墜。典守之員，直隸于無學之官吏，而駔儈販鬻之議員，又時時從而齮齕之。覽館款之日微，可以徵其時官民之心理矣。十年以後，稍稍增益，然區保管與閱覽而二之，所領不逮宣統初年遠甚。以故新籍不增，而故書之蠹損者，亦惟嚴加扃鑰，徒取名存而無從修補。自民元迄十六年經用贏縮之差，具表二。

館地僻左，交通弗便，議者恒思移徙以就學人。然十數稔中，兵事迭起，茲館藏書獨幸無恙，因亦漸明昔人擇地之意，未可輕議更張。自十六年夏改隸大學，研析館書之性質，非通俗圖籍之比，而顧門學者之所需，亦尚病其未備。增益擴充，事資財力。以蘇省教育經費之未確定，遷延數月，乃獲以定額減成支領。雖稍可

比于經始之時，然猶未能符預計也。最近出納之要，具表三。

表一　本館經費沿革表

清光緒三十三年	清光緒三十四年	清宣統元年	清宣統二年	清宣統三年	備註
	正月	正月　銀五百三十兩　洋三百四十元	正月　銀九百二十七兩二　銀二百〇二兩五二	正月　銀五百十九兩九錢	宣統三年正月再減常年經費，每月領銀五十九兩九錢
	二月	二月　同上　同上	二月　銀九百八十八兩五	二月　同上	
	三月	閏二月　銀五百三十兩　洋四百三十三元三角	三月　同上	三月　同上	
	四月	三月　洋三百八十元	四月　同上	四月　同上	
	五月	四月　同上	五月　銀一千〇五十九兩九	五月　同上	
	六月	五月　同上	六月　同上	六月　同上	

續表

清光緒三十三年					十一月
清光緒三十四年	七月	八月	九月	十月	十一月 銀五百兩 洋三百四十元
清宣統元年	六月 銀八百六十七兩九二 二百○三兩五二	七月 同上	八月 同上	九月 銀九百二十七兩九二 銀二百○三兩五二	十月 同上
清宣統二年	七月 同上	八月 同上	九月 銀五百九十九兩九	十月 同上	十一月 同上
清宣統三年	閏六月 同上	七月 同上	八月 同上	九月 同上	十月
備註			宣統三年九月部電減費，每年減少六千，兩月支五百十九兩九錢	宣統三年九月未發經費，以截存項下開支	

續表

清光緒三十三年	清光緒三十四年	清宣統元年	清宣統二年	清宣統三年	備註
十二月	十二月 同上 十一月 同上 銀一千零六十兩 洋陸百八十元 壹千一百三十三元三角	十一月 同上 十二月 同上 壹萬零九百一十三兩五錢一分	十二月 同上 壹萬壹千叁百叁拾肆兩零四分	十一月 十二月 五千貳百七十叁兩	宣統三年十、冬兩月，以秋季結存餘銀二十五兩開支，並長支四十九兩零 停頓 共銀貳萬捌千五百八十兩零五錢五分 共洋壹千捌百叁拾叁元三角

本館於清光緒三十三年十一月開始組織，其時請領經費名曰活支，每次爲五百兩。所有員薪各向財政局請領，館中無賬可稽。自三十四年十一月始由館造册，按月咨由財政局撥放。於活支經費先後共領五次，至宣統元年六月增委館員，加增薪額。至次年九月，三年正月，兩次核減經費，查其最高額時月爲一千三百餘兩，最低額時月爲五百餘兩。

表二　民國元年一月至十六年六月經費一覽表

月別＼年（款項）	元年	二年	三年	四年	五年	六年	七年	八年	九年	十年	十一年	十二年	十三年	十四年	十五年	十六年	備註
一月分 薪資用局	200	200	100	180	160	160	174	183	203	203	203	297	297	297	297	297	元年一二兩月經費，每月爲貳百元。至二月請領款開辦，將通志局合併，改稱爲南京圖書局。
二月分 同上	200	200	100	180	160	160	174	183	203	203	203	203	203	203	203	203	
三月分 同上	446	200	136	180	160	160	174	183	203	203	297	297	297	297	297	297	
四月分 同上	446	200	136	180	160	160	174	183	203	203	203	203	203	203	203	203	
五月分 同上	446	200	136	180	160	160	174	183	203	203	297	297	297	297	297	297	
六月分 同上		200	136	180	160	160	174	183	203	203	203	203	203	203	203	203	元年六月，未發經費，由截存款下墊支。

續表

款項／月別＼年	元年	二年	三年	四年	五年	六年	七年	八年	九年	十年	十一年	十二年	十三年	十四年	十五年	十六年
同上 七月分	153,333	100		136	160	174	177	203	203	203	203	203	203	203	203	
同上 八月分	200	200	136	180	160	174	177	203	203	203	203	203	203	203	203	203
同上 九月分	200		176	180	160	174	177	203	203	203	297	297	297	297	297	297
同上 十月分	200	100	176	180	160	174	177	203	203	203	203	203	203	203	203	203
同上 十一月分	200	100	176	176	160	174	183	203	203	297	297	297	297	297	297	297

附記：

七月分：元年七月初七日減費，每月爲二百元。十年七月省委鍾館長組織閱覽部。

八月分：二年七、八兩月經費由陸任在開辦經費餘存項下開支。

九月分：二年九月因兵亂停頓。自十月請省署補給。

十一月分：十年十一月閱覽室開辦。

續表

款項（月別）＼年	元年	二年	三年	四年	五年	六年	七年	八年	九年	十年	十一年	十二年	十三年	十四年	十五年	十六年
十二月分	35,882	100	176	160	160	174	183	203	203	203	203	203	203	203	203	
同上											297	297	297	297	297	297
合計	2727.215	1700	1720	2120	1920	1990	2118	2316	2436	3030	6000	6000	6000	6000	6000	3000

元年十二月分又未發款，以九十兩月截存項下開支，請領卅五元八角八分，以符二百元預算

總共支洋伍萬貳千叁百七十七元貳角壹分伍釐

表三　自民國十六年七月至十七年六月館額出入表

收支＼十六年度	七月	八月	九月	十月	十一月	十二月	一月	二月	三月	四月	五月	六月
收入	1078.4758元	300.0000元	766.0000元	1250.0000元	1750.0000元	1875.0000元	1875.0000元	1875.0000元	1875.0000元	1875.0000元	800.0000元	2950.0000元
支出	509.0560元	500.6070元	725.7980元	1216.7212元	1189.6170元	1218.3280元	1071.6270元	1189.8750元	1485.7580元	1877.4820元	1563.0740元	1287.2400元

第九章 規制

清季設館，規橅草創，藏庋書籍、編訂目錄、稽核閱覽之法粗具規章，未有刊本。

江南圖書館藏書編目歸架章程

一、本館書籍編輯目錄之例，當以統載書名、冊數之約目爲初編。以初編定後，仿照《浙江采輯遺書總目》作成《解題》。另著《全目》爲定編。今所議，則目錄初編及歸架儲藏之法也。其法當分曹親考各書原本，訂其卷數、冊數，並註其書在某部、某類，且註明著書人之時代，即統書一條，附著書內。庋閣之人即按照原條，分別部類，各歸其書于架上。時代已經註明，一代之書，即小有先後，無多舛也。各書皆依此法歸架。

二、校讎之學始于劉氏子政，其法凡值一書，皆會通諸本，刪其重複，正其疏謬，訂爲善本全書，以惠後學，此校讎之正軌也。近世宗其學者，如休寧戴氏、仁和盧氏、江都秦氏、元和顧氏、歙縣鮑氏諸君子，皆能師其遺法，自爲成書，足稱善本。其餘諸家，編考舉籍、正謬正俗、自著成書者，尤不勝紀，此善本之最也。其次則當以宋、元以來諸刻爲善本，以舊傳古籍，皆不免有增損竄亂之弊，而以明人爲尤甚。兩宋諸刊本，

上板最早，妄竄之弊猶鮮，故亦得爲善本也。今錢塘丁氏統輯宋、元諸舊刻及精鈔各本，別名「善本書」，且別撰《善本書目》若干卷，刊板行世，爲例最精，約計七十萬卷，大率出于丁氏者，不啻十分之九。于善本書既別撰目錄爲一類，今亦當仍其原目，歸架庋閣，不必別事紛更也。刊本既有精粗之別，勢不得與庫本通爲一例。編目之法，當仍以四部門類爲次第，惟于目錄下注明「其書在善本書某架某號」，以便讀書家之尋檢與歸架，例并而爲一也。

三、彙刊四部諸書統爲一編，近世謂之叢書。其編刊之例，始于宋、元，而近世尤稱繁盛。其例于格式、校勘及刊本之大小、精粗，皆自爲家法，于流傳秘本、宋本各書，爲功尤溥，其書既彙爲一編，則庋閣之法亦勢難分析，當仍按照原書位置一處爲得體。編目之法，亦當視善本之例，仍依部類分編，書名之下當註明「在某叢書第幾集」，則于編目庋書及取書之法，皆不相妨。此亦最善之例，無疑義也。蓋《四庫全書》純屬鈔本，大小格式，別無差互，故本書名次、庋閣之名次，靡不相符。本館所儲各書，皆出前世刊本，刊本既不能一式，則位置編目諸法，必宜略示變通。若膠固爲之，勢必捍格不合，非定論也。

四、單行各書，惟有按照條式位置歸架，並照編目錄，別無繁文苛例。但各書之時代先後，當通考一類之全書，乃無遺憾。此當自歸架後再加詳考。甫得爲一定之次序，然亦不過略加移動，不致大肆紛更也。

五、第一條所擬歸架辦法，既爲庋閣之根柢，爲例既須畫一，不得稍有疏舛。各書之全不全，尤當留意，如遇不全之書，必宜檢齊，或有殘缺，當議鈔配，庶無遺議。

六、目録初編當先爲草目，俟各書歸架後，再定一代之先後，再繕清本，甫得爲全書。此本係目録之全編，不得以草率從事也。隨後讀書家有到館看書者，當別立看書之目籍，而出納仍當考之此目。

民國十年，議者擬分立兩館。以普通書籍別立新館，便人閱覽。以善本書專歸舊館，但事保存，禁人閱讀。于是有刊定之《圖書館章程》及《保管善本規則》。其後新館初未建築，第移普通書之重複者于韜園通俗教育館，而荏苒迄今，保管與閱覽始合而爲一。閱其規制，亦可以覘思想進蛻之迹云。

江蘇省立第一圖書館章程

第一章 總綱

第一條 本館以儲集中外圖書，供人閱覽爲宗旨。

第二條 本館暫就南京龍蟠里原設圖書館開放閱覽，俟覓定交通較便地址，再行建築遷移。

第三條 本館原有善本書籍，由省長另委專員保管，俟本館新築告成時，所有龍蟠里房屋即專爲善本書籍庋藏之所。至善本書籍保管章程，另定之。

第四條 本館設館長一人，由省長遴選充任。編輯一人，文牘一人，庶務兼會計一人，掌書二人，收發兼書記四人，均由館長任用，並呈報省長。

第二章 職掌

國立中央大學國學圖書館小史

一〇九

第五條　本館職員之職掌如左：

館長，總理全館事務。編輯，掌關于目錄、年報、統計之編輯事項。文牘，掌關于撰擬文牘及校勘事項。庶務兼會計，掌關于銀錢出納、預算決算及管理僕役，並其他雜務事項。掌書，掌關于圖書之度放保管及檢交閱覽事項。收發兼書記，掌關于閱覽室之招待、繕寫、文件事項。以上職員之執行職務，均稟承館長之指揮行之。

第六條　本館職員于職務上有專掌者，均宜常川住館。

第三章　庋藏

第七條　本館原有書籍，分經、史、子、集四大類，並逐漸添購地圖及新學書籍，及儀器標本模型之屬，以資學者參觀。

第八條　本館逐漸所購新學書籍，當隨時彙編總目，至五千冊以上時，當即按照性質分類編目，以供眾覽。

第九條　本館藏書，止備閱覽，概不携借出館。

第十條　本館藏書，每年三伏期內曬晾一次，並由館長督同員司，按照書目詳細檢查。

第十一條　藏書樓酌定某時啓門、某時鎖門，其鎖鑰責成掌書員妥慎掌管。

第十二條　在書樓不得吸水、旱、呂宋、紙捲等烟，並不得携火上樓。

第十三條　書樓儲書各箱，編列號數，如「經類第幾號」「史類第幾號」，與閱覽室檢查書目相符。

第十四條　各省新刊官書，應請省長行文調取。其各縣志書暨先賢撰著，由館咨取儲藏。惟每書以一部爲率，運費、郵費由館照付。

第十五條　藏書家如有以所刻書投贈，或願將所藏書捐入本館者，皆由館填付證書，並于書目內登記贈書捐書人姓名，以志高誼。

第十六條　本館所購書及調取、咨取贈書、捐書，分別立簿登記。六個月編輯目錄一次。積書日多，應與已編書目彙編。

第十七條　館中書籍，如發見蟲蛀霉損等事，由掌書員交修書生尅期修補，不得延緩。

第四章　閱覽

第十八條　本館藏書，凡情殷向學者，皆得按照開館時間到館閱覽。惟本館認爲酒醉人及有精神病者，得謝絶之。

第十九條　本館每日開館閱覽時間如左：自一月起至三月止，每日午前九時起至午後五時止；自四月起至九月止，每日午前八時起至午後六時止；自十月起至十二月止，每日午前九時起至午後五時止。

第二十條　本館停止閱覽日如左：

一月一日至三日；春節前五日起至後五日止；夏秋冬三節日；各紀念日；每週月曜日；曝書日（在三伏

期内，以二十日為限，由本館訂定日期通告）。其因有特別事故臨時閉館者，另行通告。

第二十一條　閱覽人到館，須至發券處購閱覽券（每券繳銅元二枚），至招待室換取領書券，填寫姓名、籍貫、職業、住址，取閱每種圖書，並按照書目填明號數，交由招待員轉向掌書室檢出交閱，並隨即檢點頁數，該券即留招待室備查。

第二十二條　女子閱書，皆入女子閱覽室。

第二十三條　每次閱覽，華裝書以十本為限，西裝書以三本為限。閱畢換取他種圖書時，即于領書券換書欄內，填寫書名、號數，交由招待員換發，但換發以二次為度。

第二十四條　凡公共機關備具正式公文，派員到館查閱圖書，得以二十本為限，換書以三次為限。

第二十五條　閱覽人指閱圖書，如先已有人閱覽時，得由招待員聲明，換閱他種圖書。

第二十六條　凡閱覽人暫出閱書室時，應將所閱圖書交招待員暫存。

第二十七條　閱覽人如有在圖書上圈點、塗抹、摺縐、污損及破毀、遺失時，應繳納相當之賠償。

第二十八條　閱覽人閱畢出館時，繳還書籍並檢點頁數無訛，換取出門券。無出門券者，不得出門。

第二十九條　圖書室座次已滿時，閱覽人應暫在休憩室坐候。俟有閱畢出館者，再依次補入。

第三十條　閱書室內所揭閱覽人注意事項，須各遵守。

第三十一條　閱覽人如須飲茶、吸烟或休息、閒談等，均應至休憩室內。

第三十二條　閱覽人不得徑至書樓。

第三十三條　閱覽人如違背本章程及注意事項，經本館職員勸告不從者，得令出館。

第五章　參觀

第三十四條　凡來本館參觀者，須先期通知，由本館許可接待。

第三十五條　參觀人須記載姓名、籍貫、住址、職業于題名簿內。

第三十六條　參觀人須由本館職員導引，並不得徑自檢取圖書。

第三十七條　參觀人欲閱覽圖書時，須照閱覽章程辦理。

第三十八條　參觀人勿攜帶幼孩、僕役及雜物。

第三十九條　停止閱覽日謝絕參觀。

第六章　附則

第四十條　本章程自呈准日起施行。　民國十年十一月呈准施行

江蘇省立第一圖書館保存善本規則

第一條　本館所藏善本，以保存爲宗旨。本館分出兩部分書，一以入通俗教育館，一暫在本館開放，備供學者研究之用。

此項善本多係宋元明三朝舊籍，專事保存，不任人閱覽。

第二條　本館由前省長委任胡嗣芬、梁公約檢校普通舊書，提取善本，別爲一編，兹呈由今省長鑒定爲善本，與原有善本一律保存。

第三條　本館善本凡要求閲覽者，一概謝絶。惟有後列之事項，得陳由省長公署許可後，通知館員遵辦，但仍不得任意翻閲及携書館外。

第四條　一、如有精于鑒別、親携自藏善本，或未及携而夙具神解，凡宋槧元刻校本精鈔，能言支流派别者，本館得出善本與印證之。

第五條　一、如有從事校勘，因一書而並世數刊，或異代而卷帙不同，及字數行款異式，與書中有字句譌誤，携所自藏來館參校者，本館得出善本與勘定之。

第六條　一、雅好收藏之家，有于本館秘籍願得副本者，得用相當之價值，由本館代爲覓工寫之。

第七條　一、流通古書之士，有願覆墨宋元兩朝書籍，以永其傳，得指定本館書名，用相當之報酬，聽許來館攝影。其《攝影章程》由省長公署臨時另定之。

第八條　前列入展視善本，須加珍護，不得用手把握書腦，污漬卷帙，亦不得用指爪揭書，觸損邊口。有違越者，得由館員隨時將原書收回。

第九條　前列入展視之後，由館員將該書詳細檢查。若發見污損或缺失情事，即陳明省長公署，責令賠償。

第十條　善本書樓門窗箱厨，館員宜視時日之晴雨，風氣之燥溼而啓閉之。

第十一條　古籍紙張，率多枯脆不任日曝，當什襲以藏檢，有略帶潤溼者，除春秋兩季風曝外，當擇風日晴和之候，不時曬晾之。

第十二條　善本書籍隨時檢查，有發見蠹蝕情事，即設法消弭，並預用辟蠹之方防護之。其書籍売面線釘有破綻者，即次第整理，俾成美觀。

第十三條　本規則第四、第五、第六、第七各條事項，須先陳經省長公署核準辦理。

第十四條　本規則係依前章程略加變通，酌量增訂。凡前章程與本規則不相抵觸者，仍一律依照辦理。

民國十一年一月呈准施行

近世圖書館學，蔚爲專科，編制庋藏、檢尋出納，胥以精思，制爲良法。而傳播文化、牖啓民衆之效大彰，非抱殘守闕、墨守故步者所可幾也。斯館之成，久病痀奮，革而新之，非充其財力，假以時日，翼之以交通之具，濟之以影印之機不爲功。而學術思想與世運俱進者，尤不容徒域于華夏之故籍。國有界，學無界也。專己自封，因襲固陋，曷以勸學？顧願力所及，未易一蹴幾，姑條列爲館章，視其時與力之所能行者俛焉。日有孳孳而爲之，亦庶乎君子之所許也。

現行章程

第一章　總則

第一條　本館以儲集中外秘書要籍、精圖名著、公私檔冊、簿錄碑刻、名賢手迹，供專門學者之研究，及一般人之閱覽爲宗旨。

第二條　本館設館長一人，由國立中央大學校長聘任。主任一人，由館長推薦於國立中央大學校長委任之。

第三條　本館設參議若干人，文牘一人，庶務一人，會計一人，由館長聘任。參議爲名譽職，文牘等職專任或兼任。

第四條　以上各員之職掌如左：

館長，總理全館事務。主任，協助館長督察館務，遇必要時，得代理館長職務，及代表館長接洽各事。參議，備館長之諮詢計議，改良事項。文牘，掌撰擬文牘，保管本館案卷，記錄會議事項，兼協助編輯部編輯年報、概覽等。庶務，掌購置館中公用器物，管理膳食，督察公役，及修繕、清潔、招待、參觀一切雜務。會計，掌出納會計、預算決算，並按旬報告旬結。

第五條　本館分設六部，曰「保管部」，曰「編輯部」，曰「閱覽部」，曰「傳鈔部」，曰「訪購部」，曰「印行部」，各部職員悉由館長聘任，規程詳後。

第六條　館中有重要事件，得開館務會議，由館長召集並主席，館中各部分職員均得列席，以多數表決。

第七條　本館經濟按照《中央大學經濟公開條例》施行。

第八條　本館例假及休沐日（詳《閱覽部規程》）各部分人員均輪值。非休沐日有事他出，館長、主任必告某部主幹，自主任以下必向館長或主任請假。

第二章　保管部規程

第一條　本館設立保管部保管本館一切書籍，整理庋藏，使毋散失或損壞。

第二條　本部設主幹一人，保管員若干人，修書工若干人，其職務如左：主幹，總轄保管部各事，負督率改良之責，隨時巡察書庫，稽核書籍之出納，研究庋藏、裝訂改良之法，以資實施。保管員，按照本館藏書性質，分別善本書庫、普通書庫、檔冊庫、印售書庫，負責管理分司書庫鎖鑰，慎重啟閉；整理庋藏之書，並依新法改良裝訂、編製號數，督率書工修理損壞之本及添寫書根、標列號數，管理閱覽室逐日取書、繳書事項，招待參觀書庫者；原有圖書增蓋印記，新增圖書隨時蓋印，協助編輯部員整理書目及卡片；每月編製書工修書工作表。書工，修理損壞、改良裝訂、添寫書根及號數，逐日工作填表報告。

第三條　保管員須常川宿館，防察不虞。休沐日取輪休之制，不得同時外出。疾病至三日以上，請人代理。

第四條　每週星期三、六兩日，保管員監督公役灑掃書庫，並啓窗牖以透風日。

第五條　每年三伏日，須將書庫各書全部檢查整理一次。

第六條　古籍紙張，率多枯脆，不任日曝。保管員檢有略帶潮溼者，當擇風日晴和之候，不時曬晾。

第七條　各書有發見蟲蝕情事，保管員當即消弭，並須用解蟲之方防護之。

第八條　保管員取書時須慎重抽檢，歸書時亦按照原置之處慎重放度。

第九條　保管員在書庫辦公時，如須檢閱書籍，閱畢必歸置原處，不得攜書在住室閱覽。

第十條　閱覽者有請求以所閱之書度置閱覽室便于長期檢閱，以免逐日向書庫取繳者，須得館長或主任及保管部主幹之許可，但善本不得用此例。

第十一條　入書庫者，無論何人，皆不得攜帶火種或吸各種烟捲。晚間除攜電筒外，不得持燈進內。

第十二條　書庫設置水槍及太平水缸，並置滅火藥水筒，以備不虞。水缸貯水，保管員須隨時督工增益之。

第十三條　公共團體編製稿本無處存貯者，得歸本部保管。不取保管費，但原有該書之機關團體，或欲將該書取出時，須得本館之許可。

第十四條　本館藏書概不借出，惟地方政府公務關係行文調取普通閱覽書籍，經本館館長、主任及本部主幹許可者，得借出若干日，定期繳還。如有損失，由借閱機關賠償。

第三章 編輯部規程

第一條 本館設立編輯部,辦理編輯書目、卡片、年刊及整理檔案,撰集鄉土藝文等項事宜。

第二條 本館設編輯主幹一人,編輯員若干人,書記若干人,其職務如左:主幹,總轄編輯部各事,與編輯員同負編輯書目、卡片、年報之責,並指示書記謄寫之法。編輯員,依下列條文從事編輯。書記,凡編輯主幹及編輯員所有關於本部以內之各種稿件,均由書記寫錄之。

第三條 本館書目,除《覆校善本書目》已編成定本外,續行編製書目七種如次:一、《續提善本書目》,二、《普通閱覽室用書目》,三、《本館圖書總目》,四、《本館圖書總目索引》,五、《善本書目解題》,六、《本館圖書撰要》,七、《問題式目錄》。

第四條 《續提善本書目》:就原有書目編訂,俟鑒定後,分別歸入善本書庫或普通書庫。

第五條 《普通閱覽室用書目》:分類暫依經、史、子、集、叢、志六部分類法,于書名之下詳注卷數、冊數、撰人、版刻、櫥號,其屬叢部者並注明其子目種數,俟編竣後另立新分類法重編。

第六條 《本館圖書總目》:此書目不分善本、普通本,凡本館所有者概行列入,各書名下詳注與前條同。

第七條 《本館圖書總目索引》:《索引》分編甲、乙兩種,備尋檢之用。甲種索引以書名第一字筆畫多寡為次,乙種索引以撰人姓氏筆畫多寡為次。

本目于各類之末,總計其種數、卷數及冊數。

第八條　《善本書目解題》：每目之下撰文一段，略述該本與通行本或其他古本異點所在，以供校勘家與鑒賞家之參考。其版刻收藏源流有可考者，亦並述及。原稿本、傳鈔本及版刻已絕之孤本，必詳述其內容、價值，備印行部分別印行。

第九條　《本館圖書撰要》：倣馬端臨《通考·經籍考》例，集録各家解題于各目之下，今人評語有確當者亦采入之。來館閲書之學者，有心得發表，願投稿本部，本部得分別編入。

第十條　《問題式目録》：研究某一問題應參考何種書籍或何種書籍內之一部分，皆爲分別列出。此目以問題爲單位，不用現行新舊各分類方法編制，務求力展互見、別裁兩項之效用，以便讀者。

第十一條　各種目録以編成之先後印行。

第十二條　新增書籍無論購置、贈送、傳鈔及本館印行之書，皆隨時編入書目，以便閲覽，並逐年增印。

第十三條　本部編製卡片凡四種：一、撰人名氏片，二、書名片，三、舊式類別目録片，四、新式類別目録片。

第十四條　先就本館現有書籍分別寫成四種卡片，置四櫥屜內。其有臨時新增之書，得隨時添寫其書目于片上，插入櫥屜內。積累稍多，即依此改編各種書目。

第十五條　每年編年報一册，內容略分左列四項：

一、論文，編録本館人員撰述並徵集館外學人文字，惟各篇內容以論圖書事業者爲限。二、記事，記

述本館各項事業，由各部來稿編成之。三、文件，本館一年內公文，無論來件或出件，一例編入。四、附

錄，轉載各處圖書事業之消息。

第十六條　年刊於每年七月三十日以前編成付印。

第十七條　清季籌防局等處檔案，前由通志局轉來，積滿數櫃，皆係關於國省之史料，本館列有詳目，本部各員得糾合館外學術團體整理之。

第十八條　本省舊官府及新機關之各項檔案，本館亦願庋藏、徵集，其整理辦法同上。

第十九條　本省人所著書，為本館所已有者，專屬輯成一目。其未有者，編一待訪書目，以便增置。

第二十條　編撰《江蘇藝文志》，不論存佚，胥列其目。佚者注明已佚，存者詳注版本，以便考史修志及刊刻郡邑叢書者之參考。

第廿一條　編輯主幹及編輯員編輯目錄卡片等項，得隨時至書庫檢閱書籍，有必須庋置住室、長期翻檢者，得向館長或主任聲請，由保管部紀載，暫儲某人室中，定期繳還，善本書不在此例。

第廿二條　本館購置或國內外人捐置之圖書、報章、雜誌，均由號房先行登記（該項登記簿每月終由館長或主任調閱畢後，送交文牘處儲藏），送交編輯部編目。圖書由編輯部送交保管部蓋印收藏。報章、雜誌由閱覽部蓋印陳列。其捐贈者隨時通知文牘處申謝。

第四章　閱覽部規程

第一條　本館設立閱覽部，辦理閱覽事宜。

第二條　本部設主幹一人，指導員二人，事務員若干人，其職務分列如左：

主幹，總轄閱覽部各事，負督率改良之責，隨時巡視閱覽室，稽核售券，稽核日表、月表、年表，督率事務員編製統計。指導員，關於閱覽室之設備及改良。監導事務員，監導閱覽者檢書、閱書及遵守閱書規則，備閱覽者之顧問。慎防書籍之污損、遺失，協同主幹稽核各項統計售券事宜。事務員，收發書籍、查點部冊及頁數，查點閱券及憑證，發收領書證及發出門證，視察閱覽者，注意閱覽室之清潔，照料休憩室及招待室，閱覽時間之外，隨時編製各項統計表，鈔錄目錄並繕寫各項揭示。

第三條　本館庋藏善本供專門學者之研究，普通書供一般人之參考。特分設下列各室開放閱覽：一、善本閱覽室，二、普通閱覽室，三、休憩室，四、招待室。

第四條　閱覽室開放時間如左：

甲、五月一日至十月末日，上午八時起十二時止，下午一時起六時止。乙、十一月一日至翌年四月末日，上午九時起十二時止，下午一時起五時止。

第五條　售券時間如左：

甲、五月一日至十月末日，上午八時起十一時止，下午一時起五時止。乙、十一月一日至翌年四月末日，上午九時起十一時止，下午一時起四時止。

第六條　左列各日閱覽室停止開放。

一、一月一日至三日。二、春節前五日起至後五日止（中央大學寒假期內，依據《中央大學圖書館辦法》）。三、夏秋冬三節日。四、各紀念日。五、每週月曜日。六、本館曝書日，由本館訂定日期，先期佈告。

第七條　本部備有下列各種閱覽券：一、善本甲種優待券，期限六個月。二、善本乙種優待券，定價一元五角，期限六個月。三、善本長期閱覽券，定價三元，期限六個月。四、善本閱覽券，每券一次定價小洋四角。五、普通閱覽券每券一次定價銅元四枚。

第八條　大學校長、行政院各部長、各院長及研究院學生，本館得酌贈善本甲種閱覽券。

第九條　本館為優待大學教授、講師、助教暨學生起見，特備善本乙種優待券，由本館通知大學佈告此項辦法，凡持有各院院長介紹書者，得購此項閱覽券。

第十條　本部備有下列憑證，凡持有優待券或長期券者，須向收發處驗券取證，憑證入閱覽室，交指導員換取領書證。臨時購券者，憑券入室亦然。無證無券者不得入閱覽室。一、甲種優待券憑證紅底白字。二、乙種優待券憑證藍底白字。三、長期閱覽券憑證白底黑字。

第十一條　本部備有下列出門券，閱覽人繳還書籍無訛，由指導員發給出門券，無券者不得出門。

一、善本閱覽室出門券。二、普通閱覽室出門券。

第十二條　本部編製下列各表，存館備查：一、善本閱覽室日表、月表、年表。二、普通閱覽室日表、月表、年表。三、善本書類統計月表、年表。四、普通書類統計月表、年表。

第十三條　閱覽室所售書券及憑證，按日由指導員查核登記。

第十四條　收發處所售閱覽券費及所收出門證，按日送交主幹查核收存。

第十五條　上項售券費按日或按週由主幹發交會計處。

第十六條　本館新到之書，由編輯部列入目錄，隨時通知本部佈告於眾。

第十七條　館中儲存書畫，擬增美術館陳列，供人鑒閱，其辦法俟館成後另訂。　名賢手札及江蘇檔案均照善本書券辦法，惟持券閱覽者須特別聲明。

第五章　傳鈔部規程

第一條　本館為增廣庋藏及流傳古籍起見，設立傳鈔部，辦理鈔錄事務。

第二條　本部設主幹一人，繕校員若干人，其職務如左：

主幹，總轄傳鈔部各事，經理傳鈔函牘，接洽各地圖書館及藏書家，會同會計經理款項之出納，督察繕校員。

繕校員，專司鈔錄書籍，兼繕寫館中文件。

第三條　傳鈔分三類：一、本館善本書籍應另加副本者。二、本館向他機關或私人處借鈔者。三、本館因他機關或私人委託代鈔者。

第四條　凡傳鈔書籍，須先得館長之命令或許可。

第五條　傳鈔本館書籍，應由傳鈔主幹具備取據，向保管處取出。鈔畢，仍由傳鈔主幹歸還，摯取收據。

第六條　繕校員每日鈔錄後，須將該書送交傳鈔主幹處暫收，翌日仍向該處取出，逐日照此辦理，以照慎重（本館其他職員傳鈔書籍，或受本館委託，或係私自鈔校，其辦法亦必依第四、第五、第六三條施行）。

第七條　繕校員每日鈔錄成績，須列表備查。

第八條　繕校員每日所鈔之書，須詳細校對再呈主幹覆校，以免魯魚亥豕之譏。

第九條　繕校員應注意左列各項：一、原書須特別珍護，不得污毀損壞。二、每日預計所鈔字數，須按日鈔畢，不得任意延宕。三、字畫須悉本原書，不得用訛俗字。四、書法須端正整齊，不得潦草塞責。

第十條　本館繕校員遇不敷支配時，得於館員之外臨時招致精於鈔寫者，來館鈔錄。惟不支薪水，只按所繕字數給予酬金。

第十一條　館外學者有願來館長期鈔書，或託人來館長期鈔書者，須得館長及傳鈔部主幹之許可。自購長期閱覽券，在閱覽室鈔錄者，本部不任校對之責。

第十二條　本館受他機關或私人之委託代鈔本館善本，須由本部主幹查明該書冊數、字數，通知委託

者，規定代鈔之費，每萬字暫定國幣三元，紙墨費視書冊多少定之，收取全數或半數，給與收據，再預定取書日期。

第十三條　前項代鈔費歸本部主幹經收，發交會計處。如全書鈔畢，費未全交者，由本部主幹通知委託者交費取書。

第十四條　代鈔各書如係本部繕校員鈔寫，須另鈔一份，爲本館副本。即以所收之款之半數爲該員津貼，以半數爲本館公積。如係館員以外臨時招致之繕寫者，即以全數予之。

第十五條　本館得酌量傳鈔費之多寡，委託其他機關或私人代本館鈔錄本館未備之書，由本部主幹先行函商該機關或私人，酌定繕費，分期寄交。

第十六條　本館所鈔副本，或委託其他機關或私人代鈔之書，寄遞至本館時，由本部主幹檢查該書冊數、頁數、字數詳細登簿後，送呈館長，由館長發交編輯部載入本館目錄，再付保管部收貯。

第六章　訪購部規程

第一條　本館設立訪購部，購置館中未備書籍，及訪求佚書秘籍。

第二條　本部設主幹一人，訪購員或代理人若干員，其職務如左：

主幹，總轄訪購部各事，分別當購之書先後緩急，隨時訪求，接洽國內外書肆及藏書家、著作家，督察訪購員及委託代理人，斟酌購書之費，報告館長或主任，並會同會計經理購書款目出納。訪購員，訪求書

一二六

籍，報告主幹，按照定價或議價購置。代理人，受主幹之委託者準此。

第三條　訪購主幹及訪購員於國內外書肆印有書目者，隨時函索存館，著作家有新著出版登報者，隨時彙載，以便購取。

第四條　藏書家有孤本秘籍，經訪購主幹或訪購員物色得之，得議價購取。或不願出售，得告知傳鈔部主幹，設法鈔錄。

第五條　國內外藏書家有大宗藏書出售，經館長、主任設法籌款購取，其購運事項由訪購部辦理。

第六條　冷攤舊肆有罕見之書，訪購主幹及訪購員隨時留意物色。

第七條　逸書故籍，第知其名，未見傳本者，得仿阮氏《待訪書目》例，先編一目，傳布海內，以便志士共同訪求。

第八條　各地委託代理人購置書籍，得聲明購書折扣以代薪水，不另支薪。本館主幹及訪購員不得私取購書折扣。

第九條　委託代理人須有保證人。如在本館付款，而不寄遞所購書籍時，由保證人賠償。

第十條　訪購主幹或訪購員有必須遠赴某地購置書籍時，得酌支川資旅費。

第十一條　訪購部每月編製購書統計表，積至年終，製爲年表。編製新增書籍比較表，彙入年報。

第七章　印行部規程

第一條　本館設立印行部流通秘籍，以饜學者。

第二條　本部設主幹一人，事務員若干人，其職務如左：主幹，總轄印行部事宜，督察事務員，經理印刷、發售事項。事務員，分司印刷、發售、登報、運寄、賬目、收支事項。

第三條　本館收藏善本、孤本、精校本、精鈔本，得視本館經濟狀況及學者需要，陸續印行。

第四條　善本、精鈔本、精校本影印，必依原式。精校本未印者及鈔本之內容有價值而繕寫不精者，得用鉛印，由主幹校讎。

第五條　海內著作家有鉅著名作，無力印行者，本部亦得代為印售，其細則另訂之。

第六條　本館印行之書在本館發售外，得於本京及他地設置發行所，或委託他書肆代售。

第七條　江楚書局、淮南書局存有書版，暫照舊章歸江南官書局領印發售，按季繳款。

第八條　公私圖書，有願歸本館印行部寄售者，得按照《坊肆寄售章程》辦理。

第九條　各地書肆，自願出資影印本館善本者，須得本館許可，由印行部接洽辦理。

附條　以上各部職員，未經聘定，得暫兼攝。

第八章　參觀規程

第一條　凡來本館參觀者，由庶務及閱覽部、保管部員招待，學校團體多人參觀者，須先期通知本館許可。

第二條　庶務處設立題名簿，參觀人須記載姓名、籍貫、住址、職業於題名簿內。

第三條　參觀人由本館職員導引方得入閱覽室及藏書各室，不得擅自闖入，並不得徑自檢取圖書。

學校團體人數衆多，室不能容時，得由導引者分組導引。

第四條　參觀人欲閱覽圖書時，須照《閱覽章程》辦理。

第五條　參觀人勿攜帶幼孩、僕役及雜物。

第六條　停止閱覽日謝絕參觀。

第九章　住館讀書規程

第一條　有志研究國學之士，經學術家之介紹，視本館空屋容額，由館長、主任認可者，得住館讀書。

第二條　住館讀書者須繳保證金二十元。閱覽書籍無損壞者，出館時退還。否則以此款賠償。

第三條　住館讀書者每月納宿費十元，膳費六元，茶水、燈火費一元，僕役費一元，先期交付。

第四條　住館讀書者閱覽本館藏書，必須在閱覽室，不得攜至所住室中。違者處罰。

第五條　住館讀書者因事外出，須向館長或主任請假。

第六條　住館讀書者非因疾病要事，繼續滿一星期不至閱覽室讀書者，得由本館通知介紹人，請其出館。

第七條　住館讀書者，行李箱篋出入本館時，須經館員檢查。

第十章　附則

第一條　本章程由本館制定，呈報中央大學公布施行。

第二條　本章程有未盡事宜，得隨時由館長或主任召集館務會議增酌損益，並隨時呈報大學。

盍山案牘

柳詒徵　撰

武黎嵩　整理點校

一士

尚書集圖尚書
圖考

卜辭中

任伯年畫集

法書三集
翠軒圖書

國學圖書館第四年刊

歐陽漸題

以人為鑑可明得失

國學畫表館

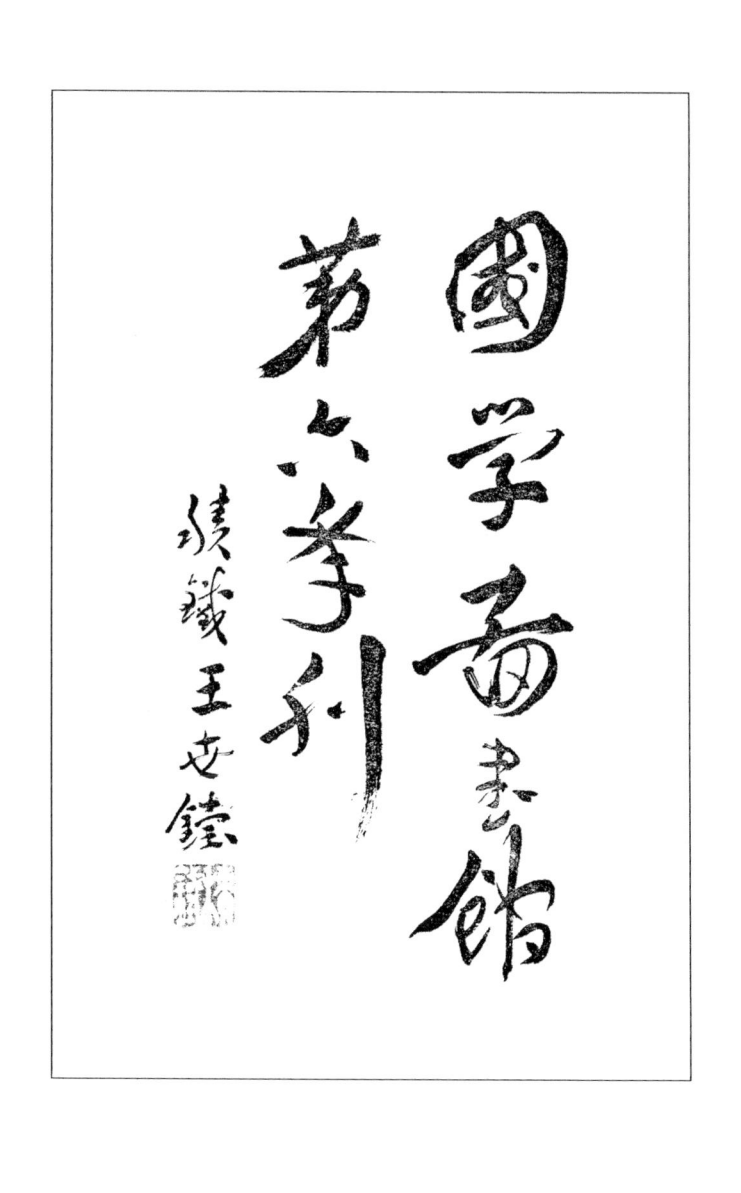

第六年刊

虢鐵
王忠鎔

法古不泥

观美国爱国图

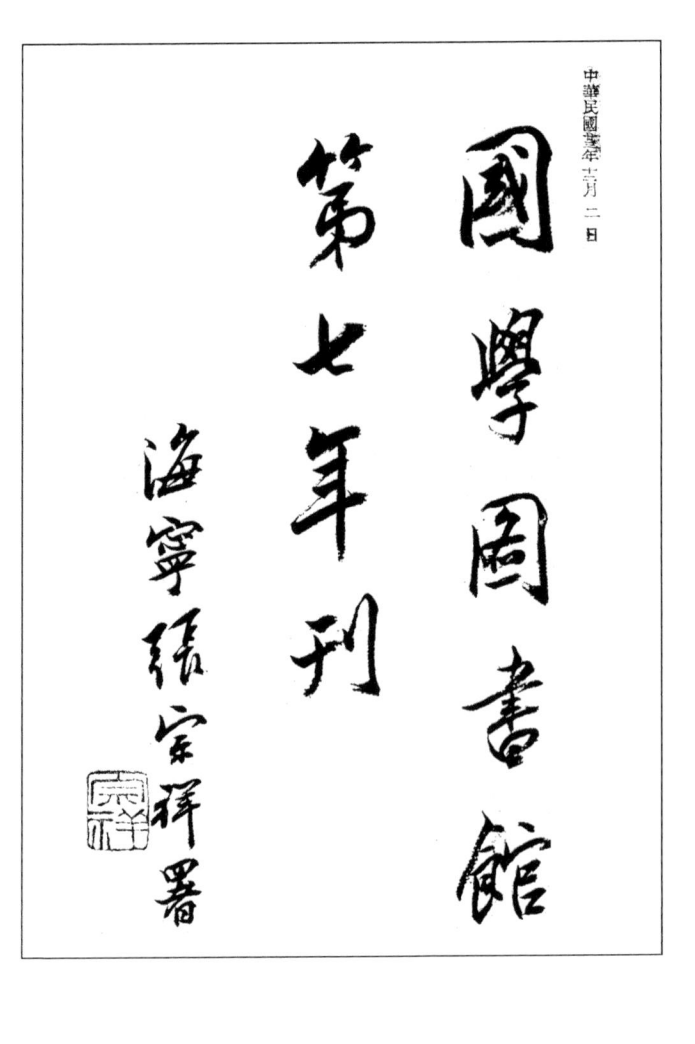

中华爱国图画展 二〇一五

國學圖書館

第八年刊

陸維釗謹署

蔣總統嘉言類鈔

油画风景写生十年回顾

國立中央大學國學圖書館小史　蠹山案牘　合刊

國學圖書館年刊案牘輯錄〔一〕

目　次

中央大學國學圖書館第一年刊（十六年度）案牘

呈教育廳 ……………………………………………………………………………………… 二三四

函致教育廳、大學籌備委員會改良省立第一圖書館計劃書 ……………………………… 二三五

函致教育廳 ………………………………………………………………………………………… 二四二

教育廳來文 ………………………………………………………………………………………… 二四四

函致大學 …………………………………………………………………………………………… 二四五

〔一〕原載《中央大學國學圖書館》年刊（第一、二年）、江蘇省立國學圖書館年刊（第三至十年），按年度收錄民國十六年七月至民國二十六年六月十個年度的案牘。分發文和來函，以不同字體區別。——編者註

函致大學……二四五

大學來函……二四六

函致財政廳……二四七

大學來函……二四七

函致公安局……二四八

公安局來函……二四八

函致大學校長暨各院長……二四八

函致大學……二四九

函致大學……二四九

函致大學……二五一

函復上海市黨部……二五一

函致商務印書館……二五一

函致朝鮮總督府……二五二

函致北京圖書館……二五二

大學來函……二五二

大學來函 ……二五三

大學來函 ……二五三

函致譚主席 ……二五四

丹陽縣政府來函 ……二五四

函復北京圖書館 ……二五五

函復蘇州圖書館 ……二五五

函復蘇州圖書館 ……二五五

大学来函 ……二五六

函復張君 ……二五六

函復大學行政院 ……二五七

函致各機關 ……二五七

函致清史館 ……二五七

函致大學 ……二五八

函致譚主席 ……二五九

函致李主席 ……二五九

函復河南通志處 ……………………………………………	二六〇
大学来函 …………………………………………………	二六〇
函致京師圖書館 …………………………………………	二六一
大学来函 …………………………………………………	二六一
大学来函 …………………………………………………	二六二
河南通志處來函 …………………………………………	二六二
函復教育經費管理處 ……………………………………	二六二
函致大学行政院 …………………………………………	二六二
函致河南通志處 …………………………………………	二六三
大學來函 …………………………………………………	二六三
清史館來函 ………………………………………………	二六四
京師圖書館來函 …………………………………………	二六五
河南通志處來函 …………………………………………	二六六
函復京師圖書館 …………………………………………	二六六

函致大學 …………………………………………………………………………………………………… 二六七

大學來函 …………………………………………………………………………………………………… 二六八

函湯、王、陳、蔡、李諸先生 …………………………………………………………………………… 二六八

函大學院長蔡、楊 ………………………………………………………………………………………… 二六八

函致大學行政院 …………………………………………………………………………………………… 二七〇

函致大學行政院 …………………………………………………………………………………………… 二七一

大學來函 …………………………………………………………………………………………………… 二七一

大學來函 …………………………………………………………………………………………………… 二七一

函致軍事委員會 …………………………………………………………………………………………… 二七二

軍事委員會總務廳來函 …………………………………………………………………………………… 二七三

附原函

函致總參謀長何 …………………………………………………………………………………………… 二七三

大學來函 …………………………………………………………………………………………………… 二七四

函復大學 …………………………………………………………………………………………………… 二七四

函致大學 ……………………………………… 二七五

函致建設廳 …………………………………… 二七五

函復京師圖書館 ……………………………… 二七五

函致張校長 …………………………………… 二七六

函復教育經費管理處 ………………………… 二七六

中央大學國學圖書館第二年刊（十七年度）案牘

一、請遷修械所案 ……………………………… 二七八

函致譚院長、何參謀長 ……………………… 二七八

函呈蔣主席 …………………………………… 二七九

函致軍政部長馮 ……………………………… 二七九

函致公安局 …………………………………… 二八〇

譚院長來函 …………………………………… 二八〇

函致監察院長蔡 ……………………………… 二八〇

行政院秘書處來函 …………………………… 二八一

軍政部來函 …………………………………二八一

中央研究院來函 …………………………二八二

函致譚院長 ………………………………二八二

再函譚院長 ………………………………二八二

函致陸海空軍總司令部經理處軍械股 …二八三

函致國民政府教育部部長 ………………二八四

函呈蔣總司令 ……………………………二八四

呈國民政府 ………………………………二八六

函致教育部部長蔣 ………………………二八六

總司令部經理處軍械股來函 ……………二八六

國民革命軍總司令部批 …………………二八七

附錄佈告 …………………………………二八七

教育部來函 ………………………………二八八

函致軍政部 ………………………………二八八

函致軍政部 …………………………………… 二八九

軍政部來函 …………………………………… 二八九

教育部訓令 …………………………………… 二八九

教育部訓令 …………………………………… 二九〇

附録佈告 ……………………………………… 二九一

教育部訓令 …………………………………… 二九一

二、請補發經費案 …………………………… 二九二

致教育經費管理處函 ………………………… 二九二

致張校長函 …………………………………… 二九二

致高等教育處長函 …………………………… 二九三

致教育經費管理處楊科長函 ………………… 二九四

復張校長函 …………………………………… 二九四

張校長來函 …………………………………… 二九四

致高等教育處長函 …………………………… 二九五

致高等教育處長函 …………………………………………………………………………… 二九五

附錄十八年度預算說明書 …………………………………………………………………… 二九六

致中大戴副校長函 …………………………………………………………………………… 二九七

致戴副校長函 ………………………………………………………………………………… 二九八

致戴副校長函 ………………………………………………………………………………… 二九八

致戴副校長函 ………………………………………………………………………………… 二九九

高等教育處來函 ……………………………………………………………………………… 三〇〇

戴副校長來函 ………………………………………………………………………………… 三〇〇

致張校長函 …………………………………………………………………………………… 三〇〇

致擴充教育處處長函 ………………………………………………………………………… 三〇一

三、與商務印書館重訂借印館書契約案 …………………………………………………… 三〇一

致商務印書館張菊生、王岫廬函 …………………………………………………………… 三〇一

王岫廬來函 …………………………………………………………………………………… 三〇二

復王岫廬函 …………………………………………………………………………………… 三〇二

王岫廬來函 …………………………………………………………………………… 三〇三

段撫群來函 …………………………………………………………………………… 三〇四

王岫廬來函 …………………………………………………………………………… 三〇五

復商務印書館段撫群函 …………………………………………………………… 三〇五

段撫群來函 …………………………………………………………………………… 三〇五

復段撫群函 …………………………………………………………………………… 三〇六

致段撫群函 …………………………………………………………………………… 三〇六

復段撫群函 …………………………………………………………………………… 三〇六

段撫群來函 …………………………………………………………………………… 三〇五

　附錄契約 …………………………………………………………………………… 三〇七

復段撫群函 …………………………………………………………………………… 三〇八

四、普通函件選錄 ………………………………………………………………… 三〇九

中央大學行政院來函 ……………………………………………………………… 三〇九

復張校長函 …………………………………………………………………………… 三〇九

復張校長函 …………………………………………………………………………… 三〇九

致張校長函 …………………………………………………………………………… 三一〇

致張校長函（以後逐月造報計算書發文不複出）……………………三一〇

致教育經費管理處函（以後逐月報册發文不複出）……………………三一一

致市政府劉市長函 ………………………………………三一二

致大學高等教育處函 ……………………………………三一三

中央大學來函 …………………………………………三一三

復張校長函 ……………………………………………三一四

中央大學圖書館來函 ……………………………………三一四

復中央黨部宣傳部函 ……………………………………三一五

復北平第一圖書館函 ……………………………………三一五

復張校長函 ……………………………………………三一五

復崔萍村函 ……………………………………………三一六

附錄中社印行古籍簡約 …………………………………三一六

致江蘇土地整理委員會函 ………………………………三一八

致高等教育處函 ………………………………………三一八

致高等教育處函 …… 三一八

復張校長函 …… 三一九

復古物保管委員會函 …… 三一九

復江西省立圖書館歐陽館長函 …… 三一〇

致土地整理委員會函 …… 三一〇

復丁芝蓀函 …… 三一〇

致姚石子函 …… 三一一

復張校長函 …… 三一一

致劉翰怡函 …… 三一二

復宋文獻函 …… 三一二

致陶蓬仙函 …… 三一三

致沈兼士函 …… 三一三

致袁守和函 …… 三一三

致李立侯函 …… 三一四

復丁芝蓀函 …………………………………………………………… 三一四

致錢子泉函 …………………………………………………………… 三一五

致徐積餘函 …………………………………………………………… 三一五

致中華圖書館協會函 ………………………………………………… 三一六

故宮博物院來函 ……………………………………………………… 三一六

沈兼士來函 …………………………………………………………… 三一七

致建設委員會函 ……………………………………………………… 三一七

復福建圖書館函 ……………………………………………………… 三一七

致雲南圖書館函 ……………………………………………………… 三一八

致古物保存所楊所長函 ……………………………………………… 三一八

致朱紹濱函 …………………………………………………………… 三一九

復廈門圖書館函 ……………………………………………………… 三一九

復文化大學函 ………………………………………………………… 三二〇

復故宮博物院函 ……………………………………………………… 三二〇

復沈兼士函	三三〇
致國民政府教育部函	三三一
復積頤學會函	三三一
重修河南通志處來函	三三一
致交通部函	三三一
致河南教育廳長兼重修通志處處長函	三三二
復徐積餘函	三三三
致沈兼士函	三三三
復唐蔚芝函	三三四
國民政府考試院來函	三三四
江南官書局來函	三三四
復朱紹濱函	三三五
致內政部函	三三六
復考試院函	三三六

復交通部函……三三六
復南京電話局函……三三七
致鎮江陸縣長函……三三七
致教育經費管理處函……三三七
復考試院秘書處函……三三八
教育經費管理處來函……三三八
致陳援庵函……三三八
復唐蔚芝函……三三九
復農礦部函……三三九
復雲南圖書館……三四〇
張校長來函……三四〇
張校長來函……三四〇
致高公使函……三四一
復政治訓練部編纂委員會函……三四一

致政治訓練部編纂委員會函 ……………………………………………… 三四二

致揚子江水道整理委員會函 ……………………………………………… 三四二

復李印泉函 ………………………………………………………………… 三四三

致董綬經函 ………………………………………………………………… 三四三

致葉玉虎函 ………………………………………………………………… 三四三

復東方圖書館函 …………………………………………………………… 三四三

致浙江圖書館楊館長函 …………………………………………………… 三四四

致教育部陳秘書函 ………………………………………………………… 三四四

復最高法院函 ……………………………………………………………… 三四五

致陳傑夫、周雁石函 ……………………………………………………… 三四五

致劉翰怡函 ………………………………………………………………… 三四六

復國民政府考試院函 ……………………………………………………… 三四六

復北平北海圖書館函 ……………………………………………………… 三四六

致中華圖書館協會函 ……………………………………………………… 三四七

一五七

復考試院秘書處函	三四七
致周耀宇函	三四八
致考試院函	三四八
復通志編纂委員會函	三四八
致最高法院函	三四九
致張校長函	三四九
致電話局函	三五一
致張校長函	三五一
復丁芝蓀函	三五二
致工務局函	三五二
致周子美函	三五三
復姚石子函	三五三
致賈果伯函	三五四
致立法院函	三五四

致鄧孝先函 ………………………………………………………………………… 三五四

致徐森玉函 ………………………………………………………………………… 三五五

復涵江圖書館函 …………………………………………………………………… 三五五

致丁芝蓀函 ………………………………………………………………………… 三五六

致立法院劉廷冕函 ………………………………………………………………… 三五六

致葉玉虎函 ………………………………………………………………………… 三五六

致湖南教育廳函 …………………………………………………………………… 三五七

致中華圖書館協會函 ……………………………………………………………… 三五七

致葉玉虎函 ………………………………………………………………………… 三五七

工務局來函 ………………………………………………………………………… 三五七

致日本靜嘉堂文庫函 ……………………………………………………………… 三五八

致膠澳商埠局函 …………………………………………………………………… 三五八

中華圖書館協會來函 ……………………………………………………………… 三五八

復交通史編纂委員會函 …………………………………………………………… 三五九

復大中秘書處函 ……………………………………………………………… 三五九

致中央執行委員會秘書處會計科函 ……………………………… 三五九

復江西省立圖書館歐陽館長函 ……………………………………… 三六〇

致國際出版交換所徐所長函 ………………………………………… 三六〇

復日本東方考古學會島村孝三郎函 ……………………………… 三六一

中央執行委員會會計科來函 ………………………………………… 三六一

復首都公安局函 …………………………………………………………… 三六一

復西區第一分署函 ……………………………………………………… 三六二

復北平北海圖書館函 …………………………………………………… 三六二

江蘇省立國學圖書館第三年刊（十八年度）案牘 …… 三六三

教育部來文 …………………………………………………………………… 三六三

行政院來函 …………………………………………………………………… 三六三

行政院來函 …………………………………………………………………… 三六四

中華圖書館協會來函 …………………………………………………… 三六四

函西區分署	三六五
呈教育部	三六五
函公安局局長姚	三六六
函衛戍司令部	三六七
呈內政部	三六八
致首都衛戍司令部	三六九
教育部指令	三七〇
內政部批	三七〇
教育部訓令	三七〇
函首都公安局	三七〇
國立中央研究院出版品國際交換處來函	三七一
復國立中央研究院出版品國際交換處	三七一
致教育廳函	三七二
致教育廳函	三七三

山東省教育廳來函 …………………………………………………………………… 三七四

教育廳來函 ……………………………………………………………………………… 三七四

函首都公安局西區第一分署 ………………………………………………………… 三七四

教育廳訓令 ……………………………………………………………………………… 三七五

呈復教育廳 ……………………………………………………………………………… 三七五

函各機關 ………………………………………………………………………………… 三七五

教育部來函 ……………………………………………………………………………… 三七六

教育廳指令 ……………………………………………………………………………… 三七六

蘇州圖書館來函 ……………………………………………………………………… 三七六

教育廳訓令 ……………………………………………………………………………… 三七七

教育廳訓令 ……………………………………………………………………………… 三七七

教育廳訓令 ……………………………………………………………………………… 三七八

呈教育廳 ………………………………………………………………………………… 三七八

教育廳訓令 ……………………………………………………………………………… 三七八

教育廳訓令 ……………………………………………………………………………… 三七九

教育廳訓令 ………………………………………………………………………… 三八〇

呈復教育廳 …………………………………………………………………………… 三八〇

教育廳訓令 …………………………………………………………………………… 三八〇

教育廳指令 …………………………………………………………………………… 三八一

致教育廳函 …………………………………………………………………………… 三八一

教育廳來函 …………………………………………………………………………… 三八二

呈教育廳 ……………………………………………………………………………… 三八三

呈教育廳 ……………………………………………………………………………… 三八三

呈教育廳 ……………………………………………………………………………… 三八四

致教育廳函 …………………………………………………………………………… 三八四

教育廳指令 …………………………………………………………………………… 三八五

教育廳指令 …………………………………………………………………………… 三八五

函譚組安院長 ………………………………………………………………………… 三八五

軍政部來函 …………………………………………………………………………… 三八六

呈教育廳 …………………………………… 三八七

致財政廳函 ………………………………… 三八八

致民政廳長函 ……………………………… 三八九

致教育廳函 ………………………………… 三九〇

財政廳來函 ………………………………… 三九一

中央研究院出版品國際交換處來函 ……… 三九一

南京特別市政府來函 ……………………… 三九一

中央研究院出版品國際交換處來函 ……… 三九二

山東同鄉會來函 …………………………… 三九二

致鼓樓醫院 ………………………………… 三九三

函第九局局長邵 …………………………… 三九三

函江寧地方法院檢察處首席檢察官陳 …… 三九三

致商務印書館編輯所長何柏丞 …………… 三九四

教育廳訓令 ………………………………… 三九四

江蘇省立國學圖書館第四年刊（十九年度）案牘

致教育廳函 …………………………………………………………… 三九五

商務印書館來函 ………………………………………………………… 三九五

致教育廳函 …………………………………………………………… 三九七

教育廳訓令 …………………………………………………………… 三九七

致教育廳函 …………………………………………………………… 三九七

呈教育廳文 …………………………………………………………… 三九八

教育廳指令 …………………………………………………………… 三九九

致教育廳函 …………………………………………………………… 三九九

教育廳指令 …………………………………………………………… 三九九

呈教育廳文 …………………………………………………………… 四〇〇

致教育費管理處函 ……………………………………………………… 四〇一

教育經費管理處來函 …………………………………………………… 四〇一

致楊子佹、劉北禾函 …………………………………………………… 四〇一

教育廳訓令 …………………………………………………………… 四〇二

呈教育廳文 …… 四〇三

教育廳指令 …… 四〇三

呈教育廳文 …… 四〇四

教育廳指令 …… 四〇四

江蘇教育廳第二科來函 …… 四〇四

復教育廳第二科函 …… 四〇五

教育廳指令 …… 四〇五

復曾履川函 …… 四〇五

致池則文、蔡嵩雲函 …… 四〇六

附借書辦法 …… 四〇六

考試院考選委員會來函 …… 四〇六

復謝剛主函 …… 四〇六

致俞仲還函 …… 四〇七

教育廳指令 …… 四〇八

教育廳指令 ………………………………………………………………………… 四〇八

呈復教育廳文 ……………………………………………………………………… 四〇九

致鈕部長函 ………………………………………………………………………… 四〇九

復教育廳第三科函 ………………………………………………………………… 四一一

江蘇教育經費管理處來函 ………………………………………………………… 四一一

內政部來函 ………………………………………………………………………… 四一二

附抄魏市長、吳廳長原函各一件 ……………………………………………… 四一二

南京市政府財政局來函 …………………………………………………………… 四一三

致江蘇省教費稽核委員會朱次長函 …………………………………………… 四一四

朱經農先生來函 …………………………………………………………………… 四一四

請稽核委員會復議稿 ……………………………………………………………… 四一四

致鈕處長函 ………………………………………………………………………… 四一六

致任中敏、祁錫勇函 ……………………………………………………………… 四一六

致鈕處長函 ………………………………………………………………………… 四一七

致朱經農、余仲還函 …………………………………………………………………… 四一八

致教育部朱次長函 …………………………………………………………………… 四一九

致考選委員會謝无忌函 ……………………………………………………………… 四一九

謝无忌先生來函 ……………………………………………………………………… 四二〇

教育經費管理處來函 ………………………………………………………………… 四二〇

謝无忌先生來函 ……………………………………………………………………… 四二〇

致教費管理處函 ……………………………………………………………………… 四二〇

復謝无忌函 …………………………………………………………………………… 四二一

復南京市財政局函 …………………………………………………………………… 四二一

呈教育廳文 …………………………………………………………………………… 四二一

樊明五先生來函 ……………………………………………………………………… 四二二

致考選委員會秘書長函 ……………………………………………………………… 四二二

致南京市政府財政局長函 …………………………………………………………… 四二三

致考選委員會秘書長函 ……………………………………………………………… 四二三

教育廳指令 …………………………… 四二四

教育廳指令 …………………………… 四二四

國民政府參加比國博覽會代表處來函 …………………………… 四二四

上海商務印書館來函 …………………………… 四二五

呈復教育廳文 …………………………… 四二五

教育廳指令 …………………………… 四二五

致公安第八分局函 …………………………… 四二六

　附市府財政局致第八分局原函 …………………………… 四二六

呈教育廳文 …………………………… 四二六

南京市政府財政局公函 …………………………… 四二七

教育廳指令 …………………………… 四二七

教育廳訓令 …………………………… 四二八

北平圖書館來函 …………………………… 四二八

致考試院考選委員會秘書處函 …………………………… 四二八

復北平圖書館函……………………………………………………四二九

教育廳訓令………………………………………………………………四三〇

教育廳指令………………………………………………………………四三〇

呈教育廳文………………………………………………………………四三〇

教育廳指令………………………………………………………………四三一

致教育經費管理處函……………………………………………………四三一

復教育廳函………………………………………………………………四三一

復國立北平圖書館函……………………………………………………四三一

江蘇省識字運動宣傳委員會公函………………………………………四三二

北平圖書館來函…………………………………………………………四三二

江蘇省教育廳來函………………………………………………………四三三

教育經費管理處來函……………………………………………………四三三

致傅沅叔函………………………………………………………………四三四

復教育經費管理處函……………………………………………………四三四

教育廳指令 …… 四三四

北平圖書館來函 …… 四三四

致北平圖書館函 …… 四三五

比國博覽會中國代表處來函 …… 四三五

復比國博覽會中國代表處函 …… 四三六

呈教育廳文 …… 四三六

致山東省立圖書館王獻唐函 …… 四三六

教育廳指令 …… 四三七

電賀國立北平圖書館 …… 四三七

呈教育廳文 …… 四三八

江蘇省立國學圖書館第五年刊（二十年度）案牘

教育廳訓令 …… 四三九

教育廳訓令 …… 四三九

教育廳訓令 …… 四三九

教育廳訓令 …… 四四〇

致施韻秋函 ……………………………………………………………………… 四四〇

復教育學院高踐四函 ………………………………………………………… 四四一

呈教育廳文 …………………………………………………………………… 四四一

復施韻秋函 …………………………………………………………………… 四四一

致教育廳函 …………………………………………………………………… 四四二

呈教育廳文 …………………………………………………………………… 四四二

復程演生函 …………………………………………………………………… 四四三

致施韻秋函 …………………………………………………………………… 四四三

教育廳指令 …………………………………………………………………… 四四三

教育廳訓令 …………………………………………………………………… 四四四

教育廳訓令 …………………………………………………………………… 四四四

教育廳訓令 …………………………………………………………………… 四四四

致警察廳長函 ………………………………………………………………… 四四五

首都警察廳來函 ……………………………………………………………… 四四五

致電燈廠函	四四六
教育廳訓令	四四六
建設委員會首都電廠來函	四四七
致國民政府參加比國博覽會代表處函	四四七
復王獻唐函	四四七
呈教育廳文	四四八
教育廳指令	四四八
教育廳訓令	四四九
教育廳快郵代電	四四九
致教育廳陳廳長函	四五〇
實業部國貨陳列館來函	四五〇
致警察廳公函	四五一
首都警察廳來函	四五一
安徽叢書編印處來函	四五一

陳廳長來函 …………………………………………………… 四五二

呈復教育廳 …………………………………………………… 四五二

江蘇省立南京民眾教育館來函 …………………………… 四五三

江蘇省社會教育成績展覽會籌備委員會來函 …………… 四五三

致工務局局長函 …………………………………………… 四五三

致警察第八局第四分所楊巡官函 ………………………… 四五四

南京市政府工務局來函 …………………………………… 四五四

致社教成績展覽會籌備會函 ……………………………… 四五五

南京市教育局來函 ………………………………………… 四五五

南京市立博物館來函 ……………………………………… 四五六

教育廳訓令 ………………………………………………… 四五六

教育廳訓令 ………………………………………………… 四五七

教育廳指令 ………………………………………………… 四五七

國民政府參加比國博覽會代表處來函 …………………… 四五七

教育廳指令 …………………………………………………………………………………… 四五八

教育廳指令 …………………………………………………………………………………… 四五八

致劉翰怡函 …………………………………………………………………………………… 四五八

復國民政府參加比國博覽會褚代表函 ……………………………………………………… 四五八

劉承幹來函 …………………………………………………………………………………… 四五九

教育廳訓令 …………………………………………………………………………………… 四五九

江蘇省立社會教育機關職教員聯合會來函 ………………………………………………… 四六〇

江蘇省立教育學院來函 ……………………………………………………………………… 四六〇

教育廳訓令 …………………………………………………………………………………… 四六〇

致教育廳公函 ………………………………………………………………………………… 四六一

致教育廳公函 ………………………………………………………………………………… 四六二

教育廳指令 …………………………………………………………………………………… 四六二

教育廳訓令 …………………………………………………………………………………… 四六二

呈教育廳文 …………………………………………………………………………………… 四六三

呈教育廳文 ‥‥‥	四六三
致南京市政府公函 ‥‥‥	四六四
致教費管理處鈕處長函 ‥‥‥	四六四
南京市政府來函 ‥‥‥	四六五
教育廳指令 ‥‥‥	四六五
教育廳訓令 ‥‥‥	四六五
江蘇教育經費委員會來函 ‥‥‥	四六六
致中央研究院蔡院長函 ‥‥‥	四六六
呈教育廳文 ‥‥‥	四六七
呈京滬衞戍司令長官陳 ‥‥‥	四六七
致中央研究院函 ‥‥‥	四六八
國立中央研究院來函 ‥‥‥	四六八
江蘇教育經費管理處來函 ‥‥‥	四六八
復教費管理處函 ‥‥‥	四六九

教育廳指令	四六九
教育廳訓令	四六九
致十九路軍辦事處函	四七〇
復南京民教館函	四七〇
呈教育廳文	四七〇
教育廳指令	四七一
江蘇省立社教機關聯合會來函	四七一
致土地局函	四七一
復教育部圖書館函	四七二
國民政府參加比國博覽會代表處來函	四七二
致施韻秋函	四七三
呈教育廳文	四七三
致第五局第五分駐所楊巡官函	四七四
南京市土地局來函	四七四

復土地局函 …………………………………………………………… 四七四

致中央研究院函 ………………………………………………… 四七五

教育廳指令 ………………………………………………………… 四七五

祁錫勇、趙光濤來函 …………………………………………… 四七五

復南京民眾教育館函 …………………………………………… 四七六

復徐州民眾教育館宣傳周籌備處函 ……………………… 四七六

交通部總務司第六科來函 …………………………………… 四七七

致教育廳函 ……………………………………………………… 四七七

復參加比國博覽會代表處函 ………………………………… 四七七

教育廳指令 ……………………………………………………… 四七七

教育廳指令 ……………………………………………………… 四七八

江蘇省立鎮江圖書館籌備處來函 ………………………… 四七八

江蘇省立國學圖書館第六年刊（二十一年度）案牘

致首都警察廳第五局第五分所函 ………………………… 四七九

江蘇省立鎮江圖書館籌備處來函 ……………………………………… 四七九

首都警察廳第五警察局第五分駐所來函 …………………………… 四八〇

復鎮江圖書館籌備處 ………………………………………………… 四八〇

函教育廳 ……………………………………………………………… 四八〇

第十九路軍總指揮部駐滬辦事處謝函 ……………………………… 四八一

致首都警察廳函 ……………………………………………………… 四八一

上海商務印書館來函 ………………………………………………… 四八二

教育廳指令 …………………………………………………………… 四八二

中央國醫館來函 ……………………………………………………… 四八三

致南京市財政局 ……………………………………………………… 四八三

教育廳訓令 …………………………………………………………… 四八三

致國民政府文官處函 ………………………………………………… 四八四

致警察廳第五局函 …………………………………………………… 四八四

國民政府文官處文書局來函 ………………………………………… 四八五

復國民政府文官處文書局 首都警察廳第五警察局來函 ……………四八五

首都警察廳第五警察局來函 ……………四八五

教育廳訓令 …………………四八六

南京三民中學函 …………………四八六

復三民中學函 …………………四八七

南京三民中學來函 …………………四八八

復三民中學函 …………………四八八

致首都警察廳第五局 …………………四八八

致中央研究院函 …………………四八八

致財政局函 …………………四八九

致財政局函 …………………四九〇

致財政局函 …………………四九〇

呈教育廳文 …………………四九〇

南京市財政局來函 …………………四九一

教育廳指令 …………………四九一

一八〇

教育廳指令 …………………………………………… 四九一

國立中央研究院來函 ……………………………… 四九二

鈔南京市政府公函府字第五四二五號
…………………………………………………………… 四九二

教育廳訓令 ………………………………………… 四九三

東北義勇軍後援會來函 …………………………… 四九三

鎮江省立民眾教育館來函 ………………………… 四九三

教育廳代電 ………………………………………… 四九四

致第五警局第五分駐所函 ………………………… 四九四

致趙棣華函 ………………………………………… 四九四

函南京市社會局 …………………………………… 四九五

上海市通志館來函 ………………………………… 四九五

南京民眾教育館來函 ……………………………… 四九六

致南京石市長公函 ………………………………… 四九六

教育廳指令 ………………………………………… 四九七

南京市政府公函 ································ 四九七

呈教育廳文 ······································ 四九八

致南京市政府工務局公函 ····················· 四九八

教育廳訓令 ····································· 四九九

教育廳訓令 ····································· 四九九

教育廳來函 ····································· 五〇〇

復江蘇教育廳函 ······························· 五〇〇

呈教育廳文 ····································· 五〇〇

呈教育廳文 ····································· 五〇〇

呈教育廳文 ····································· 五〇一

教育廳指令 ····································· 五〇一

呈教育廳文 ····································· 五〇一

呈教育廳文 ····································· 五〇二

呈教育廳文 ····································· 五〇三

鎮江圖書館來函 ······························· 五〇五

致鎮江圖書館會計股函 …………………… 五〇五

呈教育廳文 …………………………………… 五〇五

教育廳來函 …………………………………… 五〇六

教育部社會教育司來函 ……………………… 五〇六

教育廳指令 …………………………………… 五〇六

教育廳訓令 …………………………………… 五〇七

教育廳訓令 …………………………………… 五〇八

致首都電燈廠函 ……………………………… 五〇八

首都電燈廠來函 ……………………………… 五〇八

呈教育廳文 …………………………………… 五〇九

南京三民中學來函 …………………………… 五〇九

南京市政府工務局來函 ……………………… 五一〇

致南京民眾教育館朱堅白先生函 …………… 五一〇

南京三民中學來函 …………………………… 五一一

致首都電燈廠函 …………………………………………………………………… 五一一

首都電燈廠來函 …………………………………………………………………… 五一二

李煜瀛先生快郵代電 ……………………………………………………………… 五一二

復世界文化合作中國代表團辦事處函 …………………………………………… 五一三

教育部來函 ………………………………………………………………………… 五一三

世界文化合作中國代表團上海事務處來函 ……………………………………… 五一四

呈教育廳文 ………………………………………………………………………… 五一四

訓練總監部軍學編譯處來函 ……………………………………………………… 五一四

趙光濤先生來函 …………………………………………………………………… 五一五

朱堅白、孫枋、趙光濤三先生來函 ……………………………………………… 五一五

教育廳指令 ………………………………………………………………………… 五一六

中央圖書館籌備處公函 …………………………………………………………… 五一六

金陵大學圖書館函 ………………………………………………………………… 五一六

全國度量衡局函 …………………………………………………………………… 五一七

復全國度量衡局函 …… 五一七

致陳儆庸先生函 …… 五一七

致石市長函 …… 五一八

呈教育廳文 …… 五一八

教育廳訓令 …… 五一九

教育廳訓令 …… 五一九

美國顧立雅先生函 …… 五二〇

致北平顧立雅先生函 …… 五二〇

江蘇省立國學圖書館第七年刊（二十二年度）案牘 …… 五二一

教育廳指令 …… 五二一

呈教育廳文 …… 五二一

駐京日本總領事館來函 …… 五二二

致駐京日本總領事館函 …… 五二二

教育廳指令 …… 五二三

南京市工務局來函 …………………………………………………………… 五二七

復南京市公務局函 ………………………………………………………… 五二三

致鎮江縣政府函 …………………………………………………………… 五二三

致丹陽縣政府函 …………………………………………………………… 五二四

呈教育廳文 ………………………………………………………………… 五二四

致丹陽縣郭縣長函 ………………………………………………………… 五二五

總理陵園管理委員會來函 ………………………………………………… 五二五

復傅志章先生函 …………………………………………………………… 五二五

呈教育廳文 ………………………………………………………………… 五二六

丹陽縣政府來函 …………………………………………………………… 五二六

河南省第四水利局來函 …………………………………………………… 五二七

教育廳指令 ………………………………………………………………… 五二七

教育廳指令 ………………………………………………………………… 五二七

致張蓬生君函 ……………………………………………………………… 五二七

致蔣慰堂先生函	五二八
復馮翰飛先生函	五二八
國立中央圖書館籌備處來函	五二八
丹陽縣政府來函	五二九
復蔣慰堂先生函	五二九
致丹陽縣郭縣長函	五三〇
教育廳指令	五三〇
呈教育廳文	五三〇
致南京市政府秘書處張純一先生函	五三二
教育廳訓令	五三二
南京市工務局來函	五三三
教育廳訓令	五三三
致石蕄青市長函	五三四
呈教育廳文	五三四

教育廳訓令	五三五
葉定侯先生來函	五三六
致葉定侯先生函	五三六
教育廳指令	五三六
致教育廳公函	五三七
呈教育廳文	五三七
教育廳指令	五三八
教育廳指令	五三八
復葉定侯先生函	五三八
葉定侯先生來函	五三九
呈教育廳文	五三九
教育廳訓令	五四〇
呈教育廳文	五四〇
致張詠霓先生函	五四一

吳詩初先生來函 …… 五四一

呈教育廳文 …… 五四二

復吳詩初先生函 …… 五四二

教育廳指令 …… 五四三

世界文化合作中國協會籌備委員會來函 …… 五四三

致朱騮先先生函 …… 五四三

教育廳指令 …… 五四四

國立中央大學來函 …… 五四四

復中央大學函 …… 五四五

朱騮先部長來函 …… 五四五

復朱騮先先生函 …… 五四五

呈教育廳文 …… 五四六

致南京市工務局函 …… 五四六

復世界文化合作中國協會籌備委員會函 …… 五四七

南京市工務局來函	五四七
教育廳訓令	五四八
呈教育廳文	五四八
呈教育廳文	五四八
教育廳指令	五四九
致警察廳第五局函	五四九
首都警察廳第五警察局來函	五五〇
教育廳指令	五五〇
教育廳指令	五五〇
呈教育廳文	五五一
呈教育廳文	五五一
教育廳指令	五五一
李拔可先生來函	五五二
復李拔可先生函	五五二

呈教育廳文 ………………………………………………………… 五五三

國立武漢大學圖書館來函 ……………………………………… 五五四

致南京市政府社會局函 ………………………………………… 五五四

南京市社會局來函 ……………………………………………… 五五四

致中央模範林管理局函 ………………………………………… 五五五

復武漢大學函 …………………………………………………… 五五五

教育廳指令 ……………………………………………………… 五五五

王獻唐先生來函 ………………………………………………… 五五六

復王獻唐先生 …………………………………………………… 五五六

呈教育廳文 ……………………………………………………… 五五七

致劉翰怡先生函 ………………………………………………… 五五七

商務印書館來函 ………………………………………………… 五五七

劉翰怡先生來函 ………………………………………………… 五五八

復商務印書館函 ………………………………………………… 五五八

致周佛海廳长函 …………………………………………………………………………… 五五九

呈教育廳文 ……………………………………………………………………………… 五五九

呈教育廳文 ……………………………………………………………………………… 五六〇

致第五警察局函 ………………………………………………………………………… 五六〇

教育廳來函 ……………………………………………………………………………… 五六一

呈教育廳文 ……………………………………………………………………………… 五六一

教育廳指令 ……………………………………………………………………………… 五六一

首都警察廳第五警察局來函 …………………………………………………………… 五六二

教育廳指令 ……………………………………………………………………………… 五六二

無錫圖書館協會來函 …………………………………………………………………… 五六三

復無錫圖書館協會函 …………………………………………………………………… 五六三

致童履吉、陳渭士先生函 ……………………………………………………………… 五六四

何叙父先生來函 ………………………………………………………………………… 五六四

呈教育廳文 ……………………………………………………………………………… 五六五

蘇州圖書館來函 ……五六六

何叙父先生來函 ……五六六

童履吉先生來函 ……五六六

復何叙父先生函 ……五六七

致孫洪芬先生函 ……五六七

復童履吉函 ……五六七

無錫圖書館協會來函 ……五六八

復無錫圖書館協會函 ……五六八

致第五警察局公函 ……五六九

孫洪芬先生來函 ……五六九

呈教育廳文 ……五七〇

首都警察廳第五警察局來函 ……五七〇

教育廳指令 ……五七一

復無錫圖書館協會公函 ……五七一

江蘇省立國學圖書館第八年刊（二十三年度）案牘

呈教育廳文 ………………………………………………………… 五七一

呈教育廳文 ………………………………………………………… 五七二

陳渭士先生來函 …………………………………………………… 五七三

呈教育廳文 ………………………………………………………… 五七三

教育廳指令 ………………………………………………………… 五七五

致劉晦之先生函 …………………………………………………… 五七六

教育廳指令 ………………………………………………………… 五七六

劉晦之先生來函 …………………………………………………… 五七六

呈教育廳文 ………………………………………………………… 五七七

呈教育廳文 ………………………………………………………… 五七七

致南京市政府函 …………………………………………………… 五七八

復江蘇民政廳圖書室函 …………………………………………… 五七八

教育廳指令 …………………………………………………………………… 五七九

教育廳指令 …………………………………………………………………… 五七九

教育廳指令 …………………………………………………………………… 五七九

呈教育廳文 …………………………………………………………………… 五七九

致教育廳函 …………………………………………………………………… 五八〇

致鎮江、蘇州圖書館函 …………………………………………………… 五八〇

致施韻秋先生函 …………………………………………………………… 五八一

施韻秋先生來函 …………………………………………………………… 五八一

南京市政府來函 …………………………………………………………… 五八二

童履吉先生來函 …………………………………………………………… 五八三

呈教育廳文 …………………………………………………………………… 五八三

致施韻秋先生函 …………………………………………………………… 五八四

呈教育廳文 …………………………………………………………………… 五八四

呈教育廳文 …………………………………………………………………… 五八五

施韻秋先生來函 …… 五八五

教育廳指令 …… 五八六

呈教育廳文 …… 五八六

復施韻秋先生函 …… 五八七

致國立中央圖書館籌備處函 …… 五八七

教育廳訓令 …… 五八八

張菊生先生來函 …… 五八八

呈教育廳文 …… 五八八

致陳叔諒先生函 …… 五八九

教育廳訓令 …… 五八九

教育廳訓令 …… 五九〇

教育廳指令 …… 五九〇

教育廳訓令 …… 五九〇

教育廳指令 …… 五九一

教育廳指令 …… 五九一

呈教育廳文 …………………………………………………… 五九一

教育廳訓令 ………………………………………………… 五九二

教育廳指令 ………………………………………………… 五九二

呈教育廳文 ………………………………………………… 五九二

復張菊生先生函 …………………………………………… 五九三

致劉衡如先生函 …………………………………………… 五九三

呈教育廳文 ………………………………………………… 五九三

教育廳指令 ………………………………………………… 五九四

致汪精衛先生函 …………………………………………… 五九四

上海商務印書館來函 ……………………………………… 五九五

復上海商務印書館函 ……………………………………… 五九五

教育廳編審室來函 ………………………………………… 五九六

呈教育廳文 ………………………………………………… 五九六

呈教育廳文 ………………………………………………… 五九七

致交通部電政司函 …………………………………………………… 五九七

教育廳訓令 ………………………………………………………… 五九七

上海商務印書館來函 ……………………………………………… 五九八

復國立中央圖書館函 ……………………………………………… 五九八

復教育廳編審室函 ………………………………………………… 五九九

國立中央圖書館籌備處來函 ……………………………………… 五九九

教育廳指令 ………………………………………………………… 五九九

金松岑先生來函 …………………………………………………… 六〇〇

呈教育廳文 ………………………………………………………… 六〇〇

致南京市財政局函 ………………………………………………… 六〇一

教育廳指令 ………………………………………………………… 六〇一

復金松岑先生函 …………………………………………………… 六〇一

復商務印書館函 …………………………………………………… 六〇二

呈教育廳文 ………………………………………………………… 六〇二

致南京特別市黨部執委會秘書處函 …… 六〇三

呈教育廳文 …… 六〇三

金松岑先生來函 …… 六〇四

教育廳指令 …… 六〇四

教育廳指令 …… 六〇四

呈教育廳文 …… 六〇五

呈教育廳文 …… 六〇五

呈教育廳文 …… 六〇六

復上海商務印書館函 …… 六〇六

南京市財政局公函 …… 六〇七

致教育廳會計處函 …… 六〇七

教育廳指令 …… 六〇七

教育廳指令 …… 六〇八

教育廳訓令 …… 六〇八

復東南日報館函 …………………………………………………… 六〇八

致第五警察局函 …………………………………………………… 六〇九

致上海商務印書館函 ……………………………………………… 六〇九

呈內政部文 ………………………………………………………… 六一〇

教育廳訓令 ………………………………………………………… 六一〇

呈教育廳文 ………………………………………………………… 六一一

內政部土地司公函 ………………………………………………… 六一一

呈教育廳文 ………………………………………………………… 六一一

教育廳指令 ………………………………………………………… 六一一

呈教育廳文 ………………………………………………………… 六一二

上海商務印書館來函 ……………………………………………… 六一二

教育廳指令 ………………………………………………………… 六一三

教育廳指令 ………………………………………………………… 六一三

教育廳指令 ………………………………………………………… 六一四

教育廳指令 ………………………………………………………… 六一四

呈教育廳文	六一五
呈教育廳文	六一五
教育廳來函	六一六
致周佛海廳長函	六一六
教育廳指令	六一六
教育廳指令	六一七
教育廳指令	六一七
教育廳指令	六一七
呈教育廳文	六一八
呈教育廳文	六一八
教育廳指令	六一九
教育廳指令	六一九
教育廳指令	六二〇
呈教育廳文	六二〇

致太平洋書店函 ……………………………………………………………… 六二一

社教機關聯合會來函 …………………………………………………… 六二一

教育廳指令 ……………………………………………………………… 六二一

商務印書館來函 ………………………………………………………… 六二一

教育廳訓令 ……………………………………………………………… 六二二

致上海商務印書館函 …………………………………………………… 六二二

復商務印書館函 ………………………………………………………… 六二三

商務印書館來函 ………………………………………………………… 六二三

教育廳訓令 ……………………………………………………………… 六二二

劉晦之先生來函 ………………………………………………………… 六二四

呈教育廳文 ……………………………………………………………… 六二四

教育廳訓令 ……………………………………………………………… 六二四

省政府訓令 ……………………………………………………………… 六二五

教育學院來函 …………………………………………………………… 六二七

教育廳指令 ……………………………………………………………… 六二七

致南京市財政局公函 ……………………………………………………………… 六二七

呈教育廳文 ………………………………………………………………………… 六二八

復教育廳長函 ……………………………………………………………………… 六二八

教育廳訓令 ………………………………………………………………………… 六二八

教育廳指令 ………………………………………………………………………… 六二九

教育廳指令 ………………………………………………………………………… 六二九

致財政廳公函 ……………………………………………………………………… 六三〇

致無錫圖書館協會函 ……………………………………………………………… 六三〇

教育廳指令 ………………………………………………………………………… 六三〇

呈教育廳文 ………………………………………………………………………… 六三一

江蘇省政府訓令 …………………………………………………………………… 六三一

教育部圖書館來函 ………………………………………………………………… 六三二

呈江蘇省政府文 …………………………………………………………………… 六三二

呈教育廳文 ………………………………………………………………………… 六三三

呈教育廳文……六三四

呈教育廳文……六三五

復商務印書館函……六三五

復教育部圖書館函……六三六

財政廳來函……六三六

上海商務印書館來函……六三六

江蘇省政府指令……六三七

教育廳指令……六三七

呈教育廳文……六三七

呈教育廳文……六三八

教育廳訓令……六三八

致首都警察廳公函……六三九

首都警察廳公函……六三九

致首都警察廳公函……六四〇

致第五警察局函 …………………………………………………………………… 六四〇

教育廳指令 ……………………………………………………………………… 六四一

教育廳令 ………………………………………………………………………… 六四一

呈教育廳文 ……………………………………………………………………… 六四一

南京市財政局公函 ……………………………………………………………… 六四一

復南京市財政局函 ……………………………………………………………… 六四二

致東海民眾教育館函 …………………………………………………………… 六四二

致江蘇財政廳公函 ……………………………………………………………… 六四三

教育廳令 ………………………………………………………………………… 六四三

教育廳令 ………………………………………………………………………… 六四四

致省立各社教機關函 …………………………………………………………… 六四四

南京市財政局來函 ……………………………………………………………… 六四四

財政廳指令 ……………………………………………………………………… 六四五

南京市財政局來函 ……………………………………………………………… 六四五

教育廳、財政廳指令 …………………………………… 六四六

江蘇省政府秘書處來函 ……………………………… 六四六

中國國際圖書館來函 ………………………………… 六四六

呈教育廳、財政廳文 ………………………………… 六四七

復日内瓦中國國際圖書館函 ………………………… 六四七

復江蘇省政府秘書處函 ……………………………… 六四八

江蘇省立社教機關聯合會來函 ……………………… 六四八

江蘇省立社教機關聯合會來函 ……………………… 六四八

　附江蘇省導淮入海工程處謝函 …………………… 六四九

復江蘇省立社教機關聯合會函 ……………………… 六四九

致南京市財政局 ……………………………………… 六四九

南京市財政局來函 …………………………………… 六五〇

致新江蘇報社函 ……………………………………… 六五〇

致開明書店函 ………………………………………… 六五一

呈教育廳文 …… 六五一

王伯祥先生來函 …… 六五一

復王伯祥先生函 …… 六五二

教育廳訓令 …… 六五二

南京市財政局來函 …… 六五三

南京市土地徵收審查委員會議定書 …… 六五三

商務印書館南京分館來函 …… 六五四

呈教育廳文 …… 六五五

江蘇省立國學圖書館第九年刊（二十四年度）案牘

呈教育廳文 …… 六五五

教育廳指令 …… 六五六

呈教育廳文 …… 六五六

呈教育廳文 …… 六五六

呈教育廳文 …… 六五七

教育廳指令 …… 六五七

教育廳指令 …… 六五八

教育廳訓令 …… 六五八

呈教育廳文 …… 六五九

呈教育廳文 …… 六五九

呈教育廳文 …… 六五九

呈教育廳文 …… 六五九

呈教育廳文 …… 六六〇

南京市土地局公函 …… 六六〇

國民政府行政院秘書處來函 …… 六六一

復張仁甫先生函 …… 六六一

教育廳訓令 …… 六六二

教育廳指令 …… 六六二

首都民俗展覽會籌備會來函 …… 六六二

致江蘇教育廳函 …… 六六三

呈教育廳文 …… 六六三

復首都民俗展覽會函 …………………………………………………	六六四
國立中央圖書館籌備處來函 ………………………………………	六六五
復國立中央圖書館籌備處函 ………………………………………	六六五
教育廳指令 …………………………………………………………	六六五
致首都民俗展覽會籌備會函 ………………………………………	六六五
致國立編譯館、內政部圖書館、行政院圖書館函 ……………	六六六
教育廳訓令 …………………………………………………………	六六六
教育廳訓令 …………………………………………………………	六六七
南京市土地局公函 …………………………………………………	六六七
呈教育廳文 …………………………………………………………	六六八
致中山文化教育館、中央研究院、氣象研究所、博物館、中國科學社函	六六九
復國立編譯館函 ……………………………………………………	六六九
國立編譯館來函 ……………………………………………………	六六九
中山文化教育館來函 ………………………………………………	六七〇

呈教育廳文 ……………………………………………六七〇

呈教育廳文 ……………………………………………六七一

致薛翹東先生函 ……………………………………六七一

致鎮江各教育機關函 ……………………………六七二

教育廳指令 ……………………………………………六七二

呈教育廳文 ……………………………………………六七三

致南京市土地局公函一件 ……………………六七三

致南京市土地局公函 ……………………………六七四

致易君左先生函 ……………………………………六七四

無錫縣圖書館陳館長來函 ………………………六七五

南京市土地局公函 ………………………………六七五

執照 …………………………………………………六七五

致周佛海廳長函 ……………………………………六七六

致南京市土地局公函 ……………………………六七六

致吳劍真先生函 ……………………………………六七七

致薛翹東先生函	六八八
復無錫縣圖書館函	六八八
呈教育廳文	六七九
呈教育廳文	六七九
呈教育廳文	六七九
教育廳訓令	六八〇
呈教育廳文	六八一
致蔣慰堂先生函	六八一
致薛翹東先生函	六八二
致財政部關務署公函	六八二
教育廳指令	六八三
致南京市土地局公函	六八三
致周佛海廳長函	六八三
財政部關務署來函	六八四
蔣慰堂先生來函	六八四

復財政部關務署函 ……………………………… 六八五

吳劍真先生來函 …………………………………… 六八五

王漱芳先生來函 …………………………………… 六八五

復吳劍真先生函 …………………………………… 六八六

致王藝圃先生函 …………………………………… 六八六

再致王藝圃先生函 ………………………………… 六八七

教育廳指令 ………………………………………… 六八七

監察院秘書處公函 ………………………………… 六八八

致南京市土地局公函 ……………………………… 六八八

王漱芳先生來函 …………………………………… 六八八

李宣龔先生來函 …………………………………… 六八九

致李拔可先生函 …………………………………… 六八九

致本省各教育機關函 ……………………………… 六八九

呈教育廳文 ………………………………………… 六九〇

呈教育廳文	六九〇
復張仁甫先生函	六九一
教育廳來函	六九二
商務印書館來函	六九二
復商務印書館函	六九三
復薛翹東先生函	六九三
請規定支配教育經費標準案	六九四
呈教育廳文	六九四
呈教育廳文	六九六
致鄭權伯先生函	六九六
致陳貫吾先生函	六九七
教育廳指令	六九七
教育廳訓令	六九八
鄭肇經先生來函	六九八

致吳劍真先生函	復鄭權伯先生函	復商務印書館函	教育廳指令	鄭肇經先生來函	致南京市土地局公函	呈教育廳文	教育廳指令	李宣龔先生來函	呈教育廳文	致薛翹東先生函	教育廳訓令	教育廳訓令	致南京市土地局公函
六九九	六九九	七〇〇	七〇〇	七〇〇	七〇〇	七〇一	七〇一	七〇二	七〇二	七〇三	七〇四	七〇五	七〇五

致首都警察廳公函	七〇六
李宣龔先生來函	七〇七
致王藝圃先生來函	七〇七
致南京市政府公函	七〇八
致王藝圃先生函	七〇九
致王慶吉先生函	七〇九
呈教育廳文	七一〇
土地局公函	七一一
呈教育廳文	七一一
呈教育廳文	七一一
王漱芳先生來函	七一二
宋希尚先生來函	七一二
教育廳指令	七一二
致袁守和先生函	七一三

致宋達庵先生函 …………………………………………… 七一三

呈教育廳文 ……………………………………………………… 七一三

致南京市政府土地局函 …………………………………… 七一四

致南京市政府工務局函 …………………………………… 七一四

教育廳指令 …………………………………………………… 七一五

袁同禮先生來函 ……………………………………………… 七一五

致王藝圃先生函 ……………………………………………… 七一五

致南京市土地局公函 ……………………………………… 七一六

教育廳指令 …………………………………………………… 七一六

教育廳指令 …………………………………………………… 七一七

呈教育廳文 …………………………………………………… 七一七

呈教育廳文 …………………………………………………… 七一八

附申復 ………………………………………………………… 七一八

教育廳指令 …………………………………………………… 七一九

教育廳指令	七一九
復陳果夫主席函	七二〇
呈教育廳文	七二一
呈教育廳文	七二一
陳果夫先生來函	七二一
致王慶吉先生函	七二二
教育廳指令	七二二
呈教育廳文	七二三
教育廳指令	七二三
南京市政府公函	七二四
南京市土地局公函	七二四
教育廳指令	七二五
南京市土地局公函	七二五
復南京市土地局公函	七二六
教育廳訓令	七二七

呈教育廳文 ………………………………………………………… 七二七

致憲兵司令部公函 ……………………………………………… 七二八

致首都警察廳函 ………………………………………………… 七二八

呈教育廳文 ………………………………………………………… 七二八

教育廳指令 ……………………………………………………… 七二九

教育廳訓令 ……………………………………………………… 七二九

教育廳指令 ……………………………………………………… 七二九

教育廳指令 ……………………………………………………… 七三〇

致南京市土地局公函 …………………………………………… 七三〇

致南京市土地局公函 …………………………………………… 七三一

教育廳指令 ……………………………………………………… 七三一

呈教育廳文 ………………………………………………………… 七三一

呈教育廳文 ………………………………………………………… 七三一

呈教育廳文 ………………………………………………………… 七三二

呈教育廳文 ………………………………………………………… 七三二

呈教育廳文 ………………………………………………………… 七三三

南京市土地局公函 …………………………………………… 七三三

致南京市土地局公函 …………………………………………… 七三三

南京市地政局公函 ……………………………………………… 七三四

南京市地政局公告　字第一七七〇號 …………………………… 七三四

南京市地政局公告　字第二一三七號 …………………………… 七三五

呈教育廳文 ……………………………………………………… 七三六

教育廳指令 ……………………………………………………… 七三七

江蘇省立國學圖書館第十年刊（二十五年度）案牘 …………… 七三八

呈教育廳文 ……………………………………………………… 七三八

呈教育廳文 ……………………………………………………… 七三八

教育廳訓令 ……………………………………………………… 七三九

教育廳指令 ……………………………………………………… 七三九

教育廳指令 ……………………………………………………… 七三九

復國立北平圖書館函 …………………………………………… 七四〇

呈教育廳文 …………………………………………… 七四〇

教育廳指令 …………………………………………… 七四一

呈教育廳文 …………………………………………… 七四一

教育廳指令 …………………………………………… 七四一

教育廳訓令 …………………………………………… 七四一

呈教育廳文 …………………………………………… 七四二

江蘇通志稿件整理處公函 …………………………… 七四二

復江蘇通志稿件整理處函 …………………………… 七四三

呈教育廳文 …………………………………………… 七四三

致南京市政府函 ……………………………………… 七四四

致何叙甫先生函 ……………………………………… 七四四

呈教育廳文 …………………………………………… 七四四

復商務印書館函一件 ………………………………… 七四五

教育廳指令 …………………………………………… 七四五

南京市地政局通知 …………… 七四六

教育廳指令 …………………… 七四六

教育廳指令 …………………… 七四六

致任玉岑先生函 ……………… 七四六

中央黨部新生活運動委員會致館長函 … 七四七

教育廳函 ……………………… 七四七

何叙甫先生函 ………………… 七四八

復中央黨部新生活運動促進會函 … 七四八

教育廳訓令 …………………… 七四八

全國航空建設會公函 ………… 七四九

致全國經濟委員會水利處函 … 七四九

致江西省政府函 ……………… 七五〇

中央水工試驗所籌備委員會函 … 七五〇

致鄭權伯先生函 ……………… 七五〇

鄭權伯先生函 ……………………………………………………………………… 七五一

呈教育廳文 ………………………………………………………………………… 七五一

全國航空建設會公函 ……………………………………………………………… 七五二

致李照亭先生函 …………………………………………………………………… 七五二

致袁守和先生函 …………………………………………………………………… 七五三

呈教育廳文 ………………………………………………………………………… 七五三

呈教育廳文 ………………………………………………………………………… 七五三

呈教育廳文 ………………………………………………………………………… 七五四

致南京市地政局公函 ……………………………………………………………… 七五五

致南京市地政局公函 ……………………………………………………………… 七五五

致南京市地政局公函 ……………………………………………………………… 七五五

致浙江省立圖書館函 ……………………………………………………………… 七五六

南京市地政局公函 ………………………………………………………………… 七五六

呈教育廳文 ………………………………………………………………………… 七五六

教育廳指令 ………………………………………………………………………… 七五七

南京市地政局公函 …………………………………………………… 七五八

致浙江省立圖書館函 ………………………………………………… 七五八

呈教育廳文 …………………………………………………………… 七五八

致袁守和先生函 ……………………………………………………… 七五九

致鄭權伯先生函 ……………………………………………………… 七五九

教育廳指令 …………………………………………………………… 七六〇

鄭權伯先生函 ………………………………………………………… 七六〇

中國航空建設協會總會公函 ………………………………………… 七六一

教育廳指令 …………………………………………………………… 七六一

致首都警察廳公函 …………………………………………………… 七六一

復鄭權伯先生函 ……………………………………………………… 七六二

教育廳指令 …………………………………………………………… 七六三

教育廳指令 …………………………………………………………… 七六三

教育廳訓令 …………………………………………………………… 七六三

中國航空建設協會總會公函 ………………………………………………… 七六四

教育廳指令 ……………………………………………………………………… 七六四

復潘景鄭先生函 ………………………………………………………………… 七六四

教育廳指令 ……………………………………………………………………… 七六五

教育廳指令 ……………………………………………………………………… 七六五

復龔光朗先生函 ………………………………………………………………… 七六五

教育廳指令 ……………………………………………………………………… 七六六

致南京市地政局公函 …………………………………………………………… 七六六

致周佛海廳長函 ………………………………………………………………… 七六七

致吳劍真先生函 ………………………………………………………………… 七六九

致綏遠省政府傅主席函 ………………………………………………………… 七六九

教育廳訓令 ……………………………………………………………………… 七七〇

教育廳訓令 ……………………………………………………………………… 七七〇

教育廳訓令 ……………………………………………………………………… 七七一

教育廳訓令 ……… 七七一

南京市地政局公函 ……… 七七一

呈教育廳文 ……… 七七二

復教育廳第四科函 ……… 七七二

中國航空建設協會總會公函 ……… 七七二

致參謀本部公函 ……… 七七三

教育廳指令 ……… 七七三

致江蘇省審計處公函 ……… 七七三

致江蘇省審計處公函 ……… 七七四

呈教育廳文 ……… 七七四

復江蘇省審計處公函 ……… 七七五

教育廳指令 ……… 七七五

致故宮博物院南京分院函 ……… 七七五

中國航空建設協會總會公函 ……… 七七六

呈教育廳文 ……… 七七六

教育廳第四科函 ……七七七

呈教育廳文 ……七七七

呈教育廳文 ……七七七

呈教育廳文 ……七七七

致交通部公函 ……七七八

教育廳指令 ……七七八

教育廳指令 ……七七八

呈教育廳文 ……七七九

致故宮博物院南京分院函 ……七八〇

呈教育廳文 ……七八〇

致王藝圃先生函 ……七八一

致南京市工務局公函 ……七八一

致中央水工試驗所函 ……七八二

教育廳指令 ……七八三

教育廳指令 ……七八三

教育廳指令 …… 七八三

致龔霧先生函 …… 七八四

中國航空建設協會總會公函 …… 七八四

呈教育廳文 …… 七八四

呈教育廳文 …… 七八五

致蘇州圖書館函 …… 七八五

江蘇省政府指令 …… 七八六

教育廳指令 …… 七八六

教育廳指令 …… 七八六

教育廳訓令 …… 七八七

致中央圖書館函 …… 七八七

教育廳指令 …… 七八七

呈教育廳文 …… 七八八

中國航空建設協會總會公函 …… 七八八

教育廳訓令	呈教育廳文	首都警察廳第五警察局函	致首都警察廳公函	致首都警察第五局公函	致王藝圃先生函	教育廳指令	復第二屆全國美術展覽會籌備委員會函	教育部第二次全國美術展覽會籌備委員會函	教育廳指令	教育廳指令	呈教育廳文	呈教育廳指令	教育廳指令	呈教育廳文
七九五	七九四	七九四	七九三	七九二	七九二	七九一	七九一	七九一	七九〇	七九〇	七八九	七八九	七八九	七八八

教育廳指令 …………………………………………………………………………… 七九六

南京市工務局公函 ……………………………………………………………… 七九六

教育廳指令 …………………………………………………………………………… 七九七

呈教育廳文 …………………………………………………………………………… 七九七

韓兆鴻先生等函 ……………………………………………………………… 七九八

仇亮卿先生函 …………………………………………………………………… 七九九

教育廳指令 …………………………………………………………………………… 七九九

教育廳訓令 …………………………………………………………………………… 七九九

呈教育廳文 …………………………………………………………………………… 八〇〇

呈教育廳文 …………………………………………………………………………… 八〇〇

教育廳指令 …………………………………………………………………………… 八〇二

教育廳訓令 …………………………………………………………………………… 八〇二

教育廳指令 …………………………………………………………………………… 八〇三

致南京市地政局公函 …………………………………………………… 八〇三

致南京市財政局公函 …… 八〇四

教育廳訓令 …… 八〇四

致第二屆全國美術展覽會函 …… 八〇五

江蘇省政府訓令 …… 八〇五

教育部第二次全國美術展覽會籌備委員會函 …… 八〇六

教育部第二次全國美術展覽會管理委員會函 …… 八〇六

呈教育廳文 …… 八〇七

致南京市地政局第三科公函 …… 八〇八

致中華圖書館協會函 …… 八〇八

教育廳指令 …… 八〇九

致金松岑先生函 …… 八〇九

南京市財政局公函 …… 八〇九

教育廳指令 …… 八一〇

教育廳指令 …… 八一〇

金松岑先生函 …………………………………………… 八一〇

金松岑先生函 …………………………………………… 八一〇

附王慧言先生致金松岑先生函 ……………………… 八一一

呈教育廳文 ……………………………………………… 八一一

呈教育廳文 ……………………………………………… 八一二

致金松岑先生函 ………………………………………… 八一三

教育廳指令 ……………………………………………… 八一四

教育廳指令 ……………………………………………… 八一四

呈教育廳文 ……………………………………………… 八一四

教育廳指令 ……………………………………………… 八一五

南京市地政局公函 ……………………………………… 八一五

教育廳指令 ……………………………………………… 八一六

復葉譽虎先生函 ………………………………………… 八一六

致王藝圃先生函 ………………………………………… 八一六

呈教育廳文 …… 八一七

致袁守和先生函 …… 八一八

商務印書館出版科函 …… 八一八

教育廳指令 …… 八一九

金松岑先生函 …… 八一九

附王慧言先生致金松岑先生函片二通 …… 八二〇

教育廳指令 …… 八二一

教育廳訓令 …… 八二一

教育廳指令 …… 八二一

呈教育廳文 …… 八二二

致周佛海廳長函 …… 八二二

復金松岑先生函 …… 八二三

教育廳指令 …… 八二四

呈教育廳文 …… 八二四

呈教育廳文 …… 八二四

周廳長函	八二五
教育廳指令	八二六
教育廳指令	八二六
教育廳指令	八二六
呈教育廳文	八二六
呈教育廳文	八二七
教育廳訓令	八二七
教育廳指令	八二八
教育廳訓令	八二八
呈教育廳文	八二八
呈教育廳文	八二九
呈教育廳文	八三〇
呈教育廳文	八三一

中央大學國學圖書館第一年刊（十六年度）案牘

呈教育廳（1927年7月2日）

呈：為呈報遵令接收江蘇省立第一圖書館情形，仰祈鑒核事。竊主任奉鈞廳六月二十七日訓令，遵即於七月一日隨同柳館長接收文卷、賬目、簿籍、器具及庋藏書籍，當由前支主任交出江蘇省立第一圖書館鈐記一顆，存款一百零四元五角四分二釐，五、六兩月閱覽券費一千零六十文，泰東圖書局《國學用書類述》印刷費五百元收據一紙，十六年五月一日至六月底止收支四柱清冊一覽表一紙，職員名單一紙，公役名單一紙，五、六兩月計算書兩冊，五、六兩月收據粘存簿兩本，五、六兩月閱覽券五十三張、領書證四十九張，主任逐一接收清楚後一一送呈館長，分別存儲，所有全館器具以及庋藏書籍，由主任隨同館長俟分期檢查清楚後另行備文呈報。續提善本書目暨閱覽部新編書目尚未付印外，謹將舊有善本書目四卷、南京圖書館書目兩卷附呈鈞覽，存備查考。理合將接收情形呈報鈞廳鑒核，伏祈批示祇遵。謹呈

江蘇教育廳長張　附書目六本

江蘇省立第一圖書館主任趙鴻謙十六年七月二日

函致教育廳、大學籌備委員會改良省立第一圖書館計劃書（1927 年 7 月 2 日）

一、現狀

江蘇省立第一圖書館成立垂二十年，館址本惜陰書院舊屋，惟藏書樓二十二櫥爲新建，當時工作尚稱堅固，所藏之書計分三類：

（一）善本書　　五九八八○卷　　一七五八八冊

（二）續提善本書　　九〇一七四卷　　三一九六八冊

（三）閱覽書　　卷數未詳　　九六六八五冊

此外尚有各處贈書一千七百二十二冊、書畫四百四十一件、圖四張、碑四頁。以上各數均係原有保管員報告之數，現尚未逐項清點。善本書目民國七年印行，現存四百一十六部；又有江南圖書館書目一本，現存五百四十部；范氏書目二本，現存一百六十部；書畫目一本，現存二百三十一部。向皆由館保存，酌送參觀之人，並不發售，現擬定價發售。其續提善本書及普通閱覽書皆無刊印目錄，只有鈔本目錄，編次蕪雜，未爲定本。館中經費，月支不足五百元，支前主任時各職員俸給如左：

主任兼編輯　　八十元

善本部管書員兼編輯　　五十五元

善本部管書員　　二十六元

閱覽部管書員　三十五元

閱覽部管書員　二十六元

會計　二十元

庶務　十元

文牘　二十四元

指導員　十九元

指導員　十九元

指導員　十九元

指導員　十九元

指導員　十九元

書工　二十二元

共支　三百七十四元　　共四十九元

館役七人月支七元

俸給既薄，難期負責。利閱書者之希，優游自適而已。

二、館址問題

初立此館，意取寶藏遠隔囂塵，庶可久遠。經歷廿稔，兵事孔多，朝市雖更，圖書無恙，未始非計之得也。

比年議者病其僻遠，頗欲移之通衢，以就學子，實則館中秘籍初非一般人所需，專門研究，尤宜閑靜，與其移館以就人，毋寧迁道以就館。方今首都市政銳意經營，電汽車軌方在規劃，但令交通利益四達八通，來館閱書自然無遠弗屆。且城垣開拓，有議設中山公園于清涼山，莫愁湖之間者，逆料都人士女接襼聯鑣，薈萃此間，必非昔比。遷移之舉，決可無庸。惟書樓係吾國舊式，木壁紙櫃，易生危險，欲求經久無虞，必須籌款一二十萬元，建一水泥鉄筋書庫，定造鐵架，分庋圖書。古者金匱石室，藏之名山，合此二義，方爲完備。館員宿舍、閱覽各室亦多窳陋，恒須修葺，匪惟不足以壯觀瞻，起美感，旁風上雨，卑濕陰凝，不適衛生，兼虞傾圮，此則全部皆須改造者也。

三、書籍問題

館中書籍，號稱美富，校勘收藏，足資探索。然爲專門學術計，則尚未足稱備，計其所闕者凡有四類：

一、國內各圖書館及私家所藏孤本、鈔本，如《永樂大典》《宋會要》等以及四庫之書皆所未有。

一、晚近新出新印之書，如武進董氏、上虞羅氏、南潯劉氏刊印各書，以及近人著作、各省叢刻、各學校團體所輯文藝科學各種雜誌、官私印輯統計規章報告圖表之類，皆所未備。

一、東西各國學者研究吾國歷史、地理、文藝、美術以及調查吾國狀況、叙述東方情勢之書，概未購置。

一、各國舊書名著、新刊要籍，尤爲絕無而僅有。

以此觀之，來此館讀書者，不獨不能通知中外，貫澈古今也，即僅僅研究國學或國學中之一門，亦不足以

供所需要，雖曰汗牛充棟，其實不賅不備。故此館之書，止可目爲供給專門學者研究之書之基礎，不能不從此基礎而擴大之。鄙意現有之書，固宜寶存，凡所未備，必須添購。館中職員，向只分保管、閱覽兩部，謂宜另設專員，分任傳鈔、訪購諸事。傳鈔者，如浙江圖書館鈔《四庫全書》之例，常年派人或出資赴各館或私家鈔錄；他館欲錄本館孤本，亦由傳鈔者司其事。訪購則先宜訪求國內外各地書目，以及冷攤故肆、家刻塾本，分別緩急，視學術之需要陸續購置。又有一事亟宜舉辦，即印行是也。館中善本，不啻鴻寶，任人閱覽，既易損失，宋元舊本，藏庋多年，一有損壞，無從另求。什襲珍藏，則等窖幣，兵火之劫，盜易之弊，蟲蠹之患，在在堪虞。他如傳鈔孤本有關學術者，僅恃手鈔，事難功尠。故欲恢張國故，便利學人，宜取善本、孤本影印發行，則如一人化身千億，恒幹之外，子孫繁多，一面可以嘉惠藝林，一面可以獲取重值。近年董、羅諸氏印售舊籍，雖索高資，風行海外。　本館有此祕藏，而向來當事者計不及此，誠憾事也。往者商務書館印行《四部叢刊》，雖借館書印行多種，惟書賈牟利，不善鑒別，所印者或改易原式，或不適實用。若館中自行印布，善本則依原書尺寸，鈔本則排印精校，聚之則爲叢書，分之亦可單售，較之假手書賈，必有良楛之別。本館與江南官書局向有聯帶關係，該局發售淮南書局、江楚編譯局各書定案，以餘利歸本館。館中現儲岑刻《舊唐書》版及石印機器，即淮南書局、江楚編譯局所存也。現在各項書版片，皆須修補整理，將來如印行各書，即可發江南官書局代售，此印行專員所以必不可少。

四、編目問題

館中書目，舊依四庫分類，別立地志、叢鈔二門。將來增益新書，舊目分類之法必不適用，宜有專家斟酌改定，不獨編號取書，宜從杜威十進法也。姑就目前而論，善本書目尚可仍舊，續提善本書目及普通閱覽書目亟需重編也。此二項書目編成後，應合之善本各書彙編一總目，並應將各書，各人按照字畫編一索引，此本館之書應編之目也。往見日本書肆有全國書目，舉一國所有之書皆載其中，逐年增著之書亦可按目而稽，謂宜仿效其法，由館員彙集吾國各圖書館書目以及各坊肆逐年新出及著作家自行印布者，彙爲一目，以便學者檢閱，知欲讀某書可求之某地，或某肆所售，或私家所印，開卷瞭然，既多裨益，且于全國文化之調查統計亦有據依。近年日人退還庚子賠款，欲續修《四庫全書提要》，若由本館爲之，初不待外人之提倡，亦吾國學者之責也。

五、閱覽問題

舊章，閱覽善本必須省署許可，或館中認爲學術專家來此校勘考訂者，方能取閱，後又贈予東南大學特許券四紙，東南大學師生持此券者準其閱覽，限制太嚴，論者病之。舊時亦有住館閱書之人，非官廳介紹，即館員友好，隨意索取書籍，並未訂立章程。自詒徵任事以來，多有好學之士請求住館閱書，竊意此事可與學校相輔而行。學校有一定之課程，不能任學者專攻一書或自由涉獵若干，圖書館中訂立專章，視房舍之所容，有確實之保證。自由閱書，其于擴充教育，不可謂非要務。茲擬定購券、贈券、閱書章程及住館讀書章

程，具於另紙。

六、經濟問題

因陋就簡，毫無進取精神，則此館經費、人員仍舊可也。若欲提倡學風，振起民族，輔助學校，發揚國光，則凡百事業皆須積極進行，而增加經費自不容緩。從前各事儉嗇，生活程度不高，官廳、學校俸給開支無甚變動。近頃物價驟漲，日異而歲不同，昔之事畜有餘者，今則窘迫萬狀。故制定俸給，宜從年功累進法，不能一成而不變也。館務進行，亟需學者，尋常讀書識字之士，不能襄茲偉業。邇者各校教員待遇均已提高，館中職員至少亦必參照中等學校辦法，否則上駟之才，多為他方羅致，其願服務於此者，必難適如其選。茲擬就館員俸給略分三級：

第一級　主任　月俸自一百元至二百元

第二級　訪購、傳鈔、編輯、印行各專員　自八十元至一百六十元

第三級　助理員、指導員、會計、庶務、文牘、書記各職員　自三十元至七十元

例如初就館職，從最少數支給，以後按年視其勞績增加十元二十元不等，至最多數為止。現在暫定預算如左表：

一、經常費

館長一人

主任一人　月俸百元

編輯員一人　月俸八十元　各員未得專門人才之時，得暫兼攝，兼事不兼薪

傳鈔員一人　月俸八十元

訪購員一人　月俸八十元

印行員一人　月俸八十元

助理員四人　月俸各四十元　計一百六十元

招待員二人　月俸各三十元　計六十元

會計一人　月俸四十元

庶務一人　月俸四十元

文牘一人　月俸四十元

書記二人　月俸三十元　計六十元

修補書工一人　工食二十元

工役八人　工食各八元

售券一人　工食八元

傳達一人　工食八元

以上合計月支九百元

茶水、電燈、郵電、筆墨、紙張各費　約計百元

兩共月支一千元

一、臨時費

增購書籍費　月約六百元

鈔書費　月約三百元

印刷費　月約五百元

修理房屋，增添器具費　月約百元

以上月計一千五百元

右列各款，暫時擬定，至實施時據實開列，本月有餘，儲之銀行，積爲預備費。其建築專款，爲數太鉅，如

能立即籌撥，尤爲新都盛舉矣。　此致

教育廳大學籌備委員會　省立第一圖書館館長柳詒徵　一六、七、二

函致教育廳（1927年7月3日）

敬啓者：前奉聘函，面陳一切，遂於七月一日偕趙主任適館視事，所有接收事目及書冊浩穰須分期檢閱

諭徵伏思，改良此館，首在明定性質、增加預算二事。中國舊籍等於礦山開采

各情，另由趙主任備文呈報。

穿穴，質料至富，舉凡文史、政法、社會、經濟、名理、藝術、地道、人文，必經專家之蒐求，始彰國族之宏偉，非可徒事實藏，禁人探索，而學校等級深淺攸殊，專門學術又非一般民眾所可同日而語，準此二義以定此館性質，既非徒設一藏書樓，又非泛常之圖書館，則其書與第四中山大學研究院及大學本部各院關係密切所不待言。從前東大學生之於此館，本有贈券，特許閱覽善本之權，現擬重訂章程：凡大學校長、院長、研究員生，大學教授皆得持常期無價券閱書，大學學生購有價券閱書，亦須視其他學者減價優待。　將來此館地位列入大學區中，應與研究院互相銜接，其式如左：

高等教育部　研究院

擴充教育部——省立第一圖書館

至於經費一項，從前因陋就簡，月僅支五百元，其道太靳，不足言擴充也。　館中應辦之事，如傳鈔他館孤本、印行本館善本、增購晚近新出之書、編印比較完善之目，皆需增員添款。　查浙江公立圖書館最近預算年支三萬二千元，本省通俗教育館舊日經費年支二萬二千餘元，本館比擬右例，暫定約數年需三萬元，應請附載第四中山大學預算約數後，即第四中山大學本部預算約數。　前由籌備員擬請之數爲一百四十九萬元，加入本館預算，應合爲一百五十二萬元，均由鈞處通知教育經費管理處按成支領，亦所以彰廳/校長提倡文化之至意也。　此項預算全部未經支領以前，仍請向教育經費管理處聲明：七月經費暫按向章支領，俟全部經費照預算支領時，仍按會計年度補領。　以上二事，除詳細章程及分別經常臨時各費造具計算書，須稍假時日再

行造送外，理合先行具函聲請，即希鑒核施行。此致

江蘇教育廳／第四中山大學校長張　省立第一圖書館長柳詒徵一六，七，三

教育廳來文（1927 年 7 月 7 日）

令省立第一圖書館主任趙鴻謙，查省立第一圖書館軍興以來負責無人，暫由該館前主任支偉成設法維持，迭據該前主任呈請派員接收，除函聘柳君詒徵爲館長，並派該員爲主任暨令該前主任交代外，仰即前往該館，先將文卷、賬目、簿籍、器具及庋藏書籍逐一接收清楚，後秉承館長切實辦理，所有接收情形並報候備核。此令　廳長張乃燕一六，六，二七

爲令遵事。案奉省政府第四九二號訓令內開「案查南京市政府派員接收省立第一圖書館一案，前據該府來呈，轉據該館主任支偉成函請，令飭該府中止接收以清權限等情，當經提出第十一次政務會議議決，請示中央政治會議解決並指令各在案。茲奉中央執行委員會政治會議函開『此案經本會議第一百零五次會議議決，交國民政府令南京市政府中止接收省立第一圖書館，該圖書館歸教育廳管理等語，錄案函復查照』等因，奉此，除咨請南京市政府查照外，合行令仰該廳即便遵照，並轉飭知照。此令」等因，到廳奉此，合行令仰該館遵照。此令　廳長張乃燕一六，七，三

為令遵事。奉江蘇省政府第七一一號訓令令內開：爲令遵事。案照省政府第十九次政務會議討論事項

第八項：省政府各科聯席會議建議省政府所屬機關呈請事件，應令遵照前令辦理，案當經議決照案通令所

屬等因，除分令外，合行錄案並檢同原建議案一紙，令仰該廳查照通飭所屬一體遵照辦理。此令。

計發原建議案一紙等因，奉此，合行抄錄原建議案，令仰該館長遵照辦理。此令　計發原建議案一紙　廳

長張乃燕一六，七，七

函致大學（1927 年 7 月 11 日）

敬啓者：本館藏書，卷冊浩繁，向由保管員負責保管。詒徵到館以來，尚未正式點收，茲擬自本月十九

日起，將善本及普通善本閱覽書逐部清查。此項書籍關係重要，應請尊處遴派行政人員隨時蒞館監視檢

查，以昭慎重。相應備函奉達，即希查照施行。此致

大學校校長張　江蘇省立第一圖書館館長柳詒徵一

六，七，一一

函致大學（1927 年 7 月 11 日）

敬啓者：本館經費支絀，支前主任交代之時，僅移交一百零四元。有另交泰東圖書局五月十五日收到本

館補助，印刷支前主任所撰《國學用書類述》費五百元之收據一紙，當經面詢此項補助費之辦法若何，曾否呈

國立中央大學國學圖書館小史　蠹山案牘　合刊

請前江蘇省長暨教育廳長，得其許可，此項書籍之版權，屬之私人，抑屬本館。支前主任出江蘇省長陳陶遺

所撰序文，謂即省署允其印書之證，又謂將來出書之後，由泰東書局酌送若干部于省立圖書館，其版權仍

屬本人。當因此項補助費性質含混，由館函詢泰東圖書局，與前主任所訂契約若何，迄今尚未得復。又據

支前主任出示江前館長公函及館存有十五年四月一日至十六年四月底收支四柱清冊，均載十六年三月分

教育廳挪借本館節餘項下經費銀八百元，又十六年三月分因亂損失銀四百五十元，此兩項賬目是否屬實，

亦無從清查，未知尊處接收前江蘇教育廳長江任內文卷有無此項紀載。查教廳經費，向由財廳支撥，江前

館長不應挪用本館存款，教廳爲兵士騷擾時，江前廳長已不在廳，會計處所存款項是否仍存之廳中。此項

挪用及損失之款合計一千二百五十元，應由何人負責賠償，事關公款，不容朦混，爲此具函聲明。支前主

任所發補助印書費五百元，江前館長挪用本館款八百元，及號稱因亂損失之四百五十元，應如何清理追究

之處，敬祈分別示知，以重公款而明權限。　此致

　大學校校長張　江蘇省立第一圖書館館長柳詒徵　一六，

七，一一

大學來函（1927 年 7 月 18 日）

敬復者：接悉大函。茲派課員甘豫員赴館監視點收，相應奉達即希查照爲荷。　此致　省立第一圖書

館　張乃燕　一六，七，一八

函致财政厅（1927 年 7 月 23 日）

敬启者：敝馆向有积存之款，江前教育厅长兼主任馆长时挪借本馆存款八百元为教育厅三月分经费，未审贵厅是否未发教育厅三月分经费，及现在有无补发是项经费办法，敬祈代为调查，以便与教厅清理。此布，即颂公绥

江苏省立第一图书馆馆长柳诒徵 一六，七，二三

大学来函（1927 年 8 月 2 日）

经复者：大函接悉。查第一图书馆补助泰东书局印刷支前主任所撰《国学用书类述》费五百元一案，系经江前馆长呈奉前省长陈令准拨给在案，查江前馆长原呈有其版权暨所需之印刷装订各费，均与相共拟先印二千部出版后以五百部属诸图书馆等语，仍希依据原案函达泰东书局照办。又十六年三月分江前教育厅长挪借第一图书馆节下经费银捌百元，确载前江苏教育厅移交卷册，据江前厅长咨称「本年三月分因时局关系，支出较多，而本月分经费未经财厅拨发，权宜之计，不得不挪移其他款项维持现状」等语，但事属公款，应否准予备案，前经教育厅具呈省政府请示，并经省政府指令，候令财政厅核议具复再行饬遵在案。至因乱损失银肆百五十元一节，是项损失既据因乱所致，殊觉查究为难，相应函复即希查照。此致

省立第一图书馆馆长柳 张乃燕 一六，八，二

函致公安局（1927 年 9 月 14 日）

敬啓者：敝館藏書，豐富甲於他省，每年開放閱覽室，分善本、普通兩室，一則發揚固有文化，一則喚起民族精神，用意至深且切。惟積久生玩，亟宜振作圖維，以垂久遠，敝館長承乏以來，節經察核情形，將章程另行改善。兹定於本月二十日起，繼續開放閱覽室，自宜嚴申門禁，以防遺失書籍。查各學校門首，均經貴局派有崗位，敝館爲文化機關，事同一律，況多寶貴書籍，尤宜昭示鄭重，用特函請貴局即日飭知西區警署，撥派警士一名前來敝館門首防護，實紉公誼，並請先行見復爲荷。此致

南京公安局局長陳　江蘇省立第一圖書館館長柳詒徵 一六，九，一四

公安局來函（1927 年 9 月 16 日）

徑復者：頃准大函，請派警士一名前往貴館防護等因，自應遵辦。除飭西區撥派外，相應函復即希查照是荷。此致

江蘇省立第一圖書館館長柳　局長陳光組啓 一六，九，一六

函致大學校長暨各院長（1927 年 9 月 18 日）

敬啓者：敝館定於本月廿日開館，特送上甲種優待券一紙，歡迎台端蒞館閱覽。摘錄閱覽部規程二則附請參考，並希察存爲荷。此致

第四中山大學校長張、院長　附呈閱覽券及優待章程一紙　江蘇省立第一

圖書館館長柳詒徵一六，九，一八

函致大學（1927年9月18日）

逕啓者：敝館定於本月二十日開館，爲優待大學師生起見，備有善本乙種優待券，凡來館閱覽持有各院長介紹書者，得購此項閱覽券。摘錄敝館閱覽部規程二則，函達貴校，請於佈告欄內揭示爲荷。

此致　第四中山大學校校長張　附呈閱覽券、優待章程一紙　江蘇省立第一圖書館館長柳詒徵一六，九，一八

函致大學（1927年9月18日）

敬啓者：詒徵自七月一日視事，所有接收鈐記冊籍，曾由主任趙鴻謙呈報在案。至于館中藏書，因卷冊繁重，一時未能決定佚之數，聲明尚未檢查，嗣于七月十一日函請大學擴充教育部派員到館，會同原保管員按目檢書，逐部逐冊，細心查勘。所有善本書籍二千五百四十八種，五萬九千八百八十卷，一萬七千五百八十八冊，皆經甘部員豫源與詒徵、鴻謙暨保管員汪汝燮、江國棟三方面會同查點封存，至清查完竣始行啓封。其續提善本及普通閱覽書檢查之始及結束之時，甘部員亦均到館監視，當囑其到部先行口頭報告。中間詒徵復督同館員檢查館存中興名賢手札、名人書畫、江楚編譯局所存教科書及館存報章雜志等項，閱時數十

日，始可稱爲接收清楚。現計館存善本書並無闕佚，續提善本書中缺少《元氏長慶集》五册、《水經注》十二册，其普通閱覽書中缺少《續行水金鑑》八十册、《金山縣志》第六册一册、《川沙廳志》第三册一册、《南匯縣志》第六册一册、《文公家禮》第五册一册，皆係江蘇省公署、江蘇通志局、江蘇禮制會等處借去未還，館中有案可稽，並非館員竊取。惟名人手札之中，有包世臣文稿一束，檢查頁數少去四頁，計文一篇，詢徵詢問保管各員究係何時失去，館員均諉稱不知。此檢查館存各項書籍字畫情形也。館中善本書籍，向不許一般人閱覽，非經江蘇省公署介紹，無由入覽。其普通書籍，則售券閱覽，每券售價銅元二枚，檢查普通書籍時暫行停止。詢徵前具計劃書曾經聲請將善本書開放閱覽，現在檢查既畢，自應將善本書、普通書一律開放，以便學者。茲定於九月二十日起，照新章開始閱覽，其優待第四中山大學教職員學生辦法另函奉聞。

此項新章如尚有未盡者，當督同館員隨時改良，以期無損于藏書而有益于學者。惟館中舊習，但知保守，一切事宜，都無進取思想，經費支絀，即亦因陋就簡，不務擴張。詢徵到館，對于舊有員司，念其保管多年尚無大過，不輕更換，檢查完竣，仍責成舊館員汪汝燮等負責保管。而一切改良計劃，必須增聘專門學者及得力人員，編制目錄、照料閱覽、傳鈔孤本、增購新書，事務既日見繁多，俸給自不能菲薄。過去兩月，因新章預算未成立，僅僅比照舊預算支領，各事幾于無從進行，所有延請之學者，或到館而僅領半數津貼，或相約而未能立即羅致。擬自本月開始閱覽以後，館中經費必須照新預算支領，方可力策進行，漸求完備。

以上各節除面陳外，理合具函上聞，伏惟鑒察施行。　此致

第四中山大學校長張

江蘇省立第一圖書館

二五〇

館長柳詒徵 一六，九，一八

函致商務印書館（1927 年 9 月 27 日）

徑啟者：前次貴館印行《四部叢刊》，曾在敝館借印多種，除已承惠贈者外，尚有多數未蒙寄贈，茲特開單送上，務請逐一補寄，以蔚敝館之大觀，是所企盼。嗣後貴館新印之書告成，並請仿照送浙江圖書館成例寄贈一份，況敝館藏書最富，經貴館影印，準諸事理，似應在拜嘉之列也。再敝館現需《中國人名大辭典》一書，可否寄贈一部？如以成本關係，其價若干，請照半價計算。以後優待之處，統祈惠允賜復為荷。專此，順頌

日綏　　附單一紙　　江蘇省立第一圖書館館長柳詒徵 一六，九，二七

函復上海市黨部（1927 年 10 月 2 日）

敬復者：《全國各圖書館目錄》，敝館未知其詳，查中國圖書館協會會報中有之，貴部可覓此本參考。以南京首都而論，敝館之外，有通俗教育圖書館一所，茲貴部為擴大宣傳起見，分寄所印行之各種書籍甚盛甚盛，如承寄贈，當陳列敝館中山圖書部，以資瀏覽也。復頌黨祺

江蘇省立第一圖書館館長柳詒徵 一六，十，二

函致朝鮮總督府（1927 年 10 月 2 日）

敬啓者：承贈《樂浪郡時代之遺迹》本文及《梁山夫婦塚與其遺物》本文、圖版各一冊，皆屬精美絕倫，洵可寶貴，自當廣爲傳播，以表貴政府探求古迹之精神。但此項遺迹尚有一二三期未承賜寄，擬請補贈，以成完璧。倘得合併陳列，亦足爲敝館生色也。專此佈謝，並望惠復。敬頌勳祺　中華民國江蘇省立第一圖書館館長柳詒徵　一六，十二

函致北京圖書館（1927 年 10 月 2 日）

敬啓者：敝館前曾函托梁任公、徐森玉兩先生轉致貴館執事，代鈔明代《實錄》自太祖朝至熹宗朝止，及貴館所存《永樂大典》之一部，所需鈔費若干，並錄竣時期請爲示知，迄今未接復示。不知梁、徐兩君是否仍在京師，茲特函請貴館諸執事先生，將代鈔前書費用共需若干以及鈔畢日期，均希迅速見復爲荷。順頌公綏　江蘇省立第一圖書館館長柳詒徵　一六，十二

大學來函（1927 年 10 月 13 日）

徑啓者：前準大函內開「凡屬於清季及民國十數年間各地方纂集印行之地志、地圖，代爲徵集一份，頒發存儲，以補志書之不足」等由，當即令行各縣，飭將地志、地圖等件廣爲搜集，呈校轉發。茲據南通、太倉

兩縣將各該縣地圖呈送前來，用特先行函送，即希查收見復爲荷。　此致

　江蘇省立第一圖書館館長柳

計附圖兩紙

張乃燕　一六，十，一三

大學來函（1927 年 10 月 14 日）

徑啓者：前準大函內開「凡屬於清季及民國十數年間各地方纂集印行之地志、地圖，代爲徵集一份，頒發存儲，以補志書之不足」等由，當即通令各縣，飭將地志、地圖廣爲搜集，呈校轉發在案。茲據江寧縣呈稱「地志、地圖均有專賣處，請直接索取，仰祈鑒核事。案奉鈞令以准江蘇省立第一圖書館請代徵集各地方纂集印行之地圖、地志，以備存儲參考等因，飭即搜集前項志書、地圖呈送轉發到縣，奉此，查江寧並無新修之縣志，僅有舊印《上江兩縣志》及《江寧舊府志》，其專賣處在城內秦狀元巷李光明書鋪。至地圖一項，江蘇測量局原有印成圖式可供取閱，應請派員直接索取」等情，相應函達，即希查照爲荷。　此致

　江蘇第一圖書館館長柳

張乃燕　一六，十，一四

大學來函（1927 年 10 月 14 日）

徑啓者：前準大函，代爲徵集各地方纂集印行之地志、地圖頒發存儲等由，當即通令各縣廣爲搜集呈校轉發在案，茲據崇明、阜寧縣將地圖、縣志呈送前來，用特函送，即希查收爲荷。　此致

　江蘇第一圖書館

館長柳　附地圖、縣志各一件　張乃燕　一六、十、一四

函致譚主席（1927 年 10 月 27 日）

組安先生偉鑒：頃承駕臨，縱觀古籍，飫聆教益爲快。敝館風景清幽，爲天然讀書處，而環境亦無塵囂，不慮意外之事，於藏書最爲適當。數月以來，敝館左側之馬公祠，右側之曾公祠皆爲第三十七軍分設迫擊炮修械所，兩邊機器發動，爐煙散入館內，已不相宜。且終日炮聲雜作，有時達數十響，館中總櫃爲之震撼，不僅有擾閱書之人，誠恐發生不測，亟應思患預防，以慎典守之職。現值各軍渡江北伐之時，計必有相當屯軍修械之地，擬懇勛座飭知該軍，相地遷駐，事關公益，業荷面允，用特具函陳述，便乞台復爲幸。敬頌勛祺

柳詒徵啓一六、十、二七

丹陽縣政府來函（1927 年 11 月 24 日）

徑啓者：前奉國立第四中山大學訓令第二三三號內開「案准江蘇省立第一圖書館函開以『清季及民國十數年來各地方纂集印行之地志、地圖均未購收存儲，爲此擬請貴大學代爲徵集頒發存儲，以補敝館志書之不足』等由，准此，查各志書，足爲因俗施化、因地制宜之參考，亟應存儲公立圖書館以供衆覽，且垂永久。准函前由，合就令仰該縣長纂集該縣前項志書、地圖，呈送本校以便轉發存儲」等因，奉此，茲准丹陽

續修縣志局送到新舊縣志並城廂地圖前來，除分別存送外，相應遵照校令檢送新舊志各一部、城廂地圖一張，函請貴館查收爲荷。　此致　江蘇省立第一圖書館　何海樵一六，一一，二四

函復北京圖書館（1927 年 11 月 25 日）

徑復者：承函示《景德傳燈録》一書爲八千卷樓所藏，有人在貴館求售，多荷盛意，以其趙氏之璧，可謀合浦之還，保障斯文，至堪紉佩。惟查敝館所藏丁氏善本書籍，初無此書，不知當年收買之時係如何經過。敝館墨守陳編，本求秘笈，但非原有之物，且絀於財力，亦未能繼續收買，仍希貴館有以處之。此致　北京圖書館　江蘇省立第一圖書館館長柳詒徵一六，一一，二五

函復蘇州圖書館（1927 年 12 月 13 日）

敬復者：展誦惠書，多荷盛意，彼此職司同道，亦望有以擴充。承囑出席於教費委員會，但該項條文所謂「其他學校」等語，係指暨南、同濟學校而言，現已推定代表，圖書館似無出席之必要。辱荷公推，曷勝心謝。此復，順頌著祺　柳詒徵一六，一二，一三

大学来函（1928 年 1 月 5 日）

徑啓者：案查本大学前於呈報十六年度各學校機關經費，案内奉中華民國大學院指令，以「省立第一圖書館所藏，多北宋以來珍本及未經刊行之孤本手蹟等，足爲專門學者參考稽證之資，而非通俗教育、尋常閱覽所需，是否應歸擴充教育部管理，當由該校重加審核，務期辦理得宜，是爲至要」等語，當經提出，於本大學籌備委員會第四十一次會議議決，改定名稱爲國立第四中山大學國學圖書館，暫歸高等教育部管理，並經呈奉中華民國大學院指令，「准如所議辦理，並予備案，仰即知照」等因，奉此。除在預算書内照改並俟將鈐記刊就另送外，相應備函知照，即祈貴館長查照。　此致

國立第四中山大學國學圖書館館長柳

張乃燕 一七，一，五

函復張君（1928 年 1 月 7 日）

壽齡先生大鑒：承函示貴署將立圖書館，囑將敝館編書目録、印刷品寄上參考，具見規劃精詳，有此旁徵博采之舉。查敝館自上年七月改組，所有擬編書目，尚未竣事，兹送上編書目録卡片底稿一紙，並送上新訂章程一本，因敝館現在進行皆本此章程辦理也，請詧入賜教爲荷。　順頌籌安　江蘇省立第一圖書館館長柳詒徵 一七，一，七

函復大學行政院（1928年1月12日）

徑復者：本年一月六日接准貴院函開，以敝館名稱，前經中華民國大學院令，由貴校重加審核，經提出會議議決，決定名稱爲國立第四中山大學國學圖書館，並歸高等教育部管理，并經呈奉中華民國大學院令准備案。業在預算書內照改，並囑俟將鈐記刊就另送外，囑即查照等因，准此，遵於即日改用新定名稱，除分函各機關外，准函前因，相應函復。再，新刊鈐記未奉到以前，仍暫用舊有鈐記，合併聲明。此復 第四中山大學

行政院 圖書館館長柳詒徵 一七，一，一二

函致各機關（1928年1月12日）

徑啓者：本年一月六日，案奉第四中山大學教育行政院函開「省立第一圖書館已由大學籌備委員會會議議決，改定名稱爲國立第四中山大學國學圖書館，歸高等教育部管理，並經呈奉中華民國大學院令准在案」等因，奉此，遵即於奉文之日起，照改名稱，除俟奉到新頒鈐記再行啓用外，相應函達請煩查照。此致 各機關

第四中山大學國學圖書館館長柳詒徵 一七，一，一二

函致清史館（1928年1月17日）

敬啓者：頃閱滬報，知《清史稿》已印行殺青有日，長白流輝，增金匱石室之藏，結龍門蘭台之局，合奇渥

温之新編而爲廿六，與王鴻緒之史稿共有千秋，翹望燕雲，彌欽山斗。憶昔纂修之始，嘗與徵輯之勞，逐鈔國權，□聞遂備。夫前明網羅志乘，墜典復騰于肇域。演藝風之學派，原屬一家；比方略之頻頒，敢儕七閣。倘荷賜書之典，以昭獎學之心，庶幾江介儒生，欣窺全豹；遂朝掌故，式寵蟠龍。冒昧上干，伏維俯允。此致

清史館館長　國立第四中山大學國學圖書館館長柳詒徵一七，一，一七

函致大學（1928 年 1 月 18 日）

逕啓者：詒徵自上年七月一日到館視事，所有接收款目早經報明在案，現扣至十二月止，各月決算應即具報。以新式表冊未奉頒發，茲按照舊式簿籍督由主管人員逐一繕具完竣，實報實銷，用特函送貴校請予審核。再，本館經費於上年十月以後始照新預算減成具領，以前每月領款尚爲維持費，館中撙節開支，遇事皆核實動用，而於圖書事業未能少有設備。現在綜計半年來入款，除開支外，餘洋一千七百五十八元七角四分六釐四毫，小洋一百三十七千零九十文，擬即留作本館采購書籍及印行孤本之用。嗣後每月經費，仍盼按期發放，以利進行，合併聲明。此致

第四中山大學校校長張　計函送十六年七月起十一月止決算冊六本、收據粘存簿六本、收入專款清冊一本、收支四柱清冊一本　第四中山大學國學圖書館館長柳詒徵一

七，一，一八

函致譚主席（1928年2月3日）

組安先生偉鑒：久未聆教，惟瀏覽報章，景公勳業，大地春回，更知策劃精詳，以促革命成功，尤深頌禱。

茲有啓者：敝館現因大學在寒假期內每天開放閱覽半日，留寧學生均爲稱便，本日辰刻忽有張姓軍官一人帶同馬弁來館，相定閱覽室，招待室爲其駐軍地點，並於門首標明「第九軍二十一師六十一團本部」字樣。經館員與之接洽，視若無覩，旋即據理以爭，始云與敝館上級機關交涉，請其取消所標字樣，則堅持不可。查敝館在上年軍事時期，尚未駐軍，今首都久經奠定，秩序义安，敝館藏書尤應加以防護。用特函達清聽，至乞轉達軍事委員會，囑令該團另覓地點，幸勿坐館駐紮，以便敝館慎重典藏，照常開放閱覽，是爲厚幸。此請 勳

安

再，敝館附近修械所久有遷移之說，迄今尚未實行，祈便中一催爲感 柳詒徵一七二三

函致李主席（1928年2月3日）

協和先生偉鑒：上年承駕臨敝館縱觀古籍，允爲提倡擴充，每憶贊助雅懷，至深感荷。敝館當去歲大軍雲集之時，幸未屯駐貔貅，在首都教育機關中粗獲完善，乃本日忽有張姓軍官來館，指定各辦事室爲其駐軍地點，並於門首標明「第九軍二十一師六十一團團本部」字樣，經館員與之接洽，視若無覩，當即據理以爭，始云與敝館上級機關交涉，請其取消所標字樣，則堅持不可。查首都久經奠定，秩序义安，駐扎軍隊自有相當場所，敝館向無駐軍之例，良由軍事當局愛重藏書，予以維護。用特函達清聽，致乞飭令該團另

覓地點，幸勿來館駐紮，以便敝館慎重典藏，照常開放閱覽，是爲厚幸。專此佈陳，敬頌勳安　柳詒徵[1]，

二，二三

一，七，二，三

函復河南通志處（1928 年 2 月 3 日）

徑復者：接誦大函藉悉貴局重修志乘，以敝館目錄中有關於豫省掌故，囑檢寄一份，自當照辦。惟敝館圖書重在採集，夙聞河南有新出土之石經印本及新鄭古物拓本，至希檢寄一份，爲文化上之流傳，資考古者之賞鑑。諒荷同情，並希見復爲荷。此致

重修河南通志處處長江　第四中山大學國學圖書館館長柳詒徵

大学来函（1928 年 2 月 7 日）

徑復者：案奉大函，並造送十六年度七月至十二月止決算册六本、粘簿册六本，又專款清册一本，收支四柱清册一本，其半年來開支餘款，經指定留作添置圖書設備之用，囑將附送册件存儲審核等因，准此。查圖書開支餘款留備添置圖書等用，用途最爲正當，嗣後每月經費自當按期發給，以利進行。除俟附送册件審核完竣另行函達外，合先函復，即希查照爲荷。此致

國學圖書館館長柳詒徵

張乃燕[1]，七，

二，七

函致京師圖書館（1928年2月11日）

徑啓者：前接台函，允爲代鈔《永樂大典》及明代《實錄》，並荷詳示字數以及告竣日期，甚謝雅意。敝館

覆按《永樂大典》册數頁數約字二百餘萬，來示云二十八萬餘字，當係筆誤，現擬請代鈔該書，每月寄上鈔費

一百元，即請以此數目月定寫官人數，鈔成一册寄遞一册，敝館只期逐漸鈔畢，不必迅求全豹也。至於用紙，

即以夾連亦可。如荷照此辦理，即希從速見復，敝館當即先行寄奉鈔費百元，並希照賜收據，嗣後逐月寄款

亦祈隨時賜一收據，俟該書鈔畢，總共字數若干另賜清賬，以便敝館報銷。其明代《實錄》，俟《大典》鈔竣再

議傳鈔可也。此復　京師圖書館

　　　　　　　　　　　　　　　　　　　　　　　　　　京師圖書館　第四中山大學國學圖書館館長柳詒徵　一七，二，一一

大学来函（1928年2月23日）

徑啓者：案奉中華民國大學院第一六五號訓令內開「爲令遵事。現大學委員會議決，第四中山大學

應改稱江蘇大學，又各大學區大學不必加國立二字各等由，嗣後該校名稱應即照改爲江蘇大學，合行令

仰該校長即便遵照。此令」等因，奉此，自應遵照，除分別呈函通令外，相應函請查照。在未奉頒發新印

以前，暫仍沿用舊印，以資信守，合併聲明。此致

　　　國學圖書館

　　　　　　　　　　　　　　　　　　　國立第四中山大學校長張乃燕　一七，二，

大学来函（1928 年 2 月 23 日）

經啓者：案查貴館十六年七月至十二月收支表册，內收付小角銅元未照市價折合大洋，殊不便計算，以後凡關於收支報銷，請折合大洋登記。至收付原幣數目以及折價等項，可附注於備考欄內，即希查照辦理爲荷。　此致

國立第四中山大學國學圖書館館長柳

張乃燕 一七，二，二三

七，二，二六

函復教育經費管理處（1928 年 2 月 26 日）

徑復者：頃準大函，囑將所領經費按月開列清單，送交貴處核對。茲將敝館十六年度七月起至本月止，按照所領經費開單送上，即請詧入。再敝館自上年七月至十二月，所有收支計算書據早經分別造册，逐一送交大學行政院審核在案，合併奉聞。　此致

江蘇教育經費管理處　第四中山大學國學圖書館館長柳詒徵一

函致大学行政院（1928 年 3 月 7 日）

徑啓者：案奉國立第四中山大學函開「奉中華民國大學院訓令現大學委員會議决，第四中山大學應改稱江蘇大學」等因，查敝館於去歲奉文歸現高等教育部管理，今大學既改名稱，敝館自應隨同更改。已改稱江蘇大學國學圖書館，暫時沿用舊日鈐記，並祈早日頒發新鈐記，以符名實相應。函請貴院查照。此致　江蘇

大學行政院 江蘇大學國學圖書館館長柳詒徵 一七·三·七

河南通志處來函（1928 年 3 月 11 日）

徑復者：前奉大札，以敝處重修豫志，所有貴館中關於豫省掌故諸書蒙允檢寄，無任歡迎。又承以敝處有新出土之石經及新鄭古物等拓片，囑各檢寄一份以資賞鑑等因，准此。當由敝處將三體石經檢出六種，至新鄭古物，甚難揭印，刻正與河南圖書館館長商議，僅交到現存鼎彝等照片五種、拓片一紙，據稱此項古物因工人赴魯，未得修補齊全，若修補完竣，全書告成，准檢多份寄贈貴館，以廣流傳云云。茲准前因，相應檢同石經拓片六種及新鄭古物五種、拓片一紙，一並函寄貴館長查照驗收，是爲至荷。此致國立第四中山大學國學圖書館館長柳 附三體石經拓片六種、新鄭古物照片五種、新鄭古物拓片一紙 河南省政府教育廳廳長兼重修河南通志處處長江恒源 一七·三·一一

函致河南通志處（1928 年 3 月 17 日）

徑復者：兩奉大函，並承惠石經拓片六種、新鄭古物照片五種，又拓片一紙，均已拜到，古色古香，足資寶貴，緬懷雅意，紉謝良殷。承示修志完竣，全書告成，準檢多份寄贈，以廣流傳，此則尤爲感盼。 茲將敝館書目寄上，請檢查其中有須鈔録者，望即函示，敝館當爲録奉，其在目外之書，亦當隨時訪告也。專此佈覆，並

鳴謝忱。此致

重修河南通志處處長江　江蘇大學國學圖書館館長柳詒徵一七，三，一七

大學來函（1928 年 3 月 23 日）

敬啟者：本大學校長對於下文所列各部份，與其他機關有別，向來文書往還，未能規定程式，形式上既覺參差，精神亦欠統一。茲由敝處擬定文書格式如下，敬祈查照實行爲荷。

（一）本大學校長對本機關內之各處長、各院長、國學圖書館館長、民衆教育學校校長、教育林委員會、普及教育委員會、義務教育組委員會及民衆教育組委員會等，一切行文概用便函（信箋寫不用官封），格式如左：

徑啟者（本文）此致

某處／院長

國學圖書館館長

民衆教育學校校長

某某委員會

校長張乃燕（蓋用校長章）

（二）本大學內之各處長、各院長、國學圖書館館長、民衆教育學校校長、教育林委員會、普及教育委員會、

義務教育組委員會及民眾教育組委員會等，對本大學校長，一切行文概用便函（信箋寫不用官封），格式如左：

敬啓者（本文）此请

張校長大鑒

　　　　○○○○処长○○○蓋用名章

　　　　○○○○院长○○○同上

　　　　○○○○馆长○○○同上

　　　　○○○○校长○○○同上

　　　　○○○○○会（蓋用會章或主任人、負責人名章）

江蘇大學秘書處謹啓 一七，三，二三

清史館來函（1928 年 3 月 24 日）

敬覆者：捧誦台函，敬悉一是史館經費窮窘萬分，惟恃售書以資接濟，除從前助款諸督辦、省長外，實難贈送，亦不敢開此先例。致啓責言，方命之處，尚乞鑒諒。此復

　　江蘇省立第一圖書館館長柳　　清史館

史稿發刊處 一七，三，二四

国立中央大学国学图书馆小史　盋山案牍　合刊

京師圖書館來函（1928 年 3 月 27 日）

敬啓者：接准台函，囑鈔《永樂大典》，按月寄鈔費一百元，鈔成一冊，寄遞一冊，敝館均可照辦，惟俟全書鈔竣之後再行報賬一節，敝館擬改爲按月結算一次，鈔費有餘，則移作下月之用，不足則請貴館補寄。如荷同意，即希按月將鈔費於月初寄下，并請先行惠寄通用洋一百元，以便雇人鈔寫，用紙即照台函所云，選用夾連可也。此致

第四中山大學圖書館　國立京師圖書館啓一七，三二七

河南通志處來函（1928 年 3 月 31 日）

徑復者：頃奉大函，藉悉敝處前寄拓片、照片等均已如數收到矣，嗣又接到貴館書目一部，仰見儲藏宏富，足爲敝處一大援助，展閱之下，無任欣慰。豫省兵戰連年，文化事業甚形停頓，敝處改組伊始，一切購置，尤覺缺略，承允代抄書籍一節，將來參考，需要時定當專函奉懇也。特此肅覆，並鳴謝悃。此致

國立第四中山大學國學圖書館館長柳　河南省政府教育廳廳長兼重修河南通志處處長江恒源一七，

三，三一

函復京師圖書館（1928 年 4 月 11 日）

徑啓者：接准復函，以敝館託鈔《永樂大典》，按月寄鈔費百元，貴館擬改爲按月結算一次，鈔費有餘則移

作下月之用，不足則由敝館補寄，準即如此辦理。兹寄上第一次鈔費百元，即請查收見復，嗣後即希貴館陸續清算，源源賜示，其書鈔成一册仍希寄遞一册爲荷，此致

國立京師圖書館　附匯單一紙，計洋百元　江蘇大學國學圖書館館長柳詒徵十七，四，二一

函致大學（1928 年 4 月 15 日）

敬啓者：敝館十六年度經費自上年十月以來減成支領訖，未照原開預算發款，所有應行事業，大都因陋就簡，良由挹注維艱，無從展布。現在本年度瞬將終了，自非通盤籌劃不足以資進行。爰將十七年度預算審核慎造具，所需經常費較之十六年度雖略有增加，然皆十分撙節。按照敝館規章，各部分職員均係分工任事，現因困於財力，尚多兼理，未能按額加聘，其臨時費一項尤爲在所必需，已將理由於預算書内逐條注明，雖在公家財力拮据之時，未易籌兹巨款，第爲本館事實當然之計，實難視爲緩圖。兹特送請鑒核，彙同大學各院預算送交經濟委員會審查，予以通過，是爲厚幸。再，敝館收入數目曾於上年十二月造報在案，核其比例，全年不過貳百餘元，至現在印行各書尚未告竣，將來銷售如何，無從估計，合併聲明。此請

張校長大鑒　附送十七年度預算書一册　江蘇大學國學圖書館館長柳詒徵十七，四，十五

大學來函（1928 年 4 月 17 日）

逕啓者：本大學自奉中華民國大學院令飭更改校名爲江蘇大學後，對於所屬各院館應用鈐記，自應分別換給，以資信守。兹已刊就貴館所需之前項鈐記一方，文曰「江蘇大學國學圖書館之鈐記」十二字，用特備函送達，即希查收，仍將啓用日期報查，所有舊鈐記一顆並希即日截角繳銷，以昭慎重。此致　國學圖書館　計附鈐記一方　江蘇大學本部啓 一七，四，一七

函湯、王、陳、李[1]諸先生（1928 年 4 月 19 日）

伯弢、伯沆、錫予、小緣四位先生大鑒：敬啓者，詒徵學殖倓劣，承乏盋山，仰維前哲，日接來彦，縆短汲深，時虞隕越。夙仰先生覃擘流略，淹貫中外，述作之盛，萬流仰鏡，謹依館章，敦請執事爲江蘇大學國學圖書館參議，依德輝於北斗，惠下學以南針，專珌蕪函，佇聞明教。　肅頌道綏　外章程四份　柳詒徵 一七，四，一九

函大學院長蔡、楊（1928 年 4 月 24 日）

子民、杏佛先生大人道鑒：頃聞市政府查封江南官書局，業由江蘇大學呈報大學院，諒已有正當解決，此

〔一〕「湯、王、陳、李」爲湯用彤（字錫予）、王瀣（字伯沆）、陳漢章（字伯弢）、李國棟（字小緣）。——編者註

事衍與敝館有連帶關係，呱應陳述歷史，聲明權限，以備採擇。江南之有官書局由來已久，前清同治初年，軍

務敉平，江蘇全省設立官書局三處，印售書籍，以惠士林，在南京者曰江南官書局，在揚州者曰淮南官書局，

在蘇州者曰蘇州官書局。光緒二十七年，江蘇與湖北合辦一編譯局，印售新學書籍，名曰江楚書局。計同時

江蘇一省有官立書局四所，振興文化，甚盛事也。其後江南官書局因節省經費裁減職員，歸現在承辦之李楷

林保管書板，印售書籍，淮南、江楚二局亦漸次裁併。會江南圖書館即今日龍蟠里之圖書館成立，爰將淮南、

江楚二局書籍版片歸江南圖書館經營。當時立案，淮南、江楚版片與江南版片同時貯朝天宮之尊經閣，售書

則在現今貢院街之江南官書局，發行事項統歸李楷林承辦，每年印售書籍由李楷林報由圖書館查核，並按季

繳納贏餘，爲圖書館經常收入，此二局之書目，均有專印目錄可考。至民國初年，蘇州官書局歸蘇州第二圖

書館經管，名曰江蘇第二圖書館印行所，江南官書局則直隸於江蘇省長公署，至去歲試辦學區制，改歸江蘇

大學擴充教育處統轄，其淮南、江楚二局之書仍由省立第一圖書館即前江南圖書館經管。此江蘇各官書局

之歷史也。上年詒徵接管省立第一圖書館，查閱檔案，具悉顛末，該局經理員按季報送賬冊及贏餘款項，一

仍其舊，故館中年終造報決算曾將此款列報江蘇大學在案，館章印行部之第七條亦訂明：「江楚書局、淮南書

局存有書版，暫照舊章歸江南官書局領印發售，按季繳款。」今江南官書局被封，即敝館所管江楚、淮南二局

之書連帶被封，匪惟池魚之殃，實懷屋烏之歎。同光之際，疆臣大吏戎倥傯，提倡學風，無間新舊，今之政

府秉承總理恢復固有民族精神之遺訓，似宜就原有文化事業賡續扶植，擴而大之，庶不令曾、李、張、劉專美

前史。若不究始末，橫加暴力，既失行政之系統，復阻文化之進行，區區之意，竊所未喻。官書本非市產，局所未犯刑章，道路流聞，惶駭殊甚。若援附近屋宇謂在市政府範圍，則江南貢院爲江蘇、安徽兩省公有，非南京一市所得而私，準此以推，恐市府亦應在遷讓之列。詒徵已以斯意函陳江蘇大學，謂宜聲明權限，要求賠償，誠恐鈞院未悉該局過去歷史及與敝館之關係，謹陳梗概，伏祈鑒核，倘能飭行，市府另擇一廛，俾三局之書仍舊印售，並謀改良之方，以彰右文之盛，則吾蘇學子拜賜多矣。肅此，即請公安　柳詒徵謹

啓一七、四、二四

函致大學行政院（1928 年 4 月 24 日）

敬啓者：頃聞市政府查封江南官書局，業由鈞院呈請大學院處理，此事與敝館有連帶關係，亟應陳述歷史，聲明權限，以備據理力爭。查江南之有官書局……（中略，與前文同）……準此以推，恐市府亦應在遷讓之列。詒徵已以斯意函陳大學院，飭知市政府，即日將該官書局及尊經閣同時啓封，以便恢復原狀，照舊印售書籍，應請鈞院一併呈明大學院，用特具函聲明江南官書局內有淮南、江楚二書局之書係敝館所經管，應請該局被封時間一切連帶損失，應由市政府賠償，以重公款，盼切施行。此請　張校長大鑒　江蘇大學國學圖書館館長柳詒徵　一七、四、二四

再，本館章程曾於上年十二月十六日呈送在案，茲再附呈印本一份。

函致大學行政院（1928 年 5 月 2 日）

敬啓者：昨奉台函並圖書館調查表格式二紙，祗悉壹是，茲按照原表所列分別填就，並本年度預算册、本館章程各一分，送請鈞院彙案轉送，即希查核。此致 張校長大鑒 附表格式二張、十六年度預算册一分、章程一分 江蘇大學國學圖書館 一七、五、二

大學來函（1928 年 5 月 12 日）

經啓者：本大學名稱，現奉大學院令飭改爲國立中央大學，業已另函查照在案。茲查前發鈐記已不適用，特另刊一方，文曰「國立中央大學國學圖書館之鈐記」，相應備函送達，即希簽收啓用，仍將前發第四中山大學名義之舊鈐記截角繳銷爲荷。此致 國立中央大學國學圖書館 附木質鈐記一方 國立中央大學本部啓 一七、五、二二

大學來函（1928 年 5 月 12 日）

經啓者：案奉中華民國大學院訓令第三三七號內開「爲令遵事。本月二十四日大學委員會臨時會議議決，江蘇大學改稱中央大學，得加國立二字，嗣後該校名稱應即根據議決辦法照改，合行録案令仰該校長即便遵照。此令」等因，奉此，自當遵令改名國立中央大學，除分別呈函通令外，相應函請查照。再，敝

大學印信現已呈請更換，在未奉頒到新印以前，暫仍沿用舊印，以資信守，合併聲明。此致　國學圖書館

張乃燕一七，五，一三

函致軍事委員會（1928 年 5 月 15 日）

敬啓者：敝館右側曾文正祠，左側馬端敏祠，均爲三十七軍分設迫擊炮修械所，誠恐發生不測，危及敝館書樓，曾於上年十月二十七日函蒙譚主席，飭知該軍相地遷駐。據軍械所范熙績君聲復，謂修理損壞槍械機件，并無貯存及製造彈藥之事，一俟覓有相當地點，即行遷讓。遲至現在，曾文正祠已貯有地雷及迫擊炮彈，馬端敏祠則實行製造機關槍并練製炸藥，每見該所中人將新製火藥用缸盛貯，抬置山上露冷，雖有人在旁防護，而藥氣四溢，聞者無不觸鼻，似此暴烈之品，久於其地工作，敝館殊不能無慮也。鈞會愛重藏書，知必予以維護，至乞飭知該軍速行遷讓。刻下我軍節節勝利，徐克一帶不乏相當地點，該所向前推進，於運械亦屬稱便。再有懇者，數月以來，敝館時來軍官相屋，商駐一部分軍隊，迭經婉言阻止，實已不勝其煩，擬請鈞會頒發佈告，以便張諸館門之首，可免日後糾紛，敝館爲慎重典藏起見，特函申請，祈賜施行爲幸。此陳　軍事委員會　江蘇大學國學圖書館館長柳詒徵一七，五，一五

軍事委員會總務廳來函（1928 年 5 月 18 日）

經啓者：頃奉委座發下貴館長來函一件，爲館側左右均爲三十七軍分設迫擊炮修械所，恐生不測，請

飭遷讓，並頒發佈告，禁駐軍隊，以免糾紛。由奉批准：「予令飭第三十七軍轉爲知照，并發給佈告一紙，以

資保護」等因，奉此，相應錄案，並檢同佈告函達，希查照是荷。此致

國立中央大學圖書館　附佈告一紙

軍事委員會總務廳啓　一七，五，一八

附原函

組庵主席鈞鑒：接奉賜緘，祇悉壹是。承示江蘇大學圖書館事，業已遵照，將該館長原件批准，發給佈

告一面，令飭第三十七軍轉行知照矣。知注并以奉陳專復。祇頌勳綏　朱紹良啓 一七，五，一八

函致總參謀長何（1928 年 5 月 21 日）

敬啓者：敝館左側馬公祠，右側曾文正祠及李氏宗祠，均爲三十七軍分設迫擊炮修械所，並爲貯存軍械

之用，敝館以其暴烈之品，恐生不測，曾於上年十月函蒙譚主席，轉飭遷讓。嗣據軍械主者緘復，約覓相當地

點，敝館亦念北伐重要，但期軍事進展，該所自必遷移，況經奉文飭讓，想該所當可謹慎從事，且復聲明擇地

另遷，敝館不得不予静候。今者北伐近告成功，該所修械如故，並于李祠藏貯地雷、炸藥，試驗所製槍彈，轟

擊之聲終日雜作。近來馬公祠實行造製槍炮練藥，機械喧聒，黄煙蔽空，敝館藏書重要，殊切憂危，昨復函蒙

軍事委員會復飭遷讓，希望該軍從速遵行。素佩勛座緯武經文，愛護國故，曩者驥從蒞臨，賜觀秘籍，垂詢館務，盛意殷拳，故敝館地雖僻左，實已久荷絣幪，茲將前後請求原函以及當道復信錄呈台閱，至乞鼎力贊助，俾敝館藏書無恙，不僅典守之幸，而文化所關，凡屬東南人士皆同感維護於無已也。此陳　總參謀長何　國

立中央大學國學圖書館館長柳詒徵　一七，五，二一

大學來函（1928 年 5 月 21 日）

徑啓者：案奉中華民國大學院一九四號訓令內開「為令行事。查各地圖書館關繫社會教育甚巨，各館內容亟應調查清楚，以便考核，而資發展。茲由本院製定調查表式一種，合行令仰該校即便遵照，通飭該管教育行政區域內公立、私立各圖書館一併遵照，限期具報彙繳送院，切切。此令」等因，並附發圖書館調查表式一紙，奉此，除分令外，茲特印發調查表格式二紙，希即照式填報，以憑轉送。此致　國學圖書館

館長柳

江蘇大學區教育行政院啓　一七，五，二一

函復大學（1928 年 5 月 22 日）

敬復者：承函示大學名稱，奉文改為國立中央大學。前發本館鈐記已不適用，特另刊一方，文曰「國立中央大學國學圖書館之鈐記」，囑即查收啓用，並將舊鈐記截角取銷，自應遵照辦理。除將新頒鈐記即日啓用

二七四

外，所有舊鈐記一方已予截角，特備函呈繳，即希查核。此致

張校長大鑒　附繳舊鈐記一方　國立中央大學國學圖書館　一七，五，二二

函致大學（1928 年 5 月 30 日）

敬啓者：敝館逐月用途，向求核實，上年七月至十二月報册，久經具報在案，本年一月至四月册據，亦經館中組織之經濟委員會審查完竣，兹特備文函送鈞院，請予核銷。此致

張校長大鑒　附呈十七年一月至四月決算册四本、粘存簿四本　中央大學國學圖書館館長柳詒徵　一七，五，三十

函致建設廳（1928 年 6 月 1 日）

敬啓者：敝館典藏圖書，兼收並蓄，凡他省志乘，亦予搜羅，其屬本省輿圖，更應徵集。夙稔貴廳儲有五萬分一江蘇分幅地圖多份，曾經分發各縣，擬請就貴廳現存之圖惠一全份，以便學者研究，至希見賜爲荷。此致

江蘇建設廳廳長陳　中央大學國學圖書館館長柳詒徵　一七，六，一

函復京師圖書館（1928 年 6 月 1 日）

逕啓者：前接復示并百元收據，藉悉貴館已爲代印板格，從事鈔録，未識《永樂大典》一書已否鈔就若干

本，尚乞惠復。書鈔成冊，請即陸續見寄，以便按照前約陸續奉款也。此致 京師圖書館 中央大學國學圖

書館一七，六，一

函致張校長（1928 年 6 月 22 日）

敬啓者：敝館逐月報冊已造送至本年四月分止，所有收據、粘存簿亦經同時送陳在案，現在五月分報冊已繕具齊全，經敝館經濟委員會審查竣事，自應賡續具報，用特函送鈞校，請予核銷。此致 張校長大鑒

附呈十七年五月分計算書一本、粘存簿一本 中央大學國學圖書館館長柳詒徵一七，六，二二

函復教育經費管理處（1928 年 6 月 26 日）

徑復者：接准函開：「徑啓者：頃准江蘇教育經費稽核委員會函開『敝會第十次常會議決，本大學區直轄各學校、各機關六月分經費，本應遵照前項教育經費委員會議決案，俟各校將四月分收支報告寄到後再行撥放。誠恐端節在邇，學期結束在即，各校需款甚殷，爰特別通融，照常填發通知書，至下月經費，非俟五月分收支報告寄到後，決不撥放。爲此相應函達，至希察照」等因，准此，相應函達，即希查照辦理爲荷。」查敝館逐月計算書據，歷經按月報請中央大學核銷，計自上年七月詒徵到館視事起至十二月止半年度收支報告，均於本年一月十八日備函彙送；其一月至四月報冊，亦於五月二十七日賡續具報，至五月分報冊，近亦造送在

案,現在六月分行將終了,自於下月送達報册。敝館收支清册,向來按月辦理,從不後時,館中并遵章組織經濟審查委員會,以期款不虛糜,公歸實用。准函前因,相應函復貴處,即希查照爲荷。 此致 江蘇教育經費管理處 國學圖書館館長柳詒徵 一七,六,二六

中央大學國學圖書館第二年刊（十七年度）案牘

按：十七年度案牘，除普通函件外，最要者凡三事：曰請遷修械所案，曰請補發經費案，曰與商務書館重訂借印館書契約案。茲將三項案牘分案彙錄，別附普通函件于後。

一、請遷修械所案

函致譚院長、何參謀長（1928 年 12 月 18 日）

組安院長、敬之參謀長偉鑒：敬啓者，本館左側馬公祠、右側曾公祠爲三十七軍分設迫擊炮修械所，恐其發生危險，波及書樓，迭經函蒙我公主持，飭令遷讓，至今年餘，而該所諉稱預備遷移，竟未遵辦，近且加工夜作，日夕擾攘，於閱書人衆實有妨礙。本日午刻忽然失慎，一時火光熊熊，幾透屋頂，幸人多撲滅，未致成災，然有此事實，本館尤形不安，因曾公祠之間壁爲李氏宗祠，又爲三十七軍軍械處，其中藏有地雷、子彈，萬一爆發，爲患不堪設想。伏思軍人以服從爲天職，該所前既不遵命早事遷移，今又玩忽所事，幾兆焚如，該所一

日不遷，本館隱憂實大。我公維護文化，久所服膺，敬祈繼續維持，仍囑三十七軍轉飭該所，速踐前言，即日遷讓，毋任企幸。祇請崇安　柳詒徵　一七、一二、一八

函呈蔣主席（1928 年 12 月 18 日）

主席鈞座：敬啓者，本館藏書，東南稱富，當軍事以來，幸無損失，現在車書統一，所有故籍新編皆爲國粹，自宜慎乃典藏，以垂久遠。去夏以來，有第三十七軍在本館兩旁之曾公祠、馬公祠設立迫擊炮修械所，並於毗連之李公祠儲藏暴烈之軍用品，誠恐發生不測，波及書樓，迭經函蒙前譚主席、何參謀長飭據該軍主者聲復，相地遷移，今逾一年，迄未遵辦。本日午刻，該所忽然失慎，幾透屋頂，雖經竭力撲滅，未致成災，但如此玩忽，非請從速遷移，隱憂甚大。在駐京各軍，獨三十七軍設所修械，年餘未已，近且加工夜作，或爲該軍特殊之點，此固政府權衡，但危及本館藏書，事關重要，仰乞鈞座飭知該軍，將修械所即日遷移，以重典藏而保公安，不勝待命之至。專肅，敬請政安　國學圖書館館長柳詒徵　一七、一二、一八

函致軍政部長馮（1928 年 12 月 18 日）

煥章部長偉鑒：敬啓者，本館藏書（中略，與呈蔣主席函同）隱憂甚大。素稔風高裘帶，政令嚴明，用特函陳巔末，敬請言於國府諸公，飭令該軍仍踐前言，早日遷移，以重本館典藏而保附近公安，不勝企幸。敬請政

國學圖書館館長柳詒徵 一七、二二、一八

安

函致公安局（1928年12月18日）

徑啓者：本日上午，曾公祠内第三十七軍修械所一時失慎，幾兆焚如，幸人多撲滅，未致成災。查該所修械，今已年餘，又於附近之李氏宗祠儲有暴烈之軍用品，節經敝館函請前譚主席、何參謀長飭據聲稱相地遷移，迄未實行，今發生如此事實，設再不加防制，則旱西門火藥炸裂之事難保不再發生。除函請國民政府辦理外，相應函達貴局，請求設法通知該軍之主管長官，爲慎重公安計，速即遷至空曠之地，以免意外之虞。倘荷飭行，非獨敝館銜感，即附近居民亦同紉公誼矣。 此致

南京特別市市政府公安局　國學圖書館啓 一七、二二、一八

譚院長來函（1929年1月6日）

翼謀先生左右：頃奉惠函並年刊一册，備悉種是，承示貴館舍宇狹隘，亟待擴充，刻已函致軍政部，督飭修械所早日遷出，藉維文化矣。余當隨時爲之道地知注，並及。 復請台祺，不具　譚延闓 一八、一六

函致監察院長蔡（1929年1月9日）

子民先生道座：昨飲醇醪，並觀名畫，得未曾有。敝館兩旁修械所，雖一再奉文速讓，恐其遲遲如昔，承

公教將關于此事來往函牘録送侍右，便致蔣、陳兩公，深以爲佩。兹特抄録兩份，送達台端，敬希轉致並藉鼎言，俾得化險爲夷，則藝林學子戴德靡既矣。肅此，即請政安　柳詒徵謹啓一八，一，九

行政院秘書處來函（1929 年 1 月 21 日）

徑啓者：案查前奉院長發下貴館函請轉飭駐曾公祠之三十七軍修械所即日遷移一案，當經諭令交軍政部核辦去後，兹準該部復稱「查此案前據該館長具函到部，業經令行遷讓在案，兹准前由，相應函復即希查照轉陳」等由，准此，除轉陳外，相應函達查照。此致　國立中央大學國學圖書館　國民政府行政院秘書處啓一八，一，二一

軍政部來函（1929 年 1 月 24 日）

徑復者：頃按函稱「以三十七軍修械所在國學圖書館兩旁，恐生不測，危及書樓，迭經函請飭遷在案。今逾一年，迄未照辦，用特蕭請飭令速遷，以重典藏」等由，查圖書館攸關國學，自宜妥爲愛護，除令行該軍長轉飭速行遷移外，相應函復知照。此致　國學圖書館　國民政府軍政部一八，一，二四

中央研究院來函（1929 年 1 月 25 日）

徑啓者：接准國民政府文官處第一八八一號函開「前奉主席發下貴院長函『爲中央大學圖書館兩旁之三十七軍修械所懇令飭遷讓一案，前奉飭交軍政部轉飭遷移去後，茲准軍政部復稱「查此案前據該館長柳詒徵函請到部，即經令行該軍長陳調元迅即遷讓在案，准函前由，除再錄案令行該軍長從速遷移具報外，相應函復即希查照轉陳爲荷」等由到處，經即轉陳奉諭函達蔡院長』等語，相應函請查照。此致 中央大學國學圖書館

　　　　　國立中央研究院總辦事處 一八，一二五

函致譚院長（1929 年 6 月 7 日）

馬祠修械所迭荷垂注，頃已遷徙，館人假爲宿舍，藉杜他軍強至，兼庋書板，以慎典藏。比聞又有雷電製造所欲入居焉，其危險將更甚于修迫擊炮，仍冀仰荷樞府愛護圖書之盛意，轉關軍部給示禁止駐軍修械，備禦不虞，庶幾東南學子得以從容研索，發古籍之光輝，翊盛時之日月。不敢冒瀆，丐靖曳代陳，惟終始玉成之主臣。 主臣柳詒徵啓 一八，六，七

再函譚院長（1929 年 6 月 8 日）

昨狂一箋，計垂省察。即日又有陸海空軍經理處修械所袁君克新來馬祠相屋，揭纝祠壁，行將入處，其

爲儲製炮火，殆亦不減雷電豐隆。卜鄰長恩奪氣，形勢險迫，計非極峰與軍部同頒嚴示申禁駐軍製械不爲功。豎儒瑣末，呼籲無階，私冀德星哀憐秘籍，代陳海陸軍帥府，畀以尺書，庶藉威靈，保存典冊，不敢固請，悚惕待命，幸宥顓愚，終垂呵護，迫切上聞。專頌勳祐　柳詒徵謹啓一八、六、八

函致陸海空軍總司令部經理處軍械股（1929年6月8日）

敬啓者：敝館前因附近祠宇駐軍修械，恐有危險，一再陳之政府，迭於十七年五月奉軍委會總務廳公函，十八年一月奉國民政府行政院暨軍政部公函內開「圖書館攸關國學，自宜妥爲愛護，已令行三十七軍修械所速行遷移」等因在案。查敝館左側馬公祠，右側曾公祠內駐四十六師即前三十七軍之修械所，業經遵令遷移，敝館以茲事陳乞已久，馬祠毗連館屋，訂爲館中分部辦公之用。一昨貴處軍械股修械所自漢來寧，以各該祠曾駐修械所，遂派員運物，欲行接收馬祠。竊思總座愛護圖書，甫飭前駐之修械所遷移，斯項祠宇自不宜再行屯軍製械，以防不測，該所擇用馬祠，當由未悉本館前請各案，敝館不得不鄭重聲明，除查照前案，申請總座轉屬該所另覓空曠適宜之地外，相應函述前項理由，請求貴處長亮察。倘因大軍凱旋伊始，一時相地爲難，不得已而思其次，則曾公祠及其旁之李氏祠，屋宇宏敞，距敝館稍遠，可否暫駐曾祠，徐擇善地，庶貴部與敝館均得其便，尚希酌定見示，此致

陸海空軍總司令部經理處軍械股主任余　國立中央大學國學圖書館館長柳詒徵一八、六、八

粘呈請飭四十六師即三十七軍修械所遷移全案

函呈蔣總司令（1929 年 6 月 8 日）

敬啓者：本館圖書，著稱海內。兩年以來，屢蒙總座暨軍委會諸委員給示保護，並因附近祠宇駐軍修械，恐有危險，一再陳請防護，迭于十七年五月奉軍委會總務廳公函，十八年一月奉國民政府行政院暨軍政部公函內開「圖書館攸關國學，自宜妥爲愛護，已令行三十七軍修械所速行遷移」等因在案。伏查館左馬公祠及館右曾公祠內駐四十六師即前三十七軍之修械所，業經遵令遷移，當以茲事陳乞已久，馬祠毗連館屋訂爲館中分部辦公之用。一昨復有自漢開回軍隊來擇馬祠爲修械所，竊思總座愛護圖書，甫飭前駐之修械所遷移，斯項祠宇自不宜再行屯軍製械，以防不測，相應申述前奉示函，請求飭該項軍隊另覓空曠適宜之所。倘因凱旋軍隊一時相地爲難，不得已而思其次，則曾公祠及其旁之李氏祠，屋宇宏敞，距館稍遠，可否仰乞鈞座飭令經理處軍械股，屬該所暫駐曾祠，徐擇善地，並頒示諭，申明馬祠逼近圖書館，不適修械之用，以重典藏而申禁令，實爲德便。　肅此陳請，伏候明示　右呈蔣總司令　國立中央大學國學圖書館館長柳詒徵　一八、六、八

函致國民政府教育部部長（1929 年 6 月 8 日）

敬啓者：本館藏書，著稱海內，軍興以來，仰恃政府護持，幸無毀損，惟鄰近祠宇，駐軍修械，時虞危險。

前因四十六師即前三十七軍在館左馬公祠、館右曾公祠及李氏宗祠製造炸藥、埋藏地雷、演習機關槍，迭經陳請軍事委員會、國民政府行政院、軍政部、市政府、公安局，聲明館側各祠不宜駐軍修械，請飭遷讓，並以最爲附近之馬祠撥歸館中保管，兼爲儲藏板片、印刷書籍之用，府部文告頒發頻仍，該師修械所幸已刻期遷讓。復有自漢開拔回寧之陸海空軍經理處軍械股修械所粘條于各祠門首，紛派多人運送軍械器物前來，聞其機器孔巨，所載大炮及機關槍等尤多于四十六師，設有去年旱西門火藥爆發情事，館員生命不足惜，其如國家鮮有之秘書異籍何？詒徵伏思經武修文同屬重要，從前原有製造局、軍械局及火藥庫等地，均距圖書館或學校地方遼遠，甚或避遠居民，以重生命，意至善也。四十六師在龍蟠里各祠修械，迭經府部飭遷，仰見中樞愛護文化，不啻經營武備。都城內外曠地至多，似不必限于龍蟠里一隅，擬請大部據情轉呈國民政府及陸海空軍總司令部，令行該修械所查照前案，並再規定龍蟠里爲文化區域，不得駐紮軍隊及修造軍火，其附近本館各祠，撥歸本館負責保護，專爲招徠遠方學者就館讀書寄宿之所，庶足以彰國家提倡文教，維護民族精神之至意。爲此具函陳述事由，並抄呈歷請飭遷修械所各案，伏希轉呈樞府，迅予飭遷，實爲德便。此致

國民政府教育部部長蔣　　　國立中央大學國學圖書館館長柳詒徵　一八·六·八

粘呈歷請飭遷修械所全案。

函致教育部長蔣（1929 年 6 月 12 日）

敬啓者：前陳公牘，計邀鑒核轉陳樞部。伏思敝館前有軍委會保護示文，現在軍委會已經取銷，誠恐日久生玩，擬請大部賜一簡示「國學圖書館重地，閒雜人等或軍隊毋得滋擾」，或由大部轉請總司令部、衛戍司令部發給此等保護牌示，尤爲安全之至計。專此，即請夢麟先生公安　柳詒徵啓一八，六，二二

呈國民政府（1929 年 6 月 13 日）

敬呈者：國學圖書館僻處城西，附近祠宇，時有駐軍修械等事，前經呈請軍事委員會頒給示諭，懸貼館門，以資保障。現在軍委會已經裁撤，誠恐日久玩生，爲此呈請政府頒給示諭，申明圖書館爲文化要地，各項軍民人等毋得滋擾，庶藉威靈而嚴風紀，實爲德便。右呈國民政府　國立中央大學國學圖書館館長柳詒徵一八，六，一三

總司令部經理處軍械股來函（1929 年 6 月 15 日）

逕啓者：查馬公祠房屋原係三十七師修械所駐地，現該師退還不用，敝股修械所擬暫借作職工宿舍。茲聞貴館職員亦經在內寄宿，本應另覓地點，藉期兩便，無如敝修械所職工人數頗多，一時難得相當駐地，近來浮住船中，勢難終日，商請貴館暫爲遷移另住，一俟敝股覓得房屋，即行遷讓。用特函達，即希查照辦

理爲荷。此致 國學圖書館

國民革命軍總司令部批（1929 年 6 月 15 日）

呈一件：爲請令飭入駐毗連館址馬公祠内之修械所遷讓，並給示申禁由。呈悉。業令經理、營房兩處及軍政部軍械司查明，轉飭遷讓，並准佈告發禁佈告壹張，隨批印發，仰即祗領實貼爲要。此批。計發佈告一張 總司令蔣中正 一八，六，一五

附錄佈告

國民革命軍總司令部佈告 第副三九五九號

爲佈告事。案據中央大學國學圖書館長柳詒徵呈，以該館毗連并訂爲分部辦公處所之馬公祠，昨又有自漢開回軍隊來設修械所，儲製彈藥，危險堪虞，乞令經理處軍械股轉飭該所遷讓，或暫駐距館稍遠之曾公祠、李氏祠，徐擇善地遷移，并請給示申禁等情前來。查該館圖書甚富，爲國學寶藏，前有三十七軍修械所入駐該馬公祠，經據來呈，嚴令遵照遷移在案，兹據前情，除分令外，合亟佈告周知，嗣後無論何項軍隊修械所均不准駐此，以維文化而重典藏，切切。此佈。

中華民國十八年六月十五日 總司令蔣中正

陸海空軍總司令部經理處軍械股啓 一八，六，一五

教育部來函（1929 年 6 月 18 日）

徑復者：准大函開以貴館鄰近駐軍修械，請據情轉呈國民政府及陸海空軍總司令部，查照前案，令行該修械所他駐等情，正核辦間。又准續函內稱「敝館前奉軍事委員會給有示文，擬請轉咨軍政部、衛戍司令部，准予發給保護佈告」等情，除據情分別呈咨外，相應函復即請查照。此致 國立中央大學國學圖書

館

部長蔣夢麟 18，6，18

函致軍政部（1929 年 6 月 18 日）

敬啓者：敝館毗連馬公祠房屋，奉經蔣總司令頒給示諭，該祠訂爲敝館分部辦公之用，以後永遠不得駐軍修械等因在案，前駐該祠四十六師修械所，甫經遷移，現正修理，行將寄存朝天宮，尊經閣大宗書版運回保管並着手印刷，一面修葺職員宿舍，預備遷入，內部已無餘屋。本日下午，有貴部公報編輯處堅欲於馬祠辦公，經敝館告以經過事實及現在奉示情由，未得諒解，尚云回報貴部核辦等語。查馬祠訂爲敝館分部辦公之用，業蒙總司令明晰示諭在案，至祈貴部援案維護，囑公報編輯處另覓辦公地點，上賴聲威，以維圖書事業，至深企禱。此陳 軍政部部長陳 國立中央大學國學圖書館館長柳詒徵 18，6，18

函致軍政部（1929年6月19日）

敬啟者：敝館毗連馬公祠現爲敝館分部辦公之用，已奉蔣總司令頒發告示在案。昨有大部公報經理處欲於該祠辦公，已函請照案維護，想蒙鑒及。現在時有軍隊附屬機關前來相屋，非請大部給示保護張貼館門，不足以杜糾紛而維圖書事業。爲此具函申請，至乞俯予給示爲幸。　此致

軍政部部長陳　國立中央大

學國學圖書館館長柳詒徵　一八，六，一九

軍政部來函（1929年6月24日）

徑啟者：案准貴館長函開（中略）等由，准此，除已令飭公報編輯處另覓地點外，相應函復，即希查照爲荷。　此致

國學圖書館館長

代廳長胡大猷　一八，六，二四

教育部訓令（1929年6月29日）

案查該館前稱附近各祠宇駐軍修械，請轉呈國民政府暨陸海空軍總司令部飭令他遷一案，業經本部據情轉呈。茲准國軍編遣委員會中央第一編遣區辦事處公函內開「頃接貴部長具呈陸海空軍總部請令修械所勿駐馬公祠等由，查此案前據國學圖書館長柳詒徵逕呈前來，業經分令飭遵並發佈告一張，批給祇領實貼在案。　茲接來呈，除再嚴飭遵照外，相應函復即希查照」等因到部，合行令仰該館知照。　此令　部長

盋山案牘

二八九

蔣夢麟 一八，六，二九

（按：此令及下令不屬本年度範圍，以可見本案始末，故編入焉。）

教育部訓令（1929 年 7 月 2 日）

為令知事。關於該館附近駐軍修械一案，業經本部分別呈咨，准飭他遷並指令知照各在案。茲准首都衛戍司令部咨稱「該館藏書，著稱海內，其關係文化既鉅，自應出示保護，茲准前由，相應咨復並送上佈告一張，請煩查照轉發該館張貼，以資防患未然」等由，並附佈告到部。正核辦間，復准國軍編遣委員中央第一區辦事處公函內開「查國學圖書館館長柳詒徵暨貴部長先後呈請總部禁止軍事機關在馬公祠設立修械所一案，經分令飭遵並給予佈告在案。茲據敝處經理分處長徐澂源及營房設計處主任黃爲材同時呈稱『該祠原擬定爲修械所工人住所，現已於本月十七日另行遷駐』等情前來，相應函達即希查照，並轉飭知照爲荷」等由，又准軍政部復咨內開「查該館係儲藏圖書，自應予以保護，用資文化之發揚。惟軍械修理處係屬於陸海空軍總司令部，不屬敝部管轄范圍，對於飭令遷移一節，已另函陸海空軍總司令部辦公廳查核辦理，至該項保護佈告，當經辦就，隨文咨送貴部查收轉發張貼爲荷」等由，並附佈告一張前來，合行令仰該館長知照。此令。 部長蔣夢麟 一八，七，二

附發佈告二張。

附錄佈告

軍政部佈告　總字第　號

為佈告事。查本京國立中央大學國學圖書館儲藏經史，品重名山，不特文獻攸關，抑亦觀瞻所繫，所有附近住戶及來往游客，均應尊重該館定章，不得或有妨害及紛擾情事，倘有不逞之徒違抗玩忽，定即從嚴究辦，決不寬宥。合亟佈告各軍民人等一體凜遵，切切。此佈。

中華民國十八年六月　日　代部長陳儀

首都衛戍司令部佈告

為佈告事。案准教育部轉「據國立中央大學圖書館館長柳詒徵以該館鄰近祠宇常有駐軍修械及製造炸藥、埋藏地雷、演習機關槍等情事，設如去歲漢西門火藥爆發，則館員生命不足惜，其如國家鮮有之密書異籍何等情一案，咨請發給佈告以資保護而重典藏」等由，准此，查該館藏書，著稱海內，關係文化甚鉅，自應出示保護。茲准前由，除咨復外，合亟佈告周知，嗣後無論何項軍隊，關於修械、製藥、試射等情事，幸勿再在該館附近祠宇施行，尤不得藉故茲擾，以重國家典藏，是為至要，切切。此佈。

中華民國十八年六月　日　司令谷正倫

国立中央大学国学图书馆小史　盋山案牍　合刊

教育部訓令（1929 年 7 月 12 日）

為令知事。關于該館附近祠宇駐軍修械一案，經由本部分別呈咨，請予准飭他遷，並將迓接首都衛戍司令部、國軍編遣委員會中央第一編遣區辦事處及軍政部等咨復各節，連同佈告轉飭該館查照各在案。

茲准軍政部咨開「前准貴部以陸海空軍經理處修械所移住國學圖書館左右祠宇，軍火危險，圖書可貴，請給保護佈告，以資張貼等由，當經辦就佈告咨送貴部轉發張貼，並一面函請陸海空軍總司令部辦公廳轉飭該修械所覓地遷移各在案，茲准國軍編遣委員會中央第一編遣區辦事處函開『該修械所已于六月十七日遷移』等由，相應咨達查照，並轉飭國學圖書館知照」等由到部，合行令仰該館知照。此令。部長蔣夢麟一

二、請補發經費案

致教育經費管理處函（1928 年 9 月 23 日）

敬啓者：現在各省校新預算未成立以前，貴處按照舊預算發放並補足八月減成之數，敝館經費竭蹶，在普通減成具領，未便請求，令各校既十足發放，敝館同爲教費，自應事同一律。請貴處照敝館十六年度預算十足發放，補發八九兩月份所減成數爲荷。再，承發九月分通知書已照收到，茲填就收據，先行送達備案，仍

八，七，二

盼見復施行。 此致 江蘇教育經費管理處 國立中央大學國學圖書館館長柳詒徵 一七，九，二三

致張校長函（1928 年 10 月 17 日）

君謀先生大鑒：敬啟者，本館經費短絀，早邀洞鑒，十七年度開始以來，仍照舊預算減成支領，以致所有事業未能放手進行。 現在各省校新預算未成立以前，從九月起已照舊預算十足發放，並補足八月減成之數，同爲教育機關，同在教費挹注，而本館獨未能一律，自應援例請求，以期圖書設備與教學方面平均發展。 祈函知教費管理處，自本月起按照本館舊預算十足發放，並請將八九兩月減成數目予以補足，不勝企幸。 兹附上新印書籍四種，即希察存。 此請公安 柳詒徵 一七，一〇，一七

致高等教育處長函（1928 年 10 月 17 日）

紹涵先生大鑒：敬啟者，本館經費，自十七年度開始以來，仍照舊預算減成支領，以致所有事業未能進行。 現在各省校於新預算未成立以前，從九月起即照舊預算十足發放，並補足八月減成之數，而敝館經費未邀一律待遇。 前曾面懇先生提出於經費委員會議，已荷慨允，特再奉函，至祈先生爲之贊助，由貴校切實函致教費管理處，自本月起將敝館經費十足發放，補足八九兩月減成數目，同爲教育機關，同在教費挹注，兹援例請求，諒邀默契。 附上新印書籍四種，希賜存覽。 順頌公安 柳詒徵 一七，一〇，一七

致教育經費管理處楊科長函（1928年10月17日）

子佖先生大鑒：敬啓者，敝館經費不裕，前曾函達貴處請照各省校十足發放，諒邀察及，本月分經費至希按照敝館舊預算如數核發爲幸。茲將敝館新刊書籍四種送祈藻鑑，希賜存覽。順頌公安　柳詒徵十七，十，

一七

復張校長函（1928年10月31日）

君謀先生大鑒：頃奉手書，囑檢送圖書目錄五份，敝館書目連新編者共有五種，不知先生需要何種，茲於每種檢一份奉閱。詒徵前兩請先生維持敝館經費按舊預算十足發放，頃從管理處詢訪，據云未奉尊處知會，仍照七成五支撥。查本館經費同屬省款，未便向隅，務請鼎力主持，即日通知管理處照發爲荷。復頌秋安

柳詒徵啓十七，十，三一

張校長來函（1928年12月5日）

經啓者：頃承來函，以十六年度預算三萬元尚未領足，並以館屋失修請給修理費各節，囑函商教育經費管理處辦理等由，查此項經費支配，須歸江蘇教育經費委員會會議解決，除已函請核議見復，應俟復到再行轉達並函教育經費管理處外，合行函復，即希知照是荷。此致

國學圖書館館長柳　校長張乃燕十七，十二，五

致高等教育處長函（1928 年 12 月 20 日）

敬啟者：本館十六年度支出預算額爲三萬元，向未領足，以致時形竭蹶，所有事業亦未能按照步驟次第進行。在省立各校久已十足發放，並補領以前減成數目，以彼例此，敝館照原額預算短領七千五百元，即以減成而論，敝館上年七月起至十一月，除領到五千零四十元三角外，又短領四千三百三十四元七角二仍，共短領一萬一千有奇。又查十六年度各機關預算，皆有修繕費，獨敝館無之，若論事實需要較爲急切，因館屋建自清末，迄今已逾二十年，從未修理，故日見頹敗，屋瓦滲漏之處固不一而足，即全館地板亦多數朽腐，其尤甚者，即後進書樓牆壁已見欹斜，壁柱爲蟲蝕過半，大木中空，誠恐牽動全部，勢尤岌岌可危。又民七時鐘前館長任內，曾經失慎毀去頭進東首餘房三間，空此地基亦宜修復。如上所述，應請貴處致函教費管理處，將敝館十六年度全年經費，除援各校例十足發放計洋一萬一千八百三十四元七角以外，應另請發修繕費三千元，以應亟需而昭公允。附上敝館十六年度經費一覽，至祈賜鑒，力予維持是幸。 此致

　　高等教育處長張

國學圖書館長柳詒徵一七、一二、二〇。

致高等教育處長函（1929 年 5 月 18 日）

敬啟者：本館經費與各校開支經費同屬省款範圍，溯自十六年度七月起至十一月止，本館所領經費，爲數尚屬參差，自是年度十二月起，始得以三萬元之預算數奉經以七五折核發。上年十月，各省校在十七年度

新預算未成立以前，按照舊預算十足領款，迭經諭徵陳述理由，請援照此例予以十足發放，迄于今茲而減成如故。由前之說，本館於減成數未經領足計三千八百五十三元，由後之說，本館於十七年度應比照普通擴充發足成案，又短領七千五百元，前後共計欠領一萬一千三百餘元。按之本館圖書價值，年來計劃以及位在首都，似不宜聽其因陋就簡，礙於發展，以上欠數應請補發，以符事實需要，藉昭情理之平。又各校修建費均有的款劃分，即蘇州圖書館於本年度亦領有千元，本館房屋已逾二十年，獨無此費以資修葺，亦應請籌維，隨同欠款補發，實爲公便。另附十八年度預算書，乞賜核准並祈示復爲幸。此致

高等教育處處長　國學圖書館館長柳詒徵　一八、五、一八

附錄十八年度預算說明書

按現在圖書館事業佔教育界之重心，已爲國人所共認，通都大邑，僻壤窮鄉，或從事增加，或力圖設備，灌輸民智，已知爲當務之急。本館歷史，已逾念年，從前海內藏書之四大家，錢塘丁氏其一，他如武昌范氏藏書，亦爲世所寶貴，本館兼而有之，故較北平圖書館所藏，價值實無軒輊之分，而北平圖書館現定預算爲七萬餘元，業奉規定實領五萬元，即江西省立圖書館經費亦請定爲十萬元。查大學院頒布《圖書館條例》第十一條，有公立圖書館之經費不得少於該地方教育經費總額百分之五，圖書館協會年會議決各省立圖書館經費亦不得少于全省教育費百分之五，我蘇省教育費全額年約四百萬元，是江蘇圖書館經費數目

應有二十萬元，江蘇省立之圖書館，向惟本館與蘇州圖書館，而本館規模較大于蘇，自應力求完備，以合于《圖書館條例》。又本館藏書樓建自清末，迄今已逾二十年，從未加以修理，故日形疲敗。詒徵視事以來，購置必要書籍已三千三百餘冊，此外四方贈送及新與商務印書館訂立契約贈送出版書籍尚不在內，如連同印售書籍統計，已在一萬以外，惟館屋木質年久失修，非另築保險室不足以昭慎重。北平圖書館、江西省立圖書館均已另築館屋，最近浙江圖書館亦造有保險房屋，以彼例此，自應援照辦理，以期周密。至本館所藏書籍，類多海內孤本，印售以來銷行甚廣，如館中購有印書機招工印刷，則所費較廉，此亦須館屋有工作地點。他如館藏古畫無處陳列，似亦應有相當房屋可開展覽，此本館建築費在十八年度預算實為切要之需。綜上所述，本館造具十八年度預算，理由有二：

（一）經常費根據大學院頒布《圖書館條例》第十一條及參考圖書館協會議決案，並以北平圖書館規定經費為比例。

（二）建築費凡係教育機關無不應有，茲援照浙江圖書館先例以應需要，合併聲明。

致中大戴副校長函（1929 年 5 月 23 日）

志騫先生道座：焦巖暢聚，倏已旬餘。敝館經濟辱承垂注，昨巢君來館，已由趙主任詳陳一切，務希鼎力主持，先行籌撥欠款及修建費，再與各機關均等增加預算，是所切盼。至館務之待發展，同屬當務之急，不能

國立中央大學國學圖書館小史　盋山案牘　合刊

再行覈置，具詳預算說明，諒專家必不以爲妄干也。會議結果如何，乞以電話見示，且晚當走謁承教。專此，

即頌公安　柳詒徵謹啓　一八，五，二三

再啓者：十八年三月，江前館長在教育廳任內挪用本館節餘經費八百元，久未清償，詒徵前曾函請大

學查究在案。比聞大學清理省校及各機關舊欠，本館亦有，應行攤還之數，是否由江前館長具領，鄙意江

前館長交代未清，此項欠款應由國學圖書館具領，扣算江前館長虧空之一部分，敬祈核示爲盼。詒徵再啓

致戴副校長函（1929年5月25日）

志騫先生道座：敝館造送十八年度預算並請補發欠數，承允於昨二十三日提出會議，不知結果如何，茲

囑趙主任趨前承教，希賜接洽爲幸。再有陳者，敝館書樓朽敗，因二十年從未修理，至乞我公派員前來勘驗，

免至傾圮時臨渴而掘井也。　順頌道安　柳詒徵　一八，五，二五

致戴副校長函（1929年6月5日）

前晚奉教，荷示對於敝館下年度預算力主增加，至感厚誼。頃本擬赴會之便暢聆教益，適公務殷闐，未

獲稍述所懷，謹扯一箋，祈賜垂注。詒徵迭次陳述教費管理處欠發敝館經費及應領修建費各節，累瀆清聽，

未荷確切撥付之示，實深惺悚。比聞大學本部前按照七五成支付未足之款已由教費管理處陸續補發，敝館

援例請求所有十六年度按照七五成支付未足之款，務祈迅即通知管理處補發。江蘇各學校、各機關在十七年度無一處無修建費者，獨敝館擱置至今未領分文，亦必仰仗鼎力主持公道，比照各學校、機關支付。節關伊邇，敝館在外訂購書籍及製修器具等項需款甚殷，以上兩項，皆敝館循例應領之款，如教費管理處勒抑不發，他機關亦未便侵占，用特聲述，務祈刻日查明該處欠發敝館之數，通告該處撥付，無任盼禱之至。專此，即請公安　柳詒徵一八，六，五

致戴副校長函（1929年6月12日）

志騫先生大鑒：承惠報章，具承種切。欠款一節，允予同例待遇，具見持衡之公，謹俟確查再行申請。前函屢請修建費，未蒙示悉，大學土木雲興，各學校、機關靡不興修相繼，獨敝館不獲邀同例待遇，執事對敝館既無重此輕彼之意，尚祈察及。前因館屋牆壁傾側窳裂，曾請尊處派員視察，應否興工修繕，以防危險，迄今未見惠臨。比因毗鄰馬公祠四十六師修械所遷移，已援歷請府部成案，聲明該祠不得再駐軍隊及修理軍械，應歸本館保護，以爲職員宿舍及藏庋書版之用。惟該祠駐軍多年，破敗不堪，館中欲事使用，亦非大爲修理不可，並祈垂註照撥修建費，以符同例待遇之盛旨。專此，即請公安　柳詒徵一八，六，一二

高等教育處來函(1929 年 6 月 14 日)

經啓者：迭承來示，具悉一一。十六年度高等教育所屬各機關折扣經費，曾經一再提出江蘇教育經費委員會，請與普通擴充，兩處同等辦法，終以數量較巨，迄無圓滿解決，貴館經費與大學各院同感困難。職是之故，比大學方面以校舍萬不敷用，勉就募得捐款及撙節項上之款從事建築，亦爲事實上所不容或緩，執事高明，當能察及。貴館臨時費，前於收到預算時，業已編入十八年度臨時費案內，請江蘇教育經費委員會公議解決。目下本大學區各機關請求修建費者，不止貴館一處，如有相當辦法，再當函達，尚冀諒察是幸。此致

國學圖書館館長柳

中央大學區教育行政院高等教育處 一八，六，一四

戴副校長來函(1929 年 6 月 20 日)

翼謀館長道鑒：上星期六辱荷垂青招宴，厚誼隆情感甚。頃奉箋教，聆悉一一，惟來示所述江蘇教育經費管理處已將大學本部十六年度預算經費按照七五成陸續支付未足之款一節，弟當向大學本部高教處詳查，確無此事，想係傳聞失實，請再向教費管理處查問。蓋此間如領到十六年度七五成支付未足之款，則貴館當受同例待遇，不得歧視也。茲特將來示批交高教處核辦，決不至重此輕彼也。專肅佈達，祗頌時

綏

戴超 一八，六，二〇

致張校長函（1929 年 6 月 26 日）

敬啓者：省校各機關請領十五年度舊欠，現經鈞院陸續發放，前省立第一圖書館亦在發放之列。查十六年三月本館江前館長在教廳任內挪去本館積餘經費八百元，久經函報，請予查究在案。此次核發之數，應由本館具領，彌補一部分損失，即希核示，以便繕具印領派員領款。此請　張校長大鑒　國學圖書館館長柳詒徵　一八，六，二六

致擴充教育處處長函（1929 年 6 月 26 日）

慶棠先生大鑒：江前館長於十六年三月在教廳任內挪用本館積餘經費八百元，迄未清償，詒曾函請大學查究在案。現在省校各機關紛紛請領舊欠，已經陸續發放，至攤還本館之數是否由江前館長具領，竊以其交代未清，此項欠款應由本館具領，扣算江前館長虧空之一部分。茲囑由趙主任前來接洽，至希予以贊助，俾欠費有着，亦可爲本館點綴也。專此，順頌公綏　柳詒徵　一八，六，二六

三、與商務印書館重訂借印館書契約案

致商務印書館張菊生、王岫廬函（1928 年 12 月 8 日）

菊生、岫廬先生大鑒：敬啓者，前貴館借印敝館善本，計單行者一種、印入《四部叢刊》者四十一種、印入

《續古逸叢書》者一種，又經借照而尚未印行者十九種。現敝館已成立印行部，所有貴館借印、借照之書悉已

計劃次第印行，除單行之《韓昌黎集》及叢刊初版印行之四十一種，得依照貴館與前江蘇省公署所訂契約儘

初印者發售外，此後無論彙刊、單行，永遠不得再版，其經借照尚未印行之十九種，亦請貴館停止發行。至

《頤堂文集》一種，貴館當日以《叢刊》名義借照，本期廉價流通，今乃重值發售，且有翻印必究字樣，殊屬侵害

敝館版權，除不得再版外，初版印行之書，已售者應酌抽版稅，未售者敝館當派員查蓋鈐記。貴館爲出版界

領袖，兩公亦書業巨子，事關版權，想荷鑒允也。專肅，順頌日祺　柳詒徵啓十七、十二、八

王岫廬來函（1929 年 2 月 18 日）

翼謀先生有道：前得貴館函，對於敝處借印舊書事有所商榷，經即奉復，以弟不日來京，屆時再行面

商，及中華圖書館開會，弟適抱恙，致未成行。兹值敝同事李伯嘉君來京之便，謹介紹趨謁，祈賜接洽爲

幸。敬問起居　弟王雲五十八、二、一八

復王岫廬函（1929 年 2 月 28 日）

岫廬先生大鑒：前由李伯嘉君轉來手書悉，尊處對於借印敝館善本事有所商榷。查敝館自成立印行部

以來，所有尊處借印、借照之書，悉已計劃次第印行，除尊處已印者儘初版發售外，以後無論彙刊、單行，永遠

不得再版，其經借照尚未印行者，亦請尊處停止發行。至《頤堂文集》一種，尊處以《叢刊》廉價流通名義借

照，之後乃重值發售，且刪除館藏圖記、標翻印必究字樣，實屬損害敝館法益，除不得再版外，初版印行者尚

須酌抽版稅。前已函達左右及菊生先生，事關版權，亦無何種商榷，仍請查照辦理，庶敝館得保持正當法益，

亦免引起侵害版權糾紛也。 所有《頤堂文集》印售數目及敝館應得版稅（至少百分之二十），並祈轉知貴館營

業股，另單開寄為荷。 專復，順頌撰安，並候回玉　柳詒徵啓　一八·二·二八

王岫廬來函（1929年3月5日）

翼謀先生大鑒：前奉去冬十二月十一日來教，承囑停止續印昔年借影貴館舊籍一節，雲五原擬於圖

書館協會年會時親自入都，面陳一切，曾經函達，諒荷察存。 嗣因抱恙，未克成行，復于本年一月抄倩敝

同事李君伯嘉親謁台端，代陳下悃，適值公出，未獲聆教。 雲五冗務紛集，仍難抽身，裁答久稽，恐勞廑

注，謹先攄陳大概，伏候鑒裁。 敝館集印《四部叢刊》，辱承慨假善本四十二種，凡在士林，感拜嘉惠。 敝

館書林托業，責在流通，只以國學銷沈，舊籍亡佚，學校生徒之有志稽古者，欲得一明清佳刻，匪費多金

不能，寒畯之士豈能勝此，故敝館亟求罕見之本景印流傳。 去歲秋冬之交，復派人赴日本參觀彼國圖書

館，冀有所獲，彼邦人士深表同情，公私名家慨然許我假印者凡數十種，其中頗有吾國久逸之書，敝館即

當陸續印行，藉餉學界。 承示貴館已成立印行部，嚶鳴之應，深幸同聲，敝館聞訊之餘，益當勉竭綿薄，

追蹤大雅，益擴前功。雲五俗務羈身，未克面聆教益，所有去年十二月十一日函示各節，茲托敝同事段撫群君入都晉謁，面述詳情，務祈推愛延見，俯賜提挈，臨穎不勝，禱企之至。專覆，敬頌大安　王雲五

一八，三，五

段撫群來函（1929年4月6日）

翼謀吾兄先生惠鑒：在京得暢叙多日，間以手談，不勝愉快。別後即匆匆回滬，翌日到館，此間對於所訂規約頗能尊重，吾兄善意，完全承諾，惟第三條「經理」二字改爲「所長」二字，以符此間事實，諒不成問題。弟得了此差事，皆由吾兄愛弟雅意所致，至感。　正式規約已另函掛號寄上，即希察照，簽定後請以一份寄下爲荷，至於應否通知中央政府及中央大學等處備案，乞吾兄酌核。在京面囑照約應贈送之《四部叢刊》須用白紙，《續古逸》用料半紙，《再續古逸》用夾貢紙，均一律遵命照辦，約寄到滬即行寄出。《涵芬樓書目》計五冊已另包寄上，祈檢收，年刊估價單一紙附呈，此是案印一千本計算，即二千本尚可，略減五百本則計較半數稍多，如欲知每冊之印價，只須照頁加倍便是。歷史挂圖已代爲催促。又弟在京時所面懇代查之《新唐書》各缺卷，務乞尊處早日代爲查出開示，以便核勘，後再斟酌進行借照等事，至禱至禱。弟離京時頗匆匆，孟鄰兄處皆未及走，候有便乞代致意。　肅此，頌撰安　段育華　一八，四，六

王岫廬來函（1929 年 4 月 8 日）

翼謀先生大鑒：此次敝館續借影印貴館善本，由段撫群君前來商訂草約，諸荷關照，至爲欣幸。茲繕就正式契約二份，隨函附上，敬祈簽印後發還一份，以便收執。段君轉述尊意，以此次依約贈送貴館之《四部叢刊》暨《續古逸叢書》應改送白紙本，自當遵辦。此約簽訂後，將見往來頻繁，益多借重之處，還希執事本合作精神推愛照拂，隨時酌予便宜慨允也。專泐奉陳，敬頌道祺　王雲五 18，4，8

復商務印書館段撫群函（1929 年 4 月 9 日）

撫群仁兄大鑒：接手書並商務印書館函寄規約二分，藉悉種切，執事賢勞亦可謂不負也。至備案之說，似不必多此手續，蓋此事雙方折衷至當，載諸規約，重在履行而已。商館允贈各書，亦足崇其令譽，多承代達鄙意，謹爲敝館致謝。茲將契約簽定，一份存于敝館，一份寄至尊處，請轉致雲五先生爲荷。《新唐書》卷數、頁數以及有無缺損，另列一表併以奉閱，孟鬠處便當爲致聲也。復頌台安　柳詒徵 18，4，9

段撫群來函（1929 年 4 月 12 日）

翼謀吾兄道鑒：惠書謹悉，契約亦照收。惟弟偶一翻閱至簽字處，未見吾兄之簽字，方以爲異，繼察上面約字上仍有草字，下面仍爲代表字，始晤此種誤會，乃由此間打字機手完全照弟攜滬之草約，一字未爲

更易所致。兹特丞爲更正，重繕一份奉上，務乞吾兄簽定後仍舊擲下一份爲禱，其上次尊處所留誤繕之一份，亦乞剪廢後一併擲下爲荷。此間以事繁匆劇，致有此誤，因而多此一番周折，幸希原鑒。敬頌著安

段育華一八，四，一二

復段撫群函（1929 年 4 月 14 日）

撫群仁兄大鑒：接手書及重印契約二分已照簽字，除備案外，以一分寄達尊處。前約已剪廢，一併寄還，請轉交是荷。復頌時祉　柳詒徵一八，四，一四

致段撫群函（1929 年 4 月 23 日）

撫群先生大鑒：簽寄契約想承轉達，贈敝館《四部叢刊》如未寄出，請以有書根者寄下，並請連同原有木箱一併裝寄，可以保護其書而便陳列。至木箱計價若干請示，當照奉也。此請春安　柳詒徵一八，四，二三

段撫群來函（1929 年 5 月 8 日）

翼謀吾兄道鑒：契約已照收，至感。兹先送上連史紙之《四部叢刊》前三期書，其第四期印出後，即當儘先續奉，大約在今年七八月間。近復奉示囑印書根，已轉飭照添。書厨價目楷木一百六十元，榴木一百

三十五元，式樣附圖，惟此種木器原非商館自製，但可由此間代辦，既願備價，自當轉囑照做，何項木料，選定後乞示知，大約兩星期內即可做就，如欲簡便，由分館取貨亦可。至於《續古逸叢書》則此次完全寄上，惟原《續》爲料半紙，《再續》爲夾貢紙，未能一律，爲憾耳。各書部數、冊數另單詳，希查照，收到後尚乞賜示爲荷。　敬頌箸安　段育華　一八，五，八

附錄契約

國學圖書館、商務印書館重訂借印善本規約

一、商務印書館欲借國學圖書館所藏善本書照相影印，須先函開書名、版本、冊數及單行或叢刊，經國學圖書館查明非國學圖書館預定計劃中亟須印行之書，得遵照下列各條辦理：

二、借印之書，須在國學圖書館攝影，如因技術上或其他關係，經國學圖書館同意後亦得攜至上海。惟原書在借印期間及寧滬往返途中，不論因何原因，如有散失損壞，均由商務印書館負完全賠償之責任，賠償辦法借印時另定之。

三、借印之書，無論在館或攜至上海，攝影時須先由國學圖書館填就版本、行款、圖記及配補葉數表格，經商務編輯所所長或其代理人簽字，並訂定歸書日期及散失損壞時賠償辦法後，方得取書。攝影後由商務印書館照原樣裝訂，其不攜至上海者，拆釘由圖書館任之。

四、前條預訂歸書日期如逾期不歸，由國學圖書館派員至上海催取，其旅費由商務印書館任之。

五、借照之書，發售時每本定價一元以下者，贈國學圖書館以印行部數百分之五；一元以上者，贈部數百分之十（印入叢刊者，每冊定價以全部平均數計算）。此項贈送書籍，國學圖書館得任意掉換商務印書館自印其他定價相同之書。

六、借印之書，單行者一年內務必出版，印入叢刊者二年內務必出版，逾限則取消印售權利。但商務印書館因不得已時，得通知國學圖書館延長出版之期間。

七、借印書籍商務印書館欲再版，三版……時，須先期函知國學圖書館，其贈書辦法同第五條。

八、從前《四部叢刊》及《續古逸叢書》借印國學圖書館之書，除現在再版送《四部叢刊》《續古逸叢書》及《再續古逸叢書》各一部外，以後三版、四版……時照第五條辦理。

九、商務印書館從前借照國學圖書館，現在尚未出版之書，照第五條、第七條辦理。

十、商務印書館借印之書，國學圖書館自行出資印售者，商務印書館不得過問。

立約人：國學圖書館館長柳詒徵印、商務印書館編輯所所長王雲五印

復段撫群函（1929 年 5 月 16 日）

撫群先生道鑒：承惠復誦悉種切。《四部叢刊》前三期書及《續古逸叢書》均照收到，此固如約履行，亦荷先生贊助之雅也。書根承轉知照添，第四期書約印出後儘先續寄，甚謝甚謝。至於書廚，現經敝館自製，因

三〇八

滬上寄來，途中運輸不免有損壞之處，在此做就，可期簡便也。復頌撰祺　柳詒徵一八，五，一六

四、普通函件選錄

中央大學行政院來函（1928年7月5日）

徑啓者：前准大函並附送十七年一月至四月決算冊四本，粘存簿四本到院，經付會計師審查所送冊書、單據，審核無訛，惟查四月份置字十號所購《先哲遺書》一部，未有商店正式單據，僅由戈登路劉條粘存，該書是否向人移讓，未經聲叙，相應函請貴館查明見復爲荷。此致

國學圖書館館長柳　　校長張乃燕

一七，七，五

復張校長函（1928年7月7日）

敬復者：接奉函開「徑啓者：案准江蘇省政府第一二八號公函開『頃准函送所屬國學圖書館十六年度支付預算請爲備案等由，連同預算書概況表到府，准此，查該館經費係於省教育項下支用，應先將預算送府審核，始合手續。現在十六年度終了，該館所呈預算已經支用在先，應即准予備案。惟自十七年度起，應先造具預算呈由貴大學轉送來府，以憑發交預算委員會彙案審核准。函前由，相應函復，即希查照飭遵』等因，准

此，相應函達即希查照」等因到館。查敝館十六年度預算，早經呈由第四中山大學籌備會及教育經費委員，彙同大學區各學校、各場經費審核，支付十七年度預算亦早經呈送鈞院在案。此次省政府查詢，是否單獨關于敝館一部分之預算，抑與各學校、各場館之預算一併審核，原函未經叙明，敬祈示復，以便與各學校、各場館一律辦理。此致

張校長　國立中央大學國學圖書館館長柳詒徵　一七，七，七

致張校長函（1928 年 7 月 23 日）

敬啟者：奉復敬悉敝館十七年度預算須送省政府審核，而省政府致鈞院公函既未叙明各學校、各場館須一律辦理，僅就國學圖書館而言，恐非具體辦法，令姑不具論，但云敝館十七年度預算尚未送到，自應再送一份，一面仍請鈞院飭查。前項預算，敝館已於四月十五日函送在案，接有鈞院傳達收條，上書「收到國學圖書館信一件，外預算一捲」各字樣，茲將當日原函錄奉，並希察入。此致

張校長大鑒　國立中央大學國學圖書館館長柳詒徵　一七，七，二三

附錄原函一紙、十七年度預算書一份。

致張校長函（以後逐月造報計算書發文不複出）（1928 年 7 月 23 日）

敬啟者：敝館五月分計算書據前已造報在案，茲將六月份報冊並所有單據連同專款冊賡續具報。計自

上年七月詣徵視事以來，所有十六年度全年預算書據自此已具報完竣，除四月以前函送報冊奉有鈞院復函外，其五、六兩月分報冊應請予以繼續核銷行知備案爲荷。再，敝館對於經濟向係公開而撙節，用途尤爲切實，以故十六年度終了積有餘款四千四百三十三元六角九分二釐六毫，在上年十二月時期，存款尚無此數，曾請以餘款購備書籍，嗣奉大函准如所請。今餘款稍多，已印行之書有《勸奴議撮》，另刊《詠懷堂詩集》正在校印期中，九月底可以出版，又影印《玉琴齋詞》及刊刻敝館《小史》並年報，正與各書肆商議刊刻價目，爲數不資即在存款內動用，嗣後敝館經費應請鈞院通知管理處按照新預算核發，以利推行，至希查照。此致 張

校長 國立中央大學國學圖書館館長柳詒徵 一七、七、二三

附送十六年度六月分計算書一本，粘存簿一本，又一月至六月專款冊一本。

致教育經費管理處函（以後逐月報冊發文不複出）（1928 年 7 月 23 日）

敬啓者：敝館十六年度計算書據，迭經按月報由國立中央大學核銷在案。前奉大學函知，應將計算書分送貴處，現在十七年度業已開始，茲將上年七月起至本年六月止，全年度敝館計算書按月照繕一份補送貴處，即希查照備案。　再，敝館經濟向屬公開而撙節，用途尤爲切實，以故年度終了積有餘款四千四百三十三元六角九分二釐六毫，指定爲影印《玉琴齋詞》及刊刻《詠懷堂詩集》與夫敝館《小史》以及年刊之用，已與各書肆議值，開始進行，爲數不資即以存款爲之把注，除函報大學外，合併聲明。　此致

江蘇教育經費管理處

致市政府劉市長函（1928年7月25日）

紀文市長先生偉鑒：日昨台端履新，幸瞻典禮，寇公再至，喜動市民。本疇昔之嘉猷，謀今茲之貫澈，行見首都市政媲美歐風，可預賀也。詒徵承乏盋山，冀揚國粹，伏讀先總理學說，一則曰提倡固有道德，再則曰恢復民族精神，所謂恢復，提倡，端本昔賢經傳，涵濡體驗以啓其德智，使物我皆春，天下爲公於此實現。江南爲文化中心，本國人所公認，近時承學之士或鶩於高遠，不乏門戶之見，而明體達用之說轉形隔膜，今總理三民主義全國嚮風，可爲學者懸一正鵠。政府刷新教育，注重圖書館，吾國固有文學更可昭示文獻特徵，爲我國立國要素。敝館建自清末，多所寶藏，詒徵受事以來，擴充閱覽範圍以饜求學之士，顧地僻西隅，閱者之往來似形不便，且多客籍之人，不知敝館藏書爲東南稱最，此皆地勢有以限之。故以言勸學，未可緩圖，以言路政，驟難及此，茲擬簡便之法，擬請貴政府將漢西門原名城灣路改爲國學圖書館路，清涼古道曰國學圖書館北路，息心亭迄隨園故址曰國學圖書館東路，並標題明德粹語，勸學精言懸於道左，一方面仍請制定橫扁，標明到敝館方向，揭櫫漢西門內城灣及龍蟠里、虎踞關之東西清涼山一帶，以便都人注意。此外並請飭知工務局轉知公共汽車，每日上午八時及十二時，午後一時及六時，開至敝館各一次，其開行汽車前可特懸一牌顏曰「開往漢西門國學圖書館」，與閱書人之便利，其汽車至下關即可由虎踞關直達，而路線亦不迂

回。凡兹所陳，固爲敝館普及閱覽起見而一新耳目，屬諸貴政府市政範圍，敬貢芻蕘，尚希酌奪施行爲荷。

專此，敬頌勛祺　　國立中央大學國學圖書館館長柳詒徵　一八，七，二五

致大學高等教育處函（1928 年 7 月 30 日）

徑啓者：去歲七月，詒徵到館接辦，改訂章程，曾呈報大學備案施行。本屆爲推廣閱覽者機會，特增善本閱覽季券、善本閱覽月券又普通長期閱覽券三種，補注于本館章程第四章第七條，奉上一份，即祈察閱。再，本館閱覽部章程第八條，大學校長、行政院各處各院長及研究院學生，本館得酌贈善本甲種優待券，去歲所贈各券，期限已過，希爲通知，如須此項優待券者，開具名單由貴處函示，即當奉上。此致　國立中央大學高等教育處處長張　國學圖書館館長柳詒徵　一七，七，三〇

附呈本館章程一份。

中央大學來函（1928 年 8 月 4 日）

徑啓者：准江蘇省政府秘書處函開以准內政部總務處函：「本部附設圖書館，購辦書籍以供參考，請惠寄蘇省通志一份。」查該項書籍向由教育廳保管，特囑本大學檢送一份，以便轉寄等由，准此，查蘇省通志有《江蘇通志》《江南通志》兩種，《江蘇通志》係馮夢華先生主編，尚未付印，其《江南通志》本大學並未保

管，向存前第一圖書館，該項通志不知共有幾部，能否分贈抑借閱。准函前因，相應函詢，即希見復，以便轉達為荷。此致　國學圖書館　國立中央大學校長張乃燕　一七，八，四

復張校長函（1928 年 8 月 7 日）

逕復者：頃奉大函，准江蘇省政府秘書處函開「（中略，參來文）以便轉達」等因，查《江南通志》本館閱覽部只有一部，且有殘闕，專供閱覽者之用，照章本館藏書不得借出，惟各機關短時間借出尚可通融，至該項書籍「向存前第一圖書館」云云，本館並未保管此書，合併聲明。此致　國立中央大學校長張　國學圖書館長柳詒徵　一七，八，七

中央大學圖書館來函（1928 年 8 月 16 日）

翼謀先生道鑒：中社事承蒙贊助，得以成立，此後一般民眾得讀孤本秘笈，皆先生之所賜也。敝館已派定陳君傑夫為負責代表，以後一切印書事宜，即請與陳先生接洽，會同進行可也。尚此肅上，并頌道安

崔萍村謹啓　一七，八，一六

復中央黨部宣傳部函（1928年8月17日）

徑復者：頃奉大函徵集敝館藏書目錄，茲奉上《覆校善本書目》一部四冊、《江南圖書局書目二編》一部二冊，又畫目一冊，統祈檢存，並希賜一收條。又敝館新編目錄現正編輯，尚未付印，附聞。此致　中國國民黨中央執行委員會宣傳部　國學圖書館館長柳詒徵一七、八、一七

復北平第一圖書館函（1928年8月23日）

徑復者：昨接大函並清單收據，藉悉貴館代鈔《永樂大典》抄竣者已有四本，有二本未裝訂，承寄來館二本已照收到，惜卷面及書頭澈底受潮，當加整理而霉迹未能泯去，將來續寄所抄二本，望加封固爲荷。至寄來之抄本，甚爲整齊，但其中不無錯字，而句讀亦有似欠正確之處，是否原本如此，茲剔出另列一紙，敬請原校某君就原書再爲覆校籤注賜下，以便閱覽者參考。餘款十一元零五角仍存貴館，俟已鈔之兩冊遞寄到寧，當照前議，再寄百元，以便合計續鈔可也。此復　北平第一圖書館　中央大學國學圖書館一七、八、二三

復張校長函（1928年8月23日）

敬復者：頃奉函開「徑啓者：前准大函（中略，參來文）爲荷」，查敝館於四月份所購《貴池先哲遺書》一部，係貴池劉氏刊印，劉氏現住上海戈登路，各書肆寄售者價值甚昂，本館前次派員赴滬購置大宗書籍，就近便

在其宅購取，付價較廉，以故未有商店單據。敝館以劉絛粘存，明其實事如此，奉函前因，相應聲明，請煩查照爲荷。此致

　　張校長　國學圖書館館長柳詒徵一七，八，二三

復崔萍村函（1928 年 8 月 23 日）

萍村先生道鑒：頃奉大函，藉悉貴館派定陳君傑夫爲中社負責代表，進行一切印書事宜。敝館現派趙君鴻謙爲中社代表，即希轉知陳君，共同進行。專此奉復，並頌台安　柳詒徵謹啓一七，八，二三

附錄中社印行古籍簡約

一、本社由國學圖書館、國立中央大學圖書館合組，專印海內秘籍孤本以資流通，而推廣閱覽者之機會。

一、印書資本，暫定國幣貳千元，雙方各認壹千元，不足時再由雙方平均担任。

一、所有資本，以中社大記及中社國記分存上海銀行，大記存摺由中央大學國書館保管，國記存摺由國學圖書館保管，但印鑑由雙方代表蓋章，取款時非雙方代表會同蓋章，不生效力。

一、印行事務，雙方各派一人共同經理其事。

一、所印書籍，無論由任何一方提出，須得雙方同意始得付印。

一、所印書籍爲某一方面所藏，其版權即屬之某一方面，下次續印時須得享有版權者之許可，不得以

已印之書爲底本擅自翻印。

一、每次印書時，由雙方代表商定預算，支取存款。每次書印成後，由雙方代表造具清賬二份，分存兩館票據，于清賬內注明存何方，備總結賬時查核。

一、書印成後，雙方各提二部存館，以便閱覽，惟享有版權之某方面得多提五部，餘由雙方定價發售。

一、私家所藏願由本社印行者，其版權屬之本社，惟得以若干部作爲酬報，其辦法另訂之。

一、書籍印成後，由雙方會同定價發售。雙方圖書館同人，得以書之印刷各費底價購買，惟每人至多以購二部爲限。

一、所售書價，悉存銀行以增加資本，雙方均不得支作他用。

一、代售處須得雙方同意代售，傭金亦由雙方同訂定。

一、每半年由雙方會同總結賬一次，公開報告。

一、此約雙方各執一份，如有困難情形，由雙方詳密會商更訂之。

國學圖書館印

國立中央大學圖書館印

中華民國十七年八月十六日

致江蘇土地整理委員會函（1928 年 9 月 8 日）

徑啓者：前月八日，貴會復假敝館所藏《崇明縣志》爲參考之用，今將匝月，未荷見還。敝館開放閱覽現已兩周，查閱縣志者不在少數，務請貴會將假去《崇明縣志》即日檢還，以便閱者披覽，是爲至盼。此致 江蘇土地整理委員會 國學圖書館啓 一七，九，八

致高等教育處函（1928 年 9 月 12 日）

敬啓者：本館已於前月二十一日開放閱覽，現在大學行將開學，師生濟濟一堂，有須參考古籍之處，來館閱覽，極表歡迎，玆摘錄本館閱覽部規程二則，備函送上，請於佈告欄內揭示爲荷。此致 高等教育處處長 張 國立中央大學國學圖書館館長柳詒徵 一七，九，一二

附上閱覽券優待章程一紙。

致高等教育處函（1928 年 9 月 12 日）

敬啓者：昨奉大復並另單一紙，以本館章程第四章第七條增加善本閱覽季券等三種，自可照辦，現已實行。玆將分贈善本甲種優待券遵照函囑彙交鈞處，希爲轉致是荷。此致 高等教育處處長張 國學圖書館館長柳詒徵 一七，九，一二

附甲種優待券　張。

復張校長函（1928年9月14日）

敬啓者：本日奉大函並編製蘇省十六年度地方決算書例言一分，囑即按例言所開各節，編具十六年度支出決算書三份，於九月十五日以前函送存轉。查本館十六年度決算，久經按月造報並分送教育經費管理處備案，曾奉函示，已經會計師核訖無訛，是敝館十六年度全年經費均經大學核銷在案，閱例言所載關于各縣收支而言，本館報册現已經報大學核銷，應否免予造送，以省手續，尚祈賜復遵行。此致　張校長　國學圖書館館長柳詒徵　一七，九，一四

復古物保管委員會函（1928年9月24日）

敬復者：《三朝要典》一書，貴會如有需要，請派員前來翻閱，或由敝館按照手續雇員代抄，皆無不可。因敝館章程，凡屬善本書概不外假，彼此慎重典藏，想有同情，併希亮鑒爲荷。此復　中華民國大學院古物保管委員會　國立中央大學國學圖書館館長柳詒徵　一七，九，二四

復江西省立圖書館歐陽館長函（1928年9月25日）

祖經先生大鑒：奉還章藉悉寄上書籍及預約券已邀察入，郵票二角已照收到。該書已出版，另郵寄奉，承惠江西興圖，至可紉謝。所需李氏《營造法式》，雖由商務書館在敝館影印，而該館僅送數部，又皆蓋有敝館印章，未便轉贈尊處，茲將敝館新出版之影印《玉琴齋詞》奉贈一部，藉答雅貺，希賜存爲荷。此復，敬頌道安

柳詒徵啓 一七，九，二五

致土地整理委員會函（1928年9月27日）

敬啓者：前接復函，謂勘崇、啓界址所假敝館弃藏《崇明縣志》尚須應用，但距今又半月矣，來館閱覽者查照目錄翻閱志書，未能久無以應。貴會勘崇、啓縣界，似可就近在崇明縣調閱縣志，請將前項志書檢還，以便閱者，是爲至盼。 此致

江蘇省政府土地整理委員會 國學圖書館啓 一七，九，二七

復丁芝蓀函（1928年9月30日）

芝蓀先生大鑒：承手教藉悉敝館刊印《詠懷堂詩集》已經藻鑒，其中有戊寅詩，而缺丙子詩下卷，與先生昔向八千卷樓傳寫者不同，洵屬疑問。丁書歸館時，詒雖未與檢校之役，按之初印書目，逐年各家傳寫之本，均止此八卷，不圖仍有遺珠。茲承惠示，于阮集又得百數十題，若能續印一冊，庶幾可窺全豹，擬請將丙子詩

下卷寄示，以使補録，或由貴處代抄寄下，至乞卓裁。先生搜張文獻，撰刻宏富，敬希檢集新刊關于海虞掌故之書，寄賜一份，以惠來學，想大雅君子不以爲妄干也，均乞見復爲幸。敬頌撰安　柳詒徵啓一七，九，三〇

致姚石子函（1928 年 10 月 2 日）

石子先生道座：荷教並《國學叢選》全份，紉佩無似。影印書籍比僅試辦，未能放手爲之，大書巨册需費孔巨，而銷行又需時，爰先以短册詩詞誘起群衆之興味，非有所畸重也。近影翠氏《東萊書説》爲清代經師所未見，然嗜之者懼未必逮《余澹心詞》矣。近人好稱樸學，研閲義理者尤罕，風會所趨，未易矯拂，尚祈大雅君子辨章而振起之。程君之書，多在江南官書局寄售，春間市政府與大學争管書局，迄今未決，典書者坐食其間，不敢售一番，先生聞之以爲何如。《學衡》未停辦，尚年出六期，印行濡緩，累荷齒及，慚悚曷極。肅復，即頌道綏　柳詒徵啓一七，一〇，二

附呈書目二份，祈察納。

復張校長函（1928 年 10 月 3 日）

敬復者：昨奉台函，囑造十六年度支出決算書三份，送備存轉，兹已按照頒發例言款式查造齊全，送請鑒核彙轉。至所有單據粘存薄，早經按月隨同計算書送經大學備案，合併聲明。此致

張校長　國學圖書館

館長柳詒徵一七、一○、三

附十六年支出決算書及各月份册，並每月領款數目表三份。

致劉翰怡函（1928 年 10 月 5 日）

翰怡先生閣下：藝風滬寓，一奉教言，駒隙代馳，曶將十稔。迹遙神通，箋啓未申，企仰清徽，時深繫往。比維名山盛業，刊布日宏，向歆校錄，未逮厥美。每從友好處竊窺，《求恕》《嘉業》諸編，輒爲眡沫不置。盍山書館肇自潯陽，丁、范故家，秘笈頗富，詒徵以藝師之澤承乏其間，檢尋掌錄，粗有端緒。第惜近代叢刊尚多未備，承學之士時責徵求，慨惠群籍，光兹南都，庶幾松生靈隱，阮傳焦巖，不能專美于前，學子都人拜賜無藝。冒昧貢臆，無任主臣。敬頌纂安，伏惟荃察　柳詒徵謹啓一七、一○、五

復宋文獻函（1928 年 10 月 5 日）

文獻先生閣下：承手翰，甚荷，雅系《小記》稿細誦一過，得知淮城先哲遺著多爲執事徵集，吉光片羽，罔非瑰寶，不識品題價格，有無磋商之處，敝館采購書籍，原求善本，請先行明示何如。尊意欲住館讀書，編覽秘笈，純儒旨趣，無任歡迎。《小記》另郵奉還，至希見復爲荷。順頌撰祺　柳詒徵一七、一○、五

致陶蓬仙函（1928 年 10 月 6 日）

蓬仙世兄閣下：清秋氣爽，佳興何如。遙想挖藻揚華，丕承先緒，文人盛事，桑梓之光。詒徵承乏盍山，搜求掌故，四方以書持贈者甚夥，竊欲陸續徵集，蔚爲大觀。素稔尊府刊有《遊經樓叢書》，敬祈惠贈，俾都人士瀏覽考證，共荷嘉貺，當亦爲大雅所樂許。專此，順頌文祺　柳詒徵一七，一〇，六

致沈兼士函（1928 年 10 月 6 日）

兼士先生大鑒：日月不居，別經三載，暮雲春樹，不禁馳思。北平改組以來，保存古物，執事品題望重，典藏宣勞，想即事揚庥，定符臆頌。詒徵於去秋承乏盍山，檢點藏書不下數十萬卷，獨惜金石未備，竊欲徵集故宮博物院調查影拓各本，爲敝館生色，曾托李玄伯先生達意，諒邀清聽。邇日來館閱書者恒詢及此，至祈惠寄報告名目及影拓全分，以詔來茲，使南都學子得以考證參稽，皆拜先生之賜也。佇望嘉貺，敬頌公安　柳詒徵一七，一〇，六

致袁守和函（1928 年 10 月 7 日）

守和先生大鑒：遙睽鷺堠，每切心儀。夏初台旆來寧，承蒞敝館參觀，適先以事他出，未獲把晤，至今猶以爲歉。閱報章欣悉貴館大事建築，想見輪奐生輝，益卜典藏，富麗甚盛。敬有啓者：敝館曾向京師圖書館

傳鈔《永樂大典》，早有成約，本年七月據寄抄本，前來函稱尚有餘款，以改組期間抄書停頓，然迄今未據續行寄書，不知其館新章，對於以前接洽是否繼續辦理。現擬按約匯款，催抄前書，未稔何人負責，至乞先生就近探明賜示爲感。燕雲在望，無任神馳。敬請道安　柳詒徵一七，一〇，七

致李立侯函（1928年10月9日）

立侯先生大鑒：白下往還，其樂無似，何期旌旆飛揚，宣勞桑梓，別來兩月，馳系寸衷。聞中大圖書館新得貴省捐贈大宗書籍，由王曉湘君徵集而來，其書屬於機關、屬於私人者皆不在少數，殊爲歆羨不置，擬欲援例請求。敬希先生向各方接洽，無論書寫新舊，性別公私，但求賜以保存，永爲敝館生色。匡廬啓秀，崇譽南都，諒爲大雅君子所樂許也。竭誠奉懸，佇盼惠音。敬請道安　柳詒徵一七，一〇，九

復丁芝蓀函（1928年10月11日）

芝生先生道座：荷福示知阮氏丙子詩乃録自滬友，辱允借鈔並賜贈《海虞叢刊》，感紉無既，荆才兄時時聚晤，當乞其假歸時便詣高齋。攜至白下蔣書，乃一決科射策之兔園册，觀其序文，似屬托名，所謂《至論全書》者，殆即《古今源流至論》，故書中每篇所述皆天水故實，往往指趙氏爲本朝，惟卷十五論河防等事有清初人議論，大抵隨所見而鈔撮，未有確定體例。虞邑學者未經箸録，當亦以其係坊賈或陋儒所爲，非南沙箸作，

故不重視其書。承尊囑即撿録原書目奉覽，知無當於大雅也。匆復，即頌道安　柳詒徵頓首一七，一〇，一一

致錢子泉函（1928 年 10 月 12 日）

子泉先生道座：荷手教以徐氏收藏《肇域志》，勉令録副以益館書，至感高誼。詢與徐公雅故，惟近年懶未通問，不知其有此瑰寶，頃已專函抵滬，乞其或屬寫官代鈔，或借至館中分繕矣。此間故有《肇域志》二冊，僅浙江布政司屬，又明故宮之古物保存所亦有是志之南畿各郡縣凡十冊，都非全豹。倘徐公肯以全部借館録副，異時館中財力稍贍，能爲之印行，亭林九原有知，當感先生之提倡矣。專復，即頌撰安　柳詒徵一七，一〇，一二

致徐積餘函（1928 年 10 月 12 日）

積餘先生道座：不奉光儀，瞬將十稔，陵谷屢變，而魯殿巋然。每過滬瀆，恒思載酒造門，一傾積愫，卒卒未暇，歉仄無似。詒徵自去歲承乏盋山，發篋陳書，輒思藝風師及善餘創垂之懿，後來者不能賡續光大。比友人函述，高齋藏有亭林《肇域志》六十巨冊，此人間瑰寶也，山館僅有「浙江布政司」二冊，又古物保存所有「南畿郡縣」十冊，輾轉移録，未爲全書。擬乞典籤録示全目，或屬寫官代鈔，或借至館中分繕，抱殘守缺，致爲流俗所嗤，不揣綿薄，妄冀導揚師友之成績，而增益其所未備。頃已印本館書五六種，謹呈《玉琴齋詞》一

部，乞垂省覽，此書似無刊本。未識執事網羅詞集，曾見余氏《秋雪詞》否，斯稿所載，與兩《詞綜》選錄頗有異同，并祈酌示，倘能以鄴架之珍藏，增新都之副本，亦嘉惠藝林之盛舉也。專此布臆，敬頌道安　柳詒徵敬啟

一七，一〇，一二

最近刊印秘笈，館中亦多未備，倘荷賜贈，尤感。

致中華圖書館協會函（1928 年 10 月 16 日）

逕啟者：《圖書館學季刊》現已出至第二卷四期，而敝館檢查此項季刊，僅有第一卷一、二兩期，共缺六期，未識貴會已否照寄，如已寄來，是為郵局遺誤，行當補購。因敝館早經加入貴會共一團體，自改為國學圖書館，復經繼續參加，深望貴會將季刊源源寄閱。現在所缺期數，或應由貴會補寄，或應由敝館補購，即望查明見復，並請以後按期寄閱為荷。此致　中華圖書館協會　國學圖書館啟一七，一〇，一六

故宮博物院來函（1928 年 10 月 26 日）

逕啟者：關於貴圖書館徵集本院出版物品藉供參考一事，台函業經誦悉。事關推廣學術，本院極表贊同，茲經公同議決，凡本院各項出版物品，皆贈送一全份，除《復辟文證》及《點查報告》第三編第一、三、五各冊均已售罄，應俟再版時補送外，相應檢同現存種類，隨函送上，希即查收為荷。此致　國立中央大學

圖書館館長柳　故宮博物院接收委員啓十七，十，二六

沈兼士來函（1928 年 10 月 30 日）

翼謀先生史席：手書奉悉，謠諑之事已囑博物院將全部出版物檢寄矣。貴館藏書甲於東南，又得碩學如先生者爲之理董，當更有捷足之進展。深願一讀新目，因弟近編纂《文字學書目提要》，欲有所藉鏡也，尚祈不吝金玉，進而教之，幸甚幸甚。專復，肅請撰安，不具　弟沈兼士拜啓十七，十，三〇

致建設委員會函（1928 年 10 月 31 日）

徑啓者：昨閱報載貴處啓事一則，藉悉於置有收音機者，免費登記並發給執照。敝館於月前置有無線電收音機一具，用特函請貴處將登記暫行規則及登記聲請書發下，以便按照辦理。此致　建設委員會　國學圖書館啓一七，一〇，三一

復福建圖書館函（1928 年 10 月 31 日）

徑復者：承大函並徵集圖書簡章一紙，具見發揚文化之盛意。敝館藏書，不乏海內孤本，自去歲迄今已翻印數種，惜絀於經費，先舉其易然後冉及其他，茲將出版之書五種連同敝館《小史》一冊一併奉贈，藉副雅

蓋山案牘

三二七

囑。敬有請者，敝館搜羅志乘，闕漏尚多，而近代鉅製宏編，現亦陸續徵求，以爲學者參考，擬請賜寄《福建通志》及《陳石遺先生全書》各一份，以惠南都學子。此外有閩省學者新箸新刊，爲敝館所不及知者，併希隨時示知，以便徵集購求，彼此同爲公誼，諒爲大雅所樂許也。此復 福建圖書館 國立中央大學國學圖書館館長柳詒徵 一七，一〇，三一

致雲南圖書館函（1928 年 11 月 1 日）

敬啓者：山河修阻，遠托同舟，文獻足徵，有懷瑰寶。日前承貴省政府委員周惺甫先生、秘書何秉智先生先後至敝館參觀，承携贈《雲南叢書目》及南園先生墨拓等件，得與貴邦大雅相接，益覺聲氣相投，引以爲慰。敝館藏書，本爲東南冠，但近代著作如林，刻正採訪搜羅，以彰文化之盛而備學者參考，用是擬求雅貺，祈按照《雲南叢書目》所刊各惠一份，俾南都學子共事觀摩，永爲敝館之幸。素稔宣揚文化，嘉惠藝林，當予樂許也。附寄新書五種，悉翻印館藏孤本，連同新刊本館《小史》一併奉贈，敬希莞存，嗣後另有出版即陸續奉寄，以報嘉貺也。 此致 雲南圖書館 國立中央大學國學圖書館館長柳詒徵 十七，十一，一

致古物保存所楊所長函（1928 年 11 月 4 日）

冰叔先生大鑒：敬啓者，敝館所藏《肇域志》僅有二冊，夙聞貴所藏有此書，擬從事傳鈔，俾成完璧。曾於

月前奉訪，未獲晤教，詢諸貴所同人，聲稱可以假借，茲特函請先生惠假抄録。其書聞有二十本，或一次假抄，或分作二次，預備抄畢遞換，即祈卓裁。其書並請檢交來人帶下，敝館當爲負責，録畢即行奉還，至希贊助爲荷。此頌公安　柳詒徵一七，二一四

致朱紹濱函（1928 年 11 月 6 日）

紹濱仁弟足下：出都以來，音書久隔，馳念無已。詒徵典藏盋山，鋭意搜集，擬請執事將所箸《清史藝文志》及其他近作各惠一份，並懇檢賜近年刊印令祖、令尊遺箸，使南都人士共仰宗風，不僅茲館生色也。再有請者，《清史稿》殺青之時，本館曾經函乞，旋得清史館復函，謂礙於釀款之人，未能分贈。今者書車統一，天下爲公，首都册府，考獻徵文，宜有以厭多士，請轉商清史館慨予寄贈，有清掌故，長播鍾山，亦藝林之佳話也。惟希鼎言贊助。不盡所言，順頌撰祺　柳詒徵一七，二一六

復廈門圖書館函（1928 年 11 月 7 日）

逕復者：承函敬悉。敝館圖書分類舊分經、史、子、集、叢、志六項，近正擬議改良編目，計劃具詳館章，謹呈一份，藉供參考。貴館倘有刷新計劃，尚希有以見示，無任歡迎。此復　廈門圖書館　國立中央大學國學圖書館啓一七，二一七

復文化大學函（1928年11月8日）

徑復者：案准大函，藉悉一是。查敝館優待學生閱書辦法，已詳館章，茲承雅囑，對於貴校同學當援照待遇中大學生一律辦理。附上規程，即希查照。此致　文化大學　國學圖書館啟一七，一一，八

復故宮博物院函（1928年11月8日）

敬復者：展誦惠書，至深鼓舞。寄件三十四種，已照收到，分道山冊府之輝，拜兼金十朋之賜，曷勝志謝。嗣後有出版物，仍祈貴院陸續賜寄爲荷。　此致　故宮博物院　國立中央大學國學圖書館啟一七，一一，八

復沈兼士函（1928年11月8日）

兼士先生史席：讀環章多感贊助。故宮博物院寄件三十四種已照收到，覘此名貴之品，竊有求益之思，後有出版，仍希先生轉請續寄，金石可傳，足爲敝館大觀也。承索書目奉上五種（計十三本），又館中新刊有《詠懷堂詩集》《勸奴議撮》《玉琴齊詞》三種，茲檢同新出版《小史》一併奉贈，均祈賜存爲荷。手謝，敬頌道安

柳詒徵一七，一一，八

致國民政府教育部函（1928 年 11 月 8 日）

立中央大學國學圖書館長柳詒徵一七，二一，八

敬啟者：本館藏書甚富，惜少官書。竊以往哲遺編，不乏載籍，至於典章政教，因時而殊，其間斟酌權衡，或證諸已往，或懸擬將來，以及天文地利之發明，內政外交之改善，所有表冊月刊，皆宜兼收並蓄，以資學者考鏡。詢徵自去秋到館以來，既銳意蒐集，累書徵求北京各部院官書，乃形格勢禁，率多阻隔，今幸統一告成，北京官署皆由中央接收。敝館近在首都，仰希大部鼎力分別徵調，較易為力，為此特將需要各種官書奉上清單一紙，其屬於大部範圍，敬祈按單飭屬各賜一份，並懇分函其他各部，就已經運取來都或仍保存于北平舊署者，檢查調取，一律如數見賜，以便分類保存而資閱者瀏覽，是為至幸。此陳　國民政府教育部　國

復積賾學會函（1928 年 11 月 8 日）

徑復者：承索書目，特送上善本書目一部，餘目所存無幾，恕不奉寄。《詠懷堂詩集》已托由滬上蟬隱廬中國書店代售，請就近購之。貴館如有印刊書目，倘荷賜寄一份，是所欣盼。此復　積賾學會　國學圖書館啟一七，二一，八

重修河南通志處來函（1928 年 11 月 19 日）

徑啓者：屢費清神，飭代鈔錄《初唐詩目錄》及《田兵部集》等項，仰見關心國故，贊助文化之至意，茲奉上新鄭出土周鼎照片及鼎腹篆字照片各一張，以備公覽。中央爲人文淵藪，素多鴻博之儒，如有考證，尚祈示知，以廣聞見，是爲至荷。此致

　中央大學國學圖書館館長柳　　河南省政府教育廳廳長兼重修河南

通志處處長鄧萃英十七、十一、九

致交通部函（1928 年 11 月 20 日）

敬啓者：敝館藏書爲東南冠，惜少官書，歷經從事蒐集，應者寥寥。自統一告成，得北平贈以各種影片，而從前北平各部院官書，尚屬闕如，自應繼續徵求，爲學者瀏覽。爰將所徵貴部官書奉上另單一紙，敬祈飭承各予檢賜一份，其有保存在北平舊署者，並祈檢查調取，一律見惠，俾徵文考獻，用詔來茲，至希贊助爲荷。此致

　國民政府交通部部長王　　國立中央大學國學圖書館館長柳詒徵十七、十一、二〇

致河南教育廳長兼重修通志處處長函（1928 年 11 月 22 日）

徑啓者：展詢惠書，並承寄贈新鄭出土周鼎照片二張，已照收到，甚謝雅意。其鼎片銘文模糊，不甚可辨，倘有精拓清本，乞惠一份，以便考證。代鈔《初唐詩目》及《田兵部集》業由傳鈔部奉上，清單想邀鑒及矣。

此致

河南教育廳長兼重修河南通志處處長鄧　　國立中央大學國學圖書館館長柳詒徵一七，一一，二二

致沈兼士函（1928 年 11 月 24 日）

兼士先生大鑒：前疏謝箋並奉贈各書，想登記室另有函致謝，故宮博物院諒亦達到。江雲燕樹，相望爲勞。詒前在北平曾見大學國學研究院漢熹平石經拓本，遠出翁氏模本之上，目前如有重分，敬祈惠贈敝館一份，以益南方學子之眼福。其他可寶刊物有可分惠者，並希寄賜。買菜求益，無任主臣，恃愛瀆陳，尚希荃察。專此，敬頌撰安　柳詒徵一七，一一，二四

復徐積餘函（1928 年 11 月 25 日）

積餘先生道座：荷福示并賜劉刻新書，感紉無似。本冀他山之益，乃分鄴架之珍，叠被仁風，彌欽舊雨矣。《三垣筆記》似是四册，原件殆誤以附上爲卷首，故僅遞寄三册，乞屬典籤再檢首册賜下，以窺全豹；如劉君所贈本只三册，亦不必再行甄索也。《肇域志稿》已從古物保存所借得南畿十册移錄，惜書眉雜鈔方志，有亭林所未及見者，不知係何人補訂，倘得尊藏一校，便可知廬山真面。得暇赴滬，定詣高齋貢一瓶也。匆復，即頌道安，不一　柳詒徵一七，一一，二五

復唐蔚芝函（1928年11月26日）

蔚芝先生道座：薛君遞到陸公遺箑，嗣又拜讀賜札，屬助徵求枵亭佚稿，考獻徵文，望古遙集，仰見大君子之盛心，印目所載，苟有所知，當隨時上聞也。敝館印書僅出六種，舊藏發售者有十餘種，附呈目錄，敬祈採擇。《朱集校釋》現已移寫一通，詒徵又取家藏朱集逐篇過錄，一俟寫竟，即將原書郵呈，徐籌印資，以期流布。小春暄霽，惟杖履綏和爲祝，肅復，即叩興居

後學柳詒徵拜啓 一七、一一、二六

國民政府考試院來函（1928年11月30日）

徑啓者：查考試獨立係屬創制，考查研究不厭求詳，敝院籌備以來，對于國內外考試制度法規及著等項，均須分別搜求，藉資參考。茲查貴館藏有《學政全書》《科場條例》《科場事例》《三場程式》等書，擬請將各該書全部惠借一閱，一俟閱畢，即當珍還。相應函達台端，即希俯俞并先惠復爲荷。此致

江蘇省立圖書館 考試院秘書處啓 十七、十一、三〇

江南官書局來函（1928年12月7日）

敬啓者：本月四日奉擴充教育處長俞來局云，頃與市教育局長顧商定，書局在未遷讓以前，可先行開市，並囑至向、張二公祠帶工估計修理經費，具函報告等由，遵於本月五日開市，所有原住市府公役囑其移

住對門，以便陳列書籍。惟書局自停歇後，已八月有餘，如敗軍之將，再圖恢復，頗費周章，一則須具報費登上海報紙，以廣招徠；二則向、張祠內向有主管，書局未奉明文，不知能否肯讓，三則該祠係兩進敞廳，隔間須用裝修工料均貴，籌措不易，楷林惟有盡其在我，勉力為之，成敗利鈍不敢計也。專此，即上 翼謀館

長鑒 李楷林謹啓 一七，一二，七

復朱紹濱函（1928 年 12 月 8 日）

紹濱同學偉鑒：前荷環雲，欣悉種切。昨得郵件，獲讀先箸並《清史藝文志稿》，謹已箸之館錄。憶前年在京時曾讀令祖大人年譜，未審已付印否。史志編次秩然，較曩在甕公處所見館中初稿，相去霄壤，訂譌補佚，亦可從容廣續，即已不下《千頃堂書目》矣。《清史》全稿，是否歸故宮博物院管理，前見報載北方組織審查會，辦法若何，執事必知其詳。鄙意此書既依舊史體例，自宜先定一宗旨，採取史料，必與此宗旨一貫。吾國史法，自《春秋》以來不外二端：一曰明君臣之義，一曰嚴夷夏之防。民國初年在京時，曾為友人草一稿述此旨，而趙次老大不謂然，以此知其書雖有體例，尚無宗旨，未識目前審查諸公亦措意及此否（如明君臣之義，則德宗之幽于瀛台，當時臣僚無人致爭，即可見其不綱）。若照新式編纂另立一種格式，則但求事實詳備，又當別論矣。原印之全稿及審查後之印本，都擬徵集一部存之館中，遲日當上書垣老，乞其向博物院諸公言之。此復，即頌旅祉

詒徵頓首 一七，一二，八

致內政部函（1928 年 12 月 8 日）

敬啓者：敝館徵求官書，爲學者考鏡，業經分函各部院徵集歷年統計、公報及各項公布文件，多荷贊助。大部接收北平舊署之後，所有文册當已運致南中，爰陳目單一紙，敬祈飭承檢賜一份，敝館爲求掌故，用詔來兹，雖事過境遷，足增史料。此外如新有刊物，並希見賜，尤爲感企。此陳　國民政府內政部　國立中央大學國學圖書館館長柳詒徵一七，一二，八

復考試院函（1928 年 12 月 10 日）

敬復者：頃奉大函，備聆一是。所需《學政全書》《科場條例》《科場事例》《三場程式》等書，爲行政上之參考，自當遵囑辦理。請由貴院書一收據，派員前來面取，並祈訂期賜還爲荷。此復　國民政府考試院　國學圖書館館長柳詒徵一七，一二，一〇

復交通部函（1928 年 12 月 14 日）

敬復者：奉到惠函，並承贈官書九種，捧誦之下，具見國宏謨，將使航海梯山，雄視萬國，珍重拜嘉，感幸無似。除編入館錄分存保管，閱覽部並將郵政與圖分懸館中，以資公衆瀏覽外，謹此申謝。此致　國民政府交通部　國學圖書館謹啓一七，一二，一四

復南京電話局函（1928年12月14日）

徑復者：接展大函，藉悉壹是。查敝館歷年所用壁機電話一具，係屬甲種，茲照貴局籌款辦法，甲種用戶二十元改收四十元，敝館應除原有押機費半數之外，當補加押費二十元，用特備函如數送上，即請貴局查照填給收據爲荷。　此致　南京電話局　國學圖書館啓　一七、一二、一四

致鎮江陸縣長函（1928年12月18日）

徑啓者：敝館本年十二月分經費一千八百七十五元，現奉通知書由貴署照撥，茲由敝館主任趙鴻謙携帶前項通知書並四聯收據前詣貴署請領，即希查照如數撥付，實紉公誼。　此致　鎮江縣縣長陸　國學圖書館啓　一七、一二、一八

附育字二六六號通知書一紙、四聯收據一紙

致教育經費管理處函（1928年12月25日）

徑啓者：敝館十二月分經費奉發通知書在鎮江縣署撥付，該縣財政局因無現款，向該縣慎康莊押借，計息一個半月扣洋二十八元一角二分五釐，此項息金是否由貴處認付。抑由敝館列報，即希見復爲盼。再十二月份空白收據隨函填奉，請察入。　此致　江蘇教育經費管理處　國學圖書館啓　一七、一二、二五

復考試院秘書處函（1928 年 12 月 25 日）

徑復者：展誦大函，借取敝館所藏《翰林志》《國子監志》《歷代職官表》《明職》四書，重以台囑，固可遵辦，但同時奉上，不若逐次換閱，貴處既可從容瀏覽，敝館亦得慎重典藏。茲將《歷代職官表》一書先行借閱，即希賜給收據，於閱畢時函知更換可也。至所借各書，能於一星期換閱一次，尤為企盼。再貴院戴院長、高秘書著作，請轉致各惠一份，為敝館光，是為至荷。　此致

國民政府考試院秘書處　　國學圖書館啓一七，一二，

二五

附《歷代職官表》一部計二本。

教育經費管理處來函（1928 年 12 月 27 日）

徑復者：頃展來函，藉悉種切。貴館十二月份劃撥通知書，係該縣積欠之款，敝處未便認付息金，既經向慎康錢莊押借，是項息金，儘可由貴館正式列報可也。用特奉復。　此致

國學圖書館　　江蘇教育經費管理處啓一七，一二，二七

致陳援庵函（1929 年 1 月 4 日）

援庵先生道座：承賜大箸，精博無似，竹汀、蔭甫，亦當歛手。積日未克上書，謝以近印年刊稽緩，頃始藏

事，并小史郵呈著席，漏約之處，敬祈籤示。《抱經年譜》尤多遺脫，聞北平有人藏有《盧先生詩稿》，倘有因緣能輾轉訪錄，俾因詩句推求年歷，尤所至願。　前閱報紙述諸公審查《清史》，未知已否著手，敝館去歲即徵求是書，史館靳而不與，現聞已出五十册，是否可向主者請其惠賜，以供南中學子瀏覽。　又先生偉著自《也里可溫考》《西域人華化考》以暨新印各本，學者亦渴欲誦習，倘不棄遐陬，惠賜全份，尤所感仰。　詒徵假館盎山，學不加進，第思稍竭棉薄，印行各書，頃撿館藏宋本，摘印書影，月內即可出書，尚當呈之鄴架也。　專此，即頌

新禧　柳詒徵謹啓　一八、一四

復唐蔚芝函（1929年1月8日）

蔚芝先生道座：月前復上一函，諒達記室。　時届嚴冬，想杖履綏和，定符私頌。　承假《朱集校釋》已寫對竣事，有此副本珍藏，可隨時集資刊印，茲將原本由郵寄還，希察入見。　復此，請道安　柳詒徵啓　一八、一八

復農礦部函（1929年1月8日）

敬啓者：奉讀大復，惠以《農礦公報》四期，并荷允將調查統計俟編竣後再行賜下，嘉惠士林，至可紉佩，除將奉到公報編入館錄并通知閱覽部公佈外，特函申謝。　此致　國民政府農礦部　國學圖書館啓　一八、一八

復雲南圖書館（1929 年 1 月 8 日）

敬復者：奉讀惠復，知前寄新書五種已附入鄴架，承贈書四十九冊已照收到，瓊玖遙頒，縹緗煥彩，除編入館録并通知閲覽部公布外，特函申謝。此致

雲南圖書館　　國學圖書館啓一八，一八

張校長來函（1929 年 1 月 21 日）

徑啓者：接准駐法公使高曙青先生函，送巴黎中國圖書館徵書啓事及預備覆函卡片多份，查巴黎中國學院内設立中國圖書館，既可供外人研究，稽以宣揚吾國數千年之文化，復足資留外學子及駐外人員之隨時參考，獲益殊非淺鮮，凡我國内收藏各家，自應竭力贊助，俾成大觀。除分函代爲徵求外，用特檢奉啓事卡片各一份，函達台端，務希鼎力贊助，共襄盛舉，曷勝感盼。此致

國學圖書館館長柳翼謀先生　　張乃燕敬啓一八，一，二一

附徵書啓事及覆函卡片各一份

張校長來函（1929 年 1 月 22 日）

徑啓者：案准南京特別市市教育局函開「徑啓者：敝局現因江南官書局舊址改辦中心茶園，所有向存該書局内之書籍，亟應按照前議遷移向、張二公祠，惟爲時間經濟計，敝局決將雙方房屋同時修理，一俟公

祠修竣，當再約同貴院監遷書籍。相應函達，即煩查照，并希轉知該書局管理員爲荷」等由，准此，當覆以

「查江南官書局爲敝大學直轄機關，茲貴局以該書局地點擬設中心茶園，願將市府所有向，張二公祠全部

與該書局房屋交換，並擔任將該祠修竣後再行遷移。敝大學對於前議，可表同意，除知照該書局外，相應

函覆。一俟公祠修竣，請再函知，即行遷調」等語在案，用特函達，即希台洽爲荷。此致　翼謀先生台鑒

張乃燕一八，一，二三

再拜

致高公使函（1929 年 1 月 25 日）

曙青先生大鑒：閱報章悉公於巴黎設立中國圖書館，具見周旋壇坫之間，先以溝通文化爲務，復乎尚已。

敝館藏書甚富，詒徵於去歲接管，曾誌緣起，著爲《小史》，又將一年來工作彙爲第一次年刊，茲另郵寄，請先

生轉致該館，以爲壞流之助，書到日希賜檢收爲荷。　此請勛安　柳詒徵一八，一，二五

再啓者：法國如有安南各地沿革詳圖或最近形勢圖，希爲代購，以供研究。公暇至祈留意爲禱。詒徵

復政治訓練部編纂委員會函（1929 年 2 月 3 日）

逕啓者：頃准復函「以限期成書正需各報參考，請將借去之《新》《申》兩報仍行假用，代負完全保管責任」

等由，查敝館現屆寒假，所有書報應一律藏歸書庫，根據館章辦理。固知貴會編纂重要，博採旁徵當不僅摘

諸報載，敝館點封書庫十日後即開放閱覽，屆時仍可繼續奉假。近如教育部考試院借閱官書，皆有需要，經

敝館函稱現須歸庫，當荷檢還到館，貴會事同一律，未敢以職責所在代勞負責，以開未有先例。除仍由庶務

郭繼寬前來檢取，希查照并予諒鑒爲荷。　此致

　　　編纂委員會　國學圖書館啓一八，二，二三

致政治訓練部編纂委員會函（1929 年 2 月 16 日）

徑啓者：承貴會檢還《申報》十二册，内多殘損，查此項報紙尚有四十四册未荷檢還，現在貴會辦理結束，

自無需要。敝館職司典藏，片紙爲重，兹由郭庶務繼寬前來面取，務希掃數點交，毋使闕漏，至紉公誼，嗣後

貴會如繼續開辦，仍可繼續奉假也。　即請查照爲荷。　此致

　　　編纂委員會　國學圖書館啓一八，二，一六

致揚子江水道整理委員會函（1929 年 2 月 16 日）

徑啓者：本年一月二十三日准貴會來函，借去敝館所藏《武昌縣志》十册、《嘉魚縣志》四册、《咸寧縣志》

八册，原約三星期歸還，現已逾期，想貴會當已查閱竣事，即希檢還，以便供閱覽者隨時取閱。專此奉佈，請

查照爲盼。　此致

　　　揚子江水道整理委員會　國學圖書館啓一八，二，一六

復李印泉函（1929年2月16日）

印泉先生台鑒：承示敬悉，所云《書集傳》六卷有遂庵藏書書記，查館藏此書每卷首頁書眉左角鈐有此印，其邊微泐，茲摹印奉閱。至《殊域周諮錄》考之敝館原編《善本書目》曾有此書，而《覆校善本書目》則無，不知當日如何遺失，故於《小史》內載明，囑爲抄寄，殊無從錄奉也。茲有請者，《雲南叢書》敝館所藏僅有零種不多，擬懇執事爲之徵集，以俾南都學子，而爲敝館之光。素稔先生撰述宏富，如有已刊大著，併祈賜藏敝館，藉志高賢，均望惠允爲幸。專復，敬請道安　柳詒徵一八、二、一六

致董綏經函（1929年2月16日）

綏經先生大鑒：承賜陶印宋版八經白文，已編入館目，備供衆覽，珍重拜嘉，至紉雅意。茲奉上《盋山書影》一冊，聊爲報李之情，希賜存爲荷。此請　箸安　柳詒徵一八、二、一六

致葉玉虎函（1929年2月28日）

玉虎先生大鑒：承賜影印曾剛父《蟄庵詩存》一冊，已編入書目，謹爲館致謝。聞公精於藻鑑，藏有阮圓海手迹，洵爲可寶，敝館現擬續印《詠懷堂丙子詩》，擬請尊處將阮氏手迹影印寄下，以便冠於書首，與前印《焦巖石刻》相輝映，需費若干，當由館寄奉，想先生提倡風雅，當樂予贊同也。此請　台安　柳詒徵一八、二、二八

復東方圖書館函（1929 年 3 月 3 日）

徑復者：接展大函，徵集敝館目録。查敝館所存善本書目，現已無多，已按照新法從事編輯，俟印出即行寄奉，以副雅囑。素稔貴館藏書宏富，甲于南服，敬祈惠贈目録一分，以贈敝館庋藏，是所欣盼。此致 東方

圖書館　國學圖書館啓 一八、三、三

致浙江圖書館楊館長函（1929 年 3 月 5 日）

以明先生大鑒：中華圖書館協會前於首都舉行年會，承先生枉駕參觀，疏於招待，乃荷琅函下貴，尤切懷慚。

本年六月，西湖博覽會將來開幕，想見其盛，玆送上敝館影印《玉琴齋詞》《盋山書影》二種，又中社合印《嚴修能精鈔東萊書説》《戴鹿牀手寫宋元四家詩》各一種，請爲陳列。展覽會畢以後，其書悉贈貴館，希賜存爲荷。近閲報載貴館新印書籍，如已出版，倘承檢賜一份，以增敝館之典藏，不勝感荷。 順頌公安　柳詒徵 一八、三、五

再有請者，敝館普通書籍，除行政機關之參考以外，概不借出。聞貴館之書取流通辦法，有取保證金之規定，其章程如何，並祈惠示爲盼。附書四種共九本，另交郵寄上。又及。

致教育部陳秘書函（1929 年 3 月 5 日）

石珍仁弟大鑒：連日報載貴部將開全國美術展覽會，觀摩相感，意味深長，此亦教育之一種方針也。本

館藏書尚富，擇其精本印行，以公海內同好，茲送上《盋山書影》《玉琴齋詞》及中社合印《嚴修能精鈔東萊書說》《戴鹿牀手寫宋元四家詩》共四種，請爲陳列展覽，俟會務畢，其書悉贈貴部圖書館，上列琳琅，藉助流壤，並希轉達爲荷。　順頌公綏　柳詒徵一八，三，五

附書共四種九本已另郵寄達。　又及。

復最高法院函（1929年3月5日）

徑啓者：接準來函，始悉上年十月曾荷貴院贈以《大理院判例要旨匯覽》等書共二十二本，但敝館並未收到，不識是否送與中央大學圖書館，蓋敝館亦屬中央大學，冠有「國學」二字，其區別在此。前項官書貴院如有重分，倘再承檢賜，尤爲紉感。此次承贈公報二本已公布閱覽，珍重拜嘉，敬以鳴謝。此復　最高法院

國學圖書館啓一八，三，五

致陳傑夫、周雁石函（1929年3月5日）

傑夫、雁石仁弟鑒：去冬以來爲館徵集官書，經各部院相繼持贈，頃接最高法院來函云於十七年十一月二十四日曾贈本館《大理院判例要旨匯覽》卷一二三各一本、續編上下各一又本、《大理院解釋判例要旨匯覽》卷一二三各一本，《大理院解釋法律文件》第一二輯合刊至十五輯共十四本，綜共二十二本，迄未見復云

云。查此項官書，館中并未收到，是否誤送貴校圖書館，請查明賜復爲荷。順頌日祉　柳詒徵一八，三，五

致劉翰怡函（1929 年 3 月 8 日）

翰怡先生大鑒：承贈《雪橋詩話》附續集、三集共三十二冊，業已收到。綜計歷來荷先生所賜書籍有十餘種，提倡文化，感佩無已，茲將已有者另單開請管存，祈將其他已刊各書源源見惠，大雅在望，翹企彌殷。敬請道安　柳詒徵一八，三，八

復國民政府考試院函（1929 年 3 月 8 日）

敬復者：接奉大函，誦悉壹是。敝館房屋有限，自去歲迄今，請求住館讀書者紛至沓來，未能全行支配，囑即日酌讓住室一間，實無以應命。所需參考書籍，如非屬善本，雖數量較多，請分期函示，自當陸續奉假。至於變通章程一節，固知貴院急待成書，惟館中無屋可讓，且亦未能携書至個人住室，恐爲住館讀書者藉口，則保管難於劃一，以昭愼重。謹貢愚忱，尚希鑒諒爲荷。此致　國民政府考試院　國學圖書館啓一八，三，八

復北平北海圖書館函（1929 年 3 月 14 日）

敬復者：上年承贈貴館新築設計圖，當經編目陳列，以表宏規而志嘉貺。今浙省圖書館需此參考，重以

鼎言，自可借與，但須於一定期間請其寄還，至希貴館轉知，并請其徑行來函，當囑由敝館保管部照借也。此

致

　北平北海圖書館　國學圖書館敬復一八·三·一四

致中華圖書館協會函（1929年3月14日）

敬復者：承示國際圖書館協會定於本年六月十五日至三十日羅馬舉行會議，籌備委員人數列及弟名，此事固不外乎溝通文化，然如何揚我國粹，宜有詳細辦法，貴會規劃精詳，尚希示以方針，俾有率循爲盼。此致

　中華圖書館協會　柳詒徵一八·三·一四

復考試院秘書處函（1929年3月14日）

徑啟者：承大函附假書單一紙，重以貴院需要，自當於可能範圍以內查照辦理。因敝館藏書，悉供閱覽，一旦借出多部，無以供閱覽者之需要，前次函復貴院云數量較多可分期函借，即是此意。查上年十二月三日貴院曾假《學政全書》一部計十六冊，未荷檢還，兹准前因，用將《路史》二十冊交由張科員帶上，其餘各書當陸續檢奉，仍希貴院陸續檢還，諸惟亮鑒爲荷。此致

　考試院秘書處　國學圖書館啓一八·三·一四

致周耀宇函（1929年3月14日）

耀宇先生大鑒：四川寄來書籍，昨經郵局通知僅有一百零五本，現已取回，皆非常潮濕，所有頁數復連結不開，須大加整理之後再供閱覽。據郵局來函「原包八件在南廣失去，內各件皆破爛不堪」等語，證以書之潮濕，顯係曾經落水，兹將郵局原函抄閱，希轉達貴友爲荷，并請代致謝忱。遠道寄書，未能拜受全璧，亦憾事也。屢承詢及，特以奉聞。　順頌公綏　　國學圖書館啓一八・三・一四

附錄郵局原函一通。

八・三・一六

致考試院函（1929年3月16日）

敬啓者：上年十二月三日接奉貴院函開假閱敝館所藏書，當經奉上，嗣荷檢還三種，尚有《學政全書》一部計十六冊承示尚須參考，現在想已閱畢，祈將此書賜還爲盼。　此致　國民政府考試院　　國學圖書館啓一

復通志編纂委員會函（1929年3月16日）

逕復者：接准大函，徵集敝館藏書目録，兹寄上善本書目一部、書目二編一部，又敝館新編經史叢志四部書目共八冊，請查收見復爲荷。　此致　江蘇通志編纂委員會　　國學圖書館啓一八・三・一六

致最高法院函（1929年3月17日）

敬啓者：前承函示曾贈送敝館官書，查未收到，當經奉復，一面在中央大學圖書館調查，知前項官書業經該館收存，應俟其清出徑交敝館，不敢再勞尊處追索。念承雅貺，特以奉聞。此致

　　　　　　　　　　　　最高法院　國學圖書館

啓一八·三·一七

致張校長函（1929年3月17日）

敬啓者：本館章程，自釐訂具報以後，施行逾年，多有增益，如閱覽券添有善本季券，月券並普通長期券三種，已於上年九月請准備案。他如各部工作，或已有加增，或再求縝密，均有修改必要。查館章刊印時期在上年二月，尚冠以「江蘇大學」字樣，尤應另行刊訂，以符現在名稱。爰於上年十二月二十一日開全體館務會議，就一年來施行事實修改如左：（一）凡章程中「江蘇大學」字樣應一律改爲「中央大學」字樣；（二）總則第四條「庶務掌購置館中公用器物，管理膳食，督察公役及修繕清潔，招待參觀」，今於膳食之下添「園藝」二字；（三）總則第五條之下加「第六條　館員工作之外須各認研究一門（如目錄學、文學、史學、文字學等）」，或訂期同時研究」；（四）總則第六條推爲第七條，並修改原文「館中事務，每星期二開主任、主幹會議討論進行，有重要事件得開全體館務會議，均由館長召集並主席以多數表決之」；（五）原文第七條推爲第八條，原第八條推爲第九條，文仍舊；（六）保管部規程第一條於原文中「保管本館一切書籍」之下加「版

片及外人寄存書籍版片」字樣；（七）保管部規程十四條於原文中「調取普通閱覽書籍，經本館館長、主任及本部主幹許可者，得借出若干日」於「得」字之下加「憑閱覽部開具借書單取書」下文仍舊；（八）閱覽部第七條加「善本季券、月券、普通長期券」已奉核准，兹僅載明次第，將增加「善本季券定價貳元，期限三個月」一條列入，原文中「第四種善本閱覽月券定價壹元，期限一個月」一條加增「普通長期閱覽券定價壹元，期限六個月」一條順列第五條，原文「四、善本閱覽券每券一次，定價小洋四角」移爲第六條，將加增「普通長期閱覽券定價壹元，期限六個月」一條列爲第七條，原文「五、普通閱覽券每券一次，定價銅元四枚」移爲第八條；（九）閱覽部第十條原文中「凡持有優待券或長期券者」，應於「或」字下加「季券、月券及」五字，又同條下列一、二、三、紅底白字、藍底白字、白底黑字一律取銷，改爲「（一）甲種優待券憑證　（二）乙種優待券憑證　（三）善本月券憑證　（四）善本季券憑證　（五）善本長期閱覽券憑證　（六）普通長期閱覽券憑證　（七）普通長期閱覽券憑證」；（十）傳鈔部規程第十二條原文中「代鈔本館善本」，將「善本」字改爲「藏書」字樣，又同條原文中「每萬字暫定國幣三元」之下，加添「委託者聲明行書，每萬字減價二成；楷書限期太迫者，加二成」；（十一）傳鈔部第十二條之下另加一條爲十三條，條文爲「委託抄書人聲明所抄之書須校讎者，收校讎費每萬字國幣一元，校讎之責，以所鈔之書符合原本爲限度（有以家藏本托本館校刊者，視校刊之難易分三種收費：甲種視鈔書費，乙半之，丙三分之一）」；（十二）傳鈔部原十三條改爲第十四條，原第十四條完全取銷，將十三條原文「前項代鈔費」，「代鈔」字樣改爲「鈔校」字樣；（十三）參觀規程第一條原文「凡來本館參觀者，由庶務」各字樣之下改爲「或書記」字樣，取銷原文中

「及閱覽部保管部員」各字樣；（十四）參觀規程第二條原文「庶務室設立題名簿」，將「庶務室」改「招待」；（十五）住館讀書規程第四條之下另加第五條，文爲「住館讀書者，研究所得可投稿本館編輯部在年刊發表，惟須得編輯部之認可」，原文五、六、七條推爲六、七、八條，文仍舊；（十六）附則第二條原文「本章程有未盡事宜，得隨時由館長或主任召集館務會議」，刪去「或主任」三字，餘文仍舊。以上修改各條一致議決通過，茲繕具館章全文，備函送陳查核，請准予備案爲荷。此致 張校長 國立中央大學國學圖書館館長

柳詒徵　一八，三，一七

致電話局函（1929 年 3 月 17 日）

逕啓者：敝館舊用電話機業經多年，以致常須修理。近一星期，機上鈴聲一日響無數次，固知碰線使然，但有時鈴聲大作，隨取電筒，杳無消息，只聽耳際非常嘈雜而已，外來電話，說不到一分鐘即不清楚，可知舊機已不適用，敝館與各部院及各學校因公接洽之事甚多，有此電話機，等於無用，則每月所納電話費固屬虛糜公款，而有誤敝館公務，殊爲憾事。查貴局前次加收押機費，敝館當經照納，而電機仍不改良，固敝館所不及料想，亦爲貴局所應注意。務希飭知技師，即日將敝館安換新機，以資利用，是爲至盼。此致 南京電話局 國學圖書館啓　一八，三，一七

致張校長函（1929 年 3 月 30 日）

敬啓者：本館所儲專款出自積餘，請將此款購印書籍，久經奉准，曾將十六年度一月至六月專款册報在案。茲將十六年度七月至十二月專款造册具報，祈察核備案。此致

張校長　國立中央大學國學圖書館館長柳詒徵一八，三三，三〇

復丁芝蓀函（1929 年 3 月 30 日）

芝蓀先生大鑒：承惠書並代抄《詠懷堂詩》丙子詩下卷，成茲完璧，洵藝林之佳話也，佩甚慰甚，應奉抄費二元四角一分，尊囑不必寄還，未便有瀆。遵囑寄奉《洪武京城圖志》《金陵古今圖考》《好古堂書目》各一部，用答雅意，另奉《書影》《元牘記》二種，希賜存爲荷。再有請者，聞先生刊行書籍内有《虞陽説苑》一書，擬乞一份，爲敝館多一寶藏，倘荷便中檢賜，無任欣感。手謝，敬請道安　柳詒徵一八，三三，三〇

致工務局函（1929 年 4 月 2 日）

徑啓者：旱西門一帶女墻，多被駐軍拆卸，取其城磚應用，已不在少數，現尚有零星磚塊置於城頭，是否已經貴局接洽有案。敝館年久失修，補整所有圍墻，亟需磚料，此項城磚現經拆卸，用於敝館亦屬以公濟公，特函貴局，請派員前赴城樓先行查看。敝館所需磚料，約數千至一萬塊之數，倘荷允許領取，實感公誼。此

致 南京特別市工務局 國學圖書館啓 一八，四，二

致周子美函（1929 年 4 月 2 日）

子美先生大鑒：前接惠書并《雪橋詩話》，尚稽裁答，每懷雅意，時切心儀，曾經函謝貴居，停請續惠所刊叢書，又恐有重復，將歷年所承賜者開單寄奉，未荷見復。素仰賢主嘉賓，惟文化是尚，兹再將館中收到贈書另單奉閱，敢乞商之貴居停，大沛琳琅，使首都册府永寶宏文，亦藝林之盛事也。希贊助以饜所求爲幸。此

請　撰安　柳詒徵 一八，四，二

復姚石子函（1929 年 4 月 2 日）

石子先生大鑒：承惠示並書單一紙，詢其所無者，將予補贈，近又荷惠書《内經》及《武陵山人遺書》舒藝室全集》，連前次拜贈《説文》二部，已共有五種，兹按照來單，將已有者圈出，其餘另待惠貺。所需《好古堂書目》《洪武京城圖志》《金陵古今圖考》三種遵囑奉上，另附新印《元牘記》，並請賜存。敝館出版各書，印有書目，順以奉閱，如尊處尚未有者，亦當補奉也。復頌道安　柳詒徵 一八，四，二

致賈伯函（1929 年 4 月 3 日）

果伯先生偉鑒：久未晤教，渴想于懷。敝館開放閱覽以來，屢徵中西文集，旁及官書，承各機關及海內人士相繼持贈。素稔先生具理財絕學，發為文章，如《民國財政史》《關稅問題報告》，皆極有價值，擬請惠贈敝館一份，俾南都學子知所考据，勝於研究經濟學。實拜嘉貺，想大雅樂惠士林，當荷見許也，臨穎不勝翹企。

敬頌勛安　柳詒徵一八，四，三

致立法院函（1929 年 4 月 9 日）

敬啓者：敝館歷徵官書，以重典藏而惠來學，多承各部院予以贊助。茲悉貴院刊行《統計公報》，內容豐美，敬乞按期惠贈，其他關於政治新書及此後續有出版刊物，并希源源檢賜，不勝感荷。此致

立法院　國學圖書館啓一八，四，九

致鄧孝先函（1929 年 4 月 9 日）

孝先生大鑒：歲初承華翰並荷借抄之書，尚羈裁謝，三春景麗，佳興何如，言念清塵，殊惓惓也。去冬假尊處藏書目錄，已照抄一份存於館中，嗣為子民先生假去，以遷移之故，久未檢還。滬上醫學書局編輯書目，屢請代抄此目，而借者無可還，因亦無以應也，茲謹為該書局介紹，祈賜接洽，或由尊處代抄與之，以遂其

致徐森玉函（1929 年 4 月 10 日）

森玉先生道鑒：久未走函，良殷遥想。貴館遷居以來，遥知擘畫精詳，庋藏益富，遠承藜照，欽慰深之。敝館去歲托抄《永樂大典》收到兩册以後，久欲繼續請鈔，今貴館展布一新，當可召集寫官從事鈔録，除前存餘款外，敝館仍擬按每月寄上百元，照前約辦理。此時何日着手抄録，並希惠示，抄畢一册，即請寄遞一册，外包用須油紙封固，因去歲寄來兩册受潮濕，亦祈費神轉知爲荷。再，敝館徵集新出金石拓本，迭承各方惠贈，學者興味頓增，先生搜集金石殘片，世多未睹，倘荷拓賜全份，尤足光耀南服。佇盼雅貺，無任主臣。專此，敬頌公安　柳詒徵一八，四，一○

復涵江圖書館函（1929 年 4 月 14 日）

徑復者：承贈《玲瓏山館詩集》一册、《方簡肅公文集》二册，甚謝雅貺。茲送上善本書目一册、書目二編三册、年刊一册，請賜存爲荷。此復　涵江圖書館　國學圖書館啓一八，四，一四

懇求之意，惟希酌行爲荷。專此布臆，敬頌春安　柳詒徵一八，四，九

致丁芝蓀函（1929 年 4 月 14 日）

芝蓀先生道鑒：《虞陽説苑》得覯爲快，都中學子又得一部新書瀏覽矣。乙編印成，將來尚希惠賜，荆材受予，晤及時當代爲致聲也。復謝。順頌著祺　柳詒徵　一八，四，一四

致立法院劉廷冕函（1929 年 4 月 16 日）

廷冕仁弟大鑒：未常把晤，想見賢勞。兄爲館徵集官書，承各部院陸續持贈，前聞貴院《統計公報》業已出版，曾於本月九日正式函請見惠，未荷答復，至希執事爲之贊助，得以陸續拜嘉，不勝企荷。敝館有出版刊物，當亦寄送貴院，以作交換也。順頌公綏　柳詒徵　一八，四，一六

致葉玉虎函（1929 年 4 月 18 日）

玉虎先生偉鑒：兩月前曾奉寸箋，傾企靡已。頃承續贈《瘦庵詩集》，謹已編目存館，其他精槧新刊，仍乞源源見惠，永藏敝館，彌誌高雲。阮圓海手迹爲公所寶，前請廣其傳流，因敝館擬續印《詠懷堂丙子詩》，須此弁首，至祈先生影印寄下，須費若干，當由館寄還。清標在望，不禁神馳。敬頌台安　柳詒徵　一八，四，

一八

致湖南教育廳函（1929 年 4 月 30 日）

徑復者：展誦琅函，至欽偉書。滄瀣民智，端賴圖書，貴廳博采旁徵，敝館亦同此旨，重以台囑送上年刊，聊貢壤流，尚希賜教。此復 湖南教育廳 國學圖書館啓一八，四，三〇

致中華圖書館協會函（1929 年 4 月 30 日）

徑啓者：前接大函，藉悉本年六月在羅馬舉行國際圖書展覽會。茲按照國際圖書館會議報告關於徵求出品事項第五節，另郵寄上敝館《書影》《小史》年刊各一冊，内並有中英文説明，祈察收轉寄爲荷。此致中華圖書館協會 國學圖書館啓一八，四，三〇

致葉玉虎函（1929 年 5 月 4 日）

玉虎先生：承手教及惠寄撮影，不勝感幸。前半裝裱竣事，仍祈先生爲之影寄，俾獲全豹，可於書首表而出之，當併述緣起，以誌贊助雅意。刻成即奉贈也。復頌道安 柳詒徵一八，五，四

工務局來函（1929 年 5 月 6 日）

徑覆者：案准大函，以漢西門一帶女墻多被駐軍拆卸，貴館因修葺墻垣需用城磚，函請將此項已經拆

三五七

卸城磚撥用等因，准此，正派員調查核辦間，又准函同前因到局。查本市所有城磚現已停拆、停運，來函所

請准將漢西門女墻上所拆城磚撥作葺墻之用一節，未便遵辦，相應函覆，即希查照爲荷。此致　國立中央

大學國學圖書館　南京特別市工務局啓一八，五，六

致日本靜嘉堂文庫函（1929 年 5 月 8 日）

敬啓者：蒙贈《國書分類目錄》，宏富可喜。素知尊處編輯新穎，體例詳明，擬請再賜《漢籍目錄》及《秘籍

志》兩書，俾窺全豹，彼此爲文化上事業，想荷惠允。茲將敝館出版書類另郵寄上六種，以答雅貺，希檢存見

復爲荷。手謝，順頌撰祺　中華民國南京國學圖書館啓一八，五，八

致膠澳商埠局函（1929 年 5 月 8 日）

敬啓者：承示贈以《膠澳志》，迄未奉到，曾函達貴局，想已邀覽。現在魯境肅清，郵遞當不再誤，請一面飭

查，仍祈將前項志書惠予補贈，俾南都學子先覩爲快，是爲企幸。此致　膠澳商埠局　國學圖書館啓一八，五，八

中華圖書館協會來函（1929 年 5 月 8 日）

敬啓者：頃奉大函並承惠送國際圖書展覽會出品三種，計貴館《書影》、《小史》、年刊各一册，拜領之

餘，無任感幸。除代爲轉送羅馬陳列以揚國光外，相應先函復謝，即希察照爲荷。　此致

國立中央大學國學圖書館　中華圖書館協會執行委員會啓　一八，五，八

復交通史編纂委員會函（1929 年 5 月 9 日）

徑復者：承函祗悉。查敝館普通書籍，有關于行政上參考，可於最短期間假閱，但開辦閱覽以來，閱書人多未能假出，如參考之書爲敝館重分，又爲貴會能短期歸還，當可奉假。准函前因，相應函復查照。　此致

交通史編纂委員會　國學圖書館啓　一八，五，九

復大中秘書處函（1929 年 5 月 17 日）

徑復者：承函示敝館職員所得捐應解繳中央執行委員會會計科列收，自當按照大學本部辦法，於本年二月起繳送所得捐，除已查照外，以後自五月起當按月繳送。准函前因，相應函復即希查照爲荷。　此致

中央大學秘書處　國學圖書館啓　一八，五，一七

致中央執行委員會秘書處會計科函（1929 年 5 月 17 日）

徑啓者：案准中央大學秘書處函開，以敝館職員所得捐，現經貴科函催，囑將繳解見復等因到館，查此項

所得捐，敝館按照薪領標準，依徵收條例每月扣存，總數計洋十一元二角。茲根據中央大學本部辦法，於十八年二月起計二、三、四等月統共所得捐，計洋三十三元六角，如數送請貴科查收，自五月起以後，當按月繳納，即希見復備案。　此致

中央執行委員會秘書處會計科　國學圖書館　一八，五，一七

復江西省立圖書館歐陽館長函（1929 年 5 月 17 日）

祖經先生大鑒：遠承藻翰，欣悉宏規，回憶塵談，有懷未已。圖書館事業，原輔教育之所不及，文獻搜羅，自須經濟，承囑一節，當視力之所及贊助貴館，力求發展也。敝館經費尚仍舊貫，惟館屋已逾二十年，且因款絀，從未修理，現擬援照浙江圖書館建保險屋辦法，以慎藏秘籍，倘荷遙爲聲援，致函蘇省政府諸公，感荷無已。彼此同舟，期于共濟，想承贊助也。專復布臆，敬請台安　柳詒徵 一八，五，一七

致國際出版交換所徐所長函（1929 年 5 月 21 日）

韋曼先生偉鑒：敝館出版書籍，業向各方交換，尚未及于國外，今喜台端溝通國際出版，洵爲文化盛事，願得附驥，已由繆贊虞君先行奉商。茲特正式函請介紹，并祈示知此項交換品應需份數，以便隨時寄呈，廣爲交換，實紉鼎助。專此，敬頌籌祺　柳詒徵 一八，五，二一

復日本東方考古學會島村孝三郎函（1929年5月25日）

島村先生左右：辱荷惠書，告知《史學雜誌》購處，並寄贈貴會出版《貔子窩》一巨冊，均照收，感謝感謝。

茲郵寄敝館出版新籍《宋本書影》《洪武京城圖志》《金陵古今圖考》三冊，奉贈貴會，至祈察收，貴會後有出版圖籍，並祈惠贈一份爲禱。耑肅，敬頌台安

柳詒徵　一八、五、二五

中央執行委員會會計科來函（1929年6月19日）

逕復者：茲准貴館大函及來員交到十八年五月份所得捐名冊一份並銀元十壹元二角，除給收據外，相應函復，即希查照是荷。此復　中央大學國學圖書館

中國國民黨中央執行委員會會計科　一八、六、一九

復首都公安局函（1929年6月19日）

逕復者：接准台函，以西區分署派在敝館警兵一名現須撤回服務，如有需要，須照貴局請願警章程辦理等因，查敝館性質係公立機關，所藏圖書爲東南冠，只以地僻西隅，允宜注意，證以各公立學校門首均有崗位，此項警兵實有需要。敝館最初函請在館門添設一崗，維時貴局節省經費，允派一警常川駐館，在敝館已認爲通融辦法，今添崗既不可能，所派警兵尚須撤回，以敝館之性質及地點位置而言，此項警兵於事實上殊未可撤回。現奉蔣總司令批示，將館旁馬祠訂爲敝館分部辦公之用，并示諭該祠以後永遠不得駐軍修械，是

敝館內部擴充，門首尤須防衛，至祈令知西區署勿將駐館警士撤回，實紉公誼。此致 首都公安局 國學圖

書館啟 一八，六，一九

復西區第一分署函（1929 年 6 月 19 日）

逕復者：接准大函，以派在敝館警士一名現須撤回服務，囑即查照等因，查此案已准公安局函知前來，當

以未能撤回理由函復在案，并請其函知西區署勿將駐館警士撤回。准函前因，即希查照。此致 林署員

國學圖書館啟 一八，六，一九

復北平北海圖書館函（1929 年 6 月 25 日）

逕復者：承函示購到影書機，試用頗著成績，擬借敝館書籍影印，具見貴館流傳古籍之盛意，但所開書

目，均屬善本，向章不能外假，未便從權，可否將所需之件或由館代抄，或由尊處將機運來，在敝館影印，仍請

酌定。敝館《續提善本書目》經史二部已照舊目油印，當另郵寄奉上，至代售書籍辦法，已另函奉洽，希查照

為荷。此致 北平北海圖書館 國學圖書館啟 一八，六，二五

江蘇省立國學圖書館第三年刊（十八年度）案牘

教育部來文（1929 年 7 月 12 日）

爲令知事。關於該館附近祠宇駐軍修械一案，經由本部分別呈咨，請予准飭他遷，並將送接首都衛戍司令部、國軍編遣委員會中央第一編遣區辦事處及軍政部等咨復各節，連同佈告轉飭該館查照各在案。兹准軍政部咨開「前准貴部咨以陸海空軍經理處修械所移住國學圖書館左右祠宇，軍火危險，圖書可貴，請給保護佈告以資張貼等由，當經辦就，佈告咨送貴部轉發張貼，並一面函請陸海空軍總司令部辦公廳轉飭該修械所覓地遷移各在案。兹准國軍編遣委員會中央第一編遣區辦事處函開『該修械所已於六月十七日遷移』等由，相應咨達查照，並轉飭國學圖書館知照」等由，到部合行令仰該館知照。此令。部長蔣夢麟

十八年七月十二日

行政院來函（1929 年 7 月 12 日）

翼謀先生左右：前奉惠函，當即函致陳部長，頃得函復云「頃奉尊函，爲朝天宮所住俘虜有衝毀尊經閣

墙壁强取书版作爨情事，饬即设法查禁，以维古物等因，仰见钧座保存国粹，维持文化之至意。查该处俘虏收容所，系归国民革命总司令部主管，除函请总部办理外，萧此奉复」等语，知切注系，特用奉达。复请

校祺不次　谭延闿七月十二日

行政院来函（1929 年 7 月 17 日）

翼谋先生左右：顷接军政部陈部长函称，朝天宫内俘虏所刻已准总司令部公函，复称此项临时收容所于六月中旬第二批俘虏遣散后，业已撤销等语，知关注念，特用函达。专颂校祺，不具　谭延闿七月十七日

中华图书馆协会来函（1929 年 7 月 20 日）

径启者：拜读七月六日大函，敬悉一是。国际图书展览会系于四月二十八日举行，而尊处出品系于五月三日收到，故《盋山书影》会报中疏神漏载，至歉至歉。所载《小史》，年刊二书，亦系他人临时提出者，惟此三书确已交沈祖荣代表补行携至罗马展览，可告慰也。此致　中央大学国学图书馆　中华图书馆协会执行委员会启七月二十日

函西區分署（1929 年 7 月 30 日）

敬啓者：敝館職員辦公處及宿舍，迭經總司令部、軍事委員會、國民政府軍政部、首都衛戍司令部頒給告示保護在案。本日突有自稱山東會館會長靳某等三人闖入本館職員宿舍，衝毀門扉，肆口無理，業經本館主任趙鴻謙聞聲前往彈壓，靳某等強橫愈甚，搶去軍事委員會告示一具，並聲稱將糾約流氓復來滋擾本館職員宿舍，搶遴派職員繆鳳林赴貴分署報告。相應備具正式公函，請求貴分署飭查靳某率領人等滋擾本館職員宿舍，搶去軍事委員會告示情形，依法辦理，並加派崗警保護本館屋宇以及職員之安全。現當防務吃緊，誠恐際此謠傳共黨舉行紀念節日，發生意外，敝館地隸貴分署區域，至希特別注重，以維公安，無任德便。右致　西區分署署長林　國學圖書館館長柳詒徵十八年七月三十日

呈教育部（1929 年 7 月 31 日）

敬呈者：前因馬祠駐軍修械，陳請大部轉呈樞府撥歸館中保管，以供分部辦公之用，迭經府、部、院、會頒示保護在案。自前項軍隊遷移後，館中接收修理，存儲版片，兼以一部分之屋宇爲職員宿舍。詎本月三十日，突有自稱山東會館會長靳某等三人闖入本館職員宿舍，衝毀門扉，肆口無理，經本館主任趙鴻謙聞聲前往彈壓，靳某等強橫愈甚，搶去懸挂正廳之軍事委員會告示一具，並聲稱將糾約流氓復來滋擾，當經本館遴派職員繆鳳林赴公安局西區分署報告。本日復由靳某糾約多人來館，迫令即日遷讓，西區巡官聞報來館彈

壓，並未將昨日搶去告示追回。伏思馬祠係前清敕建，本屬公有屋宇，兩年以來駐軍修械，該會館並未過問，本館使用此項房屋，久經呈明府、部、院、會各高級機關，靳某等竟誤以爲本館私行占領，恃强要挾乃至毀奪軍委告示，實屬玩視法紀。本館除將連日情節分函首都公安局，衛戍司令部外，理合籲請大部查照歷請各案，咨行內政部轉飭公安局，聲明該祠業經歸圖書館爲辦公之用，靳某等不得藉口糾衆滋擾，並應切究搶奪軍委告示，藐玩法紀之罪，以重公務而肅紀綱。迫切陳請，伏候鑒核施行。右呈

國立圖書館館長柳詒徵七月卅一日

國民政府教育部部長蔣

粘呈建造馬祠原案。

函公安局局長姚（1929 年 7 月 31 日）

敬啓者：本館前因龍蟠里馬公祠駐軍修械，迭經呈請總司令部、國民政府行政院、教育部、軍政部請飭遷讓，并訂明以該祠爲館中分部辦公之用，自四十六師遷移後，即由本館接收修理，庋藏版片，寄宿職員，迭奉部、府、院、會頒示保護在案。詎本月三十日，突有自稱山東會館會長靳某等三人闖入本館職員宿舍，衝毀門扉，肆口無理，經本館主任趙鴻謙聞聲前往彈壓，靳某等强橫愈甚，搶去中廳所懸軍委會告示一具，當經本館遴派職員繆鳳林赴西區分署報告，並即備具正式公函，請求西區分署飭查靳某率領人等滋擾本館職員宿舍，搶去軍事委員會告示情形，依法辦理。本日靳某復率領多人來館滋擾，迫令遷讓，西區巡官聞知前來彈

壓，始行散去，亦未將搶去軍事委員會告示追回。伏思本館領用馬祠，迭經呈明部、府、院、會，奉有蔣總司令示諭，並非私行占領，且馬祠係前清敕建，其性質並非山東公產，自前年四十六師設立修械所以來，該會館從未過問，今忽糾衆滋擾，聲稱收回產權，顯係畏軍隊之威嚴，欺書生之文弱，兼復搶去軍委告示，不知是何用心。設再于三數日內糾衆復來肆行強暴，館員殊無抵抗之法，爲此瀝陳經過各情，聲請貴局加派得力崗警，以保館員之安全，並請飭西區署員澈究靳某搶去軍委會告示及強橫情事，依法辦理，庶可彰法紀而維治安。以上各節，除呈明教育部請求咨行內政部，聲明馬祠業歸本館保管使用在案外，理合呈明貴局請予查究，並加維護。迫切陳請，伏候鑒核施行。右呈

首都公安局局長姚　國學圖書館館長柳詒徵七月三十一日

函衛戍司令部（1929 年 7 月 31 日）

敬啓者：本館前因龍蟠里馬公祠駐軍修械，迭經呈請總司令部、國民政府行政院、教育部、軍政部，請飭遷讓，并訂明以該祠爲館中分部辦公之用，自四十六師遷移後，即由本館接收修理，庋藏版片，寄宿職員，迭奉部、府、院、會暨貴司令部頒示保護在案。詎本月三十日，突有自稱山東會館會長靳某等三人闖入本館職員宿舍，衝毀門扉，肆口無理，經本館主任趙鴻謙聞聲前往彈壓，靳某等強橫愈甚，搶去中廳所懸軍事委員會告示一具，聲稱即日率同流氓苦力前來以暴力驅逐職員，毀棄版片，當經本館遴派職員繆鳳林赴公安局西區分署報告，並於今日上午至貴司令部報告，請求彈壓維護。本日靳某復率領多人，衝落門扉，迫令遷讓，貴司

令部胡稽查及西區署員聞知，前來彈壓，勸以依法呈請各級機關辦理，乃靳某等蠻不講理，堅持限期三日，限滿之後即以暴力對付。伏思本館領用馬祠，迭經呈明部、府、院、會，奉有蔣總司令示諭，並非私行佔領，且馬祠係前清敕建，其性質並非山東公產，自前年四十六師設立修械所以來，該會館從未過問，今即欲乘機占用，亦宜依法呈請主管機關辦理，在未得核准以前，萬不能恃衆肆行強暴。今乃糾衆滋擾，顯係蔑法律之常規，欺書生之文弱，兼復搶去軍委告示，不知是何用心。三日之後必糾衆復來，館員殊無抵抗之法。本館珍藏秘籍甚多，爲國家希有寶藏，書樓與宿舍密邇，設因群衆暴動，禍且不測。爲此瀝陳經過各情，聲請貴司令部遴派得力員兵暫住敝館宿舍，保護館藏之安全，維持首都之治安。以上各節，除呈明教育部，請求咨行內政部聲明馬祠業歸本館使用在案外，理合呈請貴司令部請予維護。迫切陳詞，伏候鑒核施行。　右呈　首都衛戍司令部司令谷　國學圖書館館長柳詒徵七月卅一日

呈內政部（1929年7月31日）

爲呈請備案並示禁滋擾事。　竊本京龍蟠里馬公祠毗連敝館，前因駐軍修械，慮生危險，迭經本館呈請國民政府軍政部、編遣委員會、教育部，飭禁駐軍，並訂明以該祠爲本館庋藏版片分部辦公及職員宿舍之用，部、府、院、會均准所請，頒給示諭，自四十六師修械所遷出後，即由本館接收該祠，修理應用。詎本月三十日，突有自稱山東會館會長靳某等，率領多人闖入本館職員宿舍，衝毀門扉，肆口無理，並搶去軍事委員會告

示一具，本日復率領多人來館滋擾，迫令館員尅日遷讓，聲稱收回產權。伏查馬公祠係前清同治十年由江蘇官廳建造，所有該祠工料，均係支用公款，並非山東人捐資所建，本館藏有當時公牘，另紙粘呈，該祠純屬江蘇公產性質，本館呈請部、府、院、會有案可稽，絕非侵佔山東會館財產，實爲以公濟公。今靳某等自駐軍修械以迄四十六師遷讓交與本館接收之時，從未過問，當亦自知該祠本非魯人捐建，迨遷館員，搶奪告示，橫暴已極。除將經過各情呈明首都公安局、衛戍司令部，並請教育部據情咨請大部飭禁滋擾外，理合備文呈明大部，聲述本館呈請使用馬祠事由，請予備案，並請飭知山東會館，毋得冒稱產權，侵犯公務機關，一面仍祈飭行公安局派警保護及澈究搶去本館所懸軍委會示諭之人，依法辦理，庶足以昭法紀而保治安。謹此呈請，伏候鑒核施行。右呈

國民政府內政部部長趙　國學圖書館館長柳詒徵七月卅一日

致首都衛戍司令部（1929年8月2日）

敬啓者：七月三十日本館庋藏版片之馬公祠廳事所懸軍事委員會佈告一具爲人搶去，會經呈報公安局及貴司令部，請求查緝在案，事越三日，尚未緝獲搶劫之人及原有佈告，不依法辦理。查上項情節，與尋常搶案不同，軍委會雖已取消，所給示諭一應軍民人等均應尊重，不得侮辱，倘公務機關所懸軍委會印示可由任何人自由攫奪，何以肅法紀而維治安？事關軍事最高威信，理合籲請大部，迅速會同公安局嚴切追究，實爲德便。右呈

首都衛戍司令部　國學圖書館館長柳詒徵八月二日

教育部指令（1929 年 8 月 5 日）

呈悉，查馬公祠本屬公有屋宇，并經撥歸館用在案，該館爲典藏重地，何得閑人滋擾？業已據情咨行内政部查照，飭令公安局保護矣。此令。 部長蔣夢麟 八月五日

内政部批（1929 年 8 月 7 日）

呈暨粘件均悉，仰候咨行南京特別市政府查核辦理可也。此批。 八月七日

教育部訓令（1929 年 8 月 15 日）

案查該館前因山東會館館長靳某闖入該館馬公祠宿舍，搶去軍委會佈告，呈請轉咨内政部，令飭該管公安局妥爲保護等由到部，業經據情轉咨在案。兹准内政部復咨禮字第一四二號内開「查此案前據該館長徑呈前來，業經批示並咨請南京特別市政府查核辦理在案，准咨前因，除令飭公安局妥爲保護外，相應咨請查照」等由前來，准此，合行令仰知照。此令。 部長蔣夢麟 八月十五日

函首都公安局（1929 年 8 月 27 日）

敬啓者：七月三十日，有自稱山東會館會長靳某等三人闖入本館職員宿舍，衝毀門扉，肆口無理，並搶去

中廳所懸軍委會佈告一具，當經本館備具正式公函，請求西區分署飭查，並呈請貴局飭西區分署署員，徹

究靳某等搶去軍委會佈告及強橫情事，依法辦理在案，迄今時近一月，未見將軍委會佈告追回，以彰法紀而維治安，實深懸盼。

用再呈請貴局飭知西區分署，迅予追回靳某等搶去軍委會佈告，以彰法紀而維治安，實爲德便。　右呈　首都

公安局局長姚　國學圖書館館長柳詒徵八月二十七日

復國立中央研究院出版品國際交換處（1929 年 9 月 7 日）

國立中央研究院出版品國際交換處來函（1929 年 9 月 2 日）

逕啓者：前接貴館來函並出版品五種，囑通函各國著名圖書館，聲請交換，後經敝處分函各國圖書館

協商交換辦法在案。茲接美國斯密斯相尼亞學院七月三十一日復函，內稱美國哈佛大學漢文圖書館將

Nyers' Bibliography of Printed treaties and Herner's Slavie Bibliography 與中央大學國學圖書館出版品

交換等語，茲請貴館即將上項圖書郵寄敝處，以便轉送美國，除將原函抄奉外，相應函達，即希查照爲荷。

此致　國立中央大學國學圖書館　原函略　國立中央研究院出版品國際交換處九月二日

逕復者：接大函并美國斯密斯相尼亞學院原函均悉，茲遵示郵奉敝館出版書籍五種，即希轉送美國，

以資交換，俟哈佛大學漢文圖書館書籍寄到，請即擲下爲荷。　此致　國立中央研究院出版品國際交換處

中央大學國學圖書館啓九月七日

致教育廳函（1929 年 9 月 24 日）

前清同光年間，江蘇省有官書局三所，一曰江南官書局，在江寧；一曰蘇州官書局，在蘇州；一曰淮南官書局，在揚州。光緒二十七年，又增一江楚編譯官書局，在江寧。其時國家經費與省款初未畫分，大都由藩庫、運庫或各局外銷項下開支，歸地方長官經管，政府不之問，即編譯局名曰江楚，亦係江蘇獨辦，未嘗在兩湖領款也。光緒季年，江南官書局節省經費，裁汰職員，專歸司事李楷林經理印售事項，淮南、江楚二局亦先後裁撤，歸併江南圖書館。當時定案，大宗書版援江南官書局例，存貯朝天宮尊經閣，印售之事亦由圖書館委託李楷林代辦，其各書版頭及積存教科書、岑刻《舊唐書》《毛詩注疏》版片，全分存貯館樓，以便稽核印售之事。於是李楷林以江南官書局之經理員兼爲圖書館印售書籍，以書作本，開支薪工，售書餘利，按季歸館，逐年年終並造具報銷及書籍存售清冊存館，此圖書館管理淮南、江楚二局書籍版片之歷史也。民國以來，蘇州官書局隸屬于蘇州圖書館，改稱爲該館之印行所，而江南官書局則仍由江蘇省公署及教育廳管轄，十六年設立大學區制，則歸大學之擴充教育處管轄，十七年南京特別市欲將該局收爲市有，經大學院解釋，仍爲省有，第將該局自貢院街移至金沙井，改名爲國學書局，而該局代圖書館印售淮南、江楚二局之書，由李楷林向圖書館負責，則自教育廳時代至大學區時代未嘗變易也。本年九月十九日，各報教育新聞均登載教育部接

收國學書局一則，而李楷林並未來館報告，嗣經調查，茲事動機實由李楷林因大學區制、教育廳制嬗替之際，逞其私智，赴部陳請，部中爲其朦混所致。伏思李楷林經理江南官書局多年，原係江蘇教育廳之雇員，一面代售圖書館經管之書，亦爲圖書館之雇員，今忽背棄主管官廳及主管機關，朦禀上級官廳，殊屬不明職責，鈞廳在省辦公多日，對於國學書局經售之江南官書局之書版及李楷林之失職，應如何依法處理，敝館因該局經售淮南、江楚二局書版，有連帶關係，理合將官書歷史及該經理之職責詳晰陳報鈞廳，以便采擇，伏候鈞裁。

國學圖書館館長柳詒徵九月二十四日

致教育廳函（1929年9月30日）

敬啓者：本館十八年度預算，早經呈送中央大學行政院及江蘇省政府在案，而全省教育預算久未成立，仍照十七年度支給。查本館十六年度預算年支三萬元，當時照七五成支付，十七年度新預算未成立，各學校及各擴充機關按十六年度預算十足支領，惟本館仍照七五成支領，所少之數，迄未補足，揆之事理，似欠公平。今大學區制取消，鈞廳業已成立，本館十八年度經費如能按照新預算支給，則事業得以稍稍進展，固爲南都學子之幸，倘仍照原案辦理，務請與各學校及各擴充機關一律攤付，俾館事進行不致十分竭蹶，而讀書之士尤戴德靡涯。鈞廳提倡文化不遺餘力，定蒙俯允，臨穎不勝，盼禱之至。謹呈

江蘇教育廳廳長陳　國

學圖書館館長柳詒徵九月三十日

山東省教育廳來函（1929 年 10 月 3 日）

大函奉悉，前已將十三經二部分作二十四包交郵寄上，並附十三經全部清單一紙，希即查收爲荷，並請示復。此致

國學圖書館　山東省政府教育廳十月三日

教育廳來函（1929 年 10 月 7 日）

徑復者：接准大函，要求十八年度貴館經費按照新預算支給，如照原案辦理，請與各學校、各擴充機關一律攤付等由，准此，查廳中對於直轄各機關待遇，一秉公平，不稍偏頗，十八年度預算現正飭科分別編造，一俟齊全，即提交經費委員會商定，當不使貴館受不平之待遇也。准函前因，相應函復即希查照。此致

國學圖書館館長柳　江蘇省教育廳啓十月七日

函首都公安局西區第一分署（1929 年 10 月 8 日）

敬啓者：接准大函，敝館所懸軍委會佈告業蒙貴分署查獲，玆特備函着人來前具領，請煩查照。此致

首都公安局西區第一分署　國學圖書館十月八日

教育廳訓令（1929 年 10 月 16 日）

為令遵事。　案奉江蘇省政府指令本廳呈為本省省立教育機關名稱尚待確定，呈請核示由內開「呈悉。

案經委員會第二二九次會議議決：（一）『中央大學國學圖書館』改稱為『江蘇省立國學圖書館』；（二）『中央大學農學院水產學校』改稱為『江蘇省立水產學校』；（三）『中央大學民眾教育院』改稱為『江蘇省立民眾教育院』；（四）『中央大學勞農學院』改稱為『江蘇省立勞農學院』等因，仰即分別飭遵。此令」等因，奉此，除另文呈請刊發鈐記並分行外，合行令仰該館即便遵照辦理具報。　在新鈐記未奉刊發以前，應准暫用舊鈐記，以昭信守，並即遵辦。　此令。　廳長陳和銑十月十六日

呈復教育廳（1929 年 10 月 18 日）

為呈復事。　案奉訓令內開「為令遵事……此令」等因，奉此，遵於即日起改用新定名稱，除分函各機關外，奉令前因，相應呈復在新刊鈐記未奉頒以前，遵令仍用舊有鈐記。　謹呈　江蘇省教育廳廳長陳　國學圖書館館長柳詒徵十月十八日

函各機關（1929 年 10 月 18 日）

徑啓者：本月十七日奉教育廳令「案奉江蘇省政府指令，『中央大學國學圖書館』改稱『江蘇省立國學圖

書館』，仰即遵照辦理」等因，奉此，遵於即日起改用新定名稱，除呈報及分函外，相應函達請煩查照。此致

某某機關　　江蘇省立國學圖書館啓十月十八日

月二十五日

清單一份，茲特寄奉核閱，是否準確，尚希示復爲幸。此致　江蘇省立國學圖書館

敬啓者：前據國學書局經理李楷林函稱，江楚、淮南兩局書版曾由貴館抽存若干，以防偷印等情，並附

教育部來函（1929 年 10 月 25 日）

江蘇省立國學圖書館　段伯羲、金家鳳同啓十

呈報改用新定名稱已悉。此令。　廳長陳和銑十月三十一日

教育廳指令（1929 年 10 月 31 日）

蘇州圖書館來函（1929 年 10 月 31 日）

經啓者：十月二十五日接奉江蘇省教育廳訓令第一百十一號內開「案查江蘇省立各級學校及各社會

教育機關業已改定名稱，通令飭遵並呈請省政府刊發鈐記在案。茲奉省令，轉發本館鈐記一顆，文曰『江

蘇省立蘇州圖書館鈐記』」等因，本館奉領，遵即改名「江蘇省立蘇州圖書館」，並將鈐記即日啓用，理合將

所改名稱及啓用新頒鈐記函達周知，即希查照爲荷。此致

啓十月三十一日

江蘇省立國學圖書館　江蘇省立蘇州圖書館

教育廳訓令（1929 年 11 月 4 日）

爲令遵事。案奉省政府第五八一一號訓令内開「案奉國民政府令開『爲令飭事。案據審計院呈稱「爲呈請事。查國民政府所屬各機關每月應編收支計算書類，送職院審查，業經規定於審計法施行細則在案。乃查各機關造送計算書類，每不免格式紛歧，以致無憑綜核，茲由職院釐定格式三種，以資劃一：（甲）普通機關計算書表；（乙）普通營業機關計算書表；（丙）普通機關直式計算書表。丙種係限於普通機關之在邊陲地方，無法採用甲種格式，聲叙理由，經審計院核准者適用之。所有書表格式樣本三種，是否有當，理合呈請鑒定頒發，各機關於十八年度開始一體照用，俾利計政而使審查實爲公便」等情，據此，除指令呈件均悉，業經分別發飭遵辦矣。仰即知照此令印發并分行外，合行檢原書表格式樣本，令仰該廳遵照辦理并轉飭所屬遵照辦理。此令」等因，奉此，除分行外，合行印發原書表格式樣本，令仰該廳遵照辦理。此令』等因，奉此，除分行外，合行印發甲種原書表格式樣本，令仰該館遵照辦理。此令。計檢發書表格式各一份　廳長陳和銑十一月四日

教育廳訓令（1929 年 11 月 8 日）

為令遵事。查該館名稱，前由省政府委員會議議決，業經轉令飭遵並呈請刊發鈐記在案。茲奉指令第八三四五號內開「呈悉。茲刊就『江蘇省立國學圖書館』等鈐記四顆，仰即轉發承領，並飭將啓用日期報查。此令」等因，計發鈐記四顆，奉此，除分行外，合亟檢發鈐記一顆，令仰該館長即便遵照具領，並將啓用日期具報彙轉，仍將舊鈐記截角繳銷。此令。

計發鈐記一顆　廳長陳和銑十一月八日

呈教育廳（1929 年 11 月 11 日）

呈為呈報具領新頒鈐記并截角繳銷舊鈐記，仰祈彙轉事。竊奉鈞廳二七一號訓令，并頒發「江蘇省立國學圖書館」鈐記一方，遵于即日啓用外，所有舊鈐記一方已予截角，特備文呈繳，伏祈鑒核。謹呈 江蘇省教育廳廳長陳　附繳截角舊鈐記一方　國學圖書館館長柳詒徵十一月十一日

教育廳訓令（1929 年 11 月 14 日）

為令知事。案准江蘇教育經費委員會公函內開：「查本年十月十八日敝會第十七次會議繼續討論十八年度教育經費預算一案，經決議：『支出部分：（1）十八年度經常費照管理處報告，依十八年八月暫支數為標準，定全年支出額為三百六十萬五千八百三十四元；（2）中學自然添級，列六萬元；（3）中學增加教授

時間經費，列三萬八千四百四十八元；(4) 實驗小學添級經費，列一萬五千元；(5) 社會教育應增經費，列十萬零二千二百九十元；(6) 普通教育臨時費，列十一萬五千四百八十元；(7) 社會教育臨時費，列八萬零五百元。總數列四百零一萬七千五百五十二元。收入部分：(1) 管理處收支預算，列三百七十萬元；(2) 各校學宿費及校產、農產收入，列十五萬二千九百八十元；(3) 省府欠發上年度補助費，七萬五千元；(4) 管理處整理稅收，增加八萬九千五百七十二元。總數共四百零一萬七千五百五十二元」等語，除分函外，相應錄案函達查照」等由，准此，除由本廳依照上項議決案核定各學校、各機關預算概數，另令飭遵並分令外，合行令仰知照。此令。　廳長陳和銑　十一月十四日

教育廳訓令(1929 年 11 月 14 日)

為令知事。案准江蘇教育經費委員會函開：「查本年十月十八日敝會第十七次會議管理處提議：『本年度各學校、各機關經費，在收入未旺時，管理處應先儘經常費籌發，一俟收入稍裕，再酌發臨時費可否，請公決一案。經決議，准予照辦。惟管理處亦應努力整理收入，並請財政廳力加協助，務使臨時費不致偏枯爲原則』等語，除分函外，相應錄案函達查照爲荷」等由，准此，除分令外，合行令仰知照。此令。　廳長陳和銑　十一月十四日

教育廳訓令（1929 年 11 月 14 日）

為令飭事。案准江蘇教育經費委員會公函內開：「查江蘇教育經費委員會簡章業經會議修改，委員會自應隨之改組。查簡章第二條：『本委員會之組織，內有江蘇省立中小學校長代表二人、社會教育機關代表一人、學術團體代表一人』，現在新委員會亟需成立，各項委員自應早予推定。相應函達，即希查照，迅將上項各委員核飭推定見復，以便加聘為荷」等因，准此，除分令外，合行令仰該館長知照，于文到三日內，照上項規定推選代表一人具復到廳，以便彙集檢算，即將各該最多數一人作為推定代表，函會加聘。新委員會亟需成立，幸勿延。此令。

廳長陳和銑十一月十四日

呈復教育廳（1929 年 11 月 19 日）

為呈復事。案奉訓令內開「為令飭事……此令」等因，奉此，遵令推舉蘇州圖書館館長陶小泚為社會教育機關代表，相應具復請煩查照。謹呈

江蘇省教育廳廳長陳　國學圖書館館長柳詒徵十一月十九日

教育廳訓令（1929 年 11 月 21 日）

為令飭事。案查十八年度本省教育預算大綱，業經教育經費委員會核議通過，並經通知各學校、各機關在案。茲根據大綱所列，核定各該學校、各該機關經常費預算概數，除函知教育經費管理處查照撥發

外，合行抄發該館本年度經常費預算概數，令仰該館館長知照，于文到之十日內，就此數目編造本年度經常費正式預算呈報備核。至臨時費預算，一俟核定再行公布。在未經核飭以前，凡未經呈准之各項修建添置，應暫一律停止進行，併仰知照。此令。 計發該館十八年度預算概數表一份。 廳長陳和銑十一月二十一日

教育廳指令（1929 年 11 月 23 日）

呈悉。應候彙轉，仰即知照舊鈐記存銷。此令。 廳長陳和銑十一月二十三日

致教育廳函（1929 年 11 月 23 日）

孟釗廳長大人勛鑒：前謁崇階，敬詢敝館經費預算之數，蒙屬逕詢李科長。當經訪晤，李科長據稱敝館經費係照三萬元一年開列，詢徵當詢其是否減成，李科長復至科中查閱原案再告詢徵，實係三萬，並無折扣。本日奉到廳令內開預算概數仍寫兩萬二千五百元，並非照三萬元開列，未審有無訛舛，或李科長語詢徵之後又行核減。查敝館十七年、十八年預算送經呈報中央大學、省政府及貴廳，皆未獲核準，現發概數係照十六年預算三萬元七五成支給，較之各學校、機關，實未獲平均待遇，緣各學校、機關在十七年度一律係照十六年度預算數十足支領，本年仍照十七年度實支數撥付。敝館十七年度既未獲與各學校機關同獲十成，本年萬不能再行折減，詢徵為此事函請中央大學及省府，鈞廳不下七八次，前聞李科長面告年支三萬，意謂鈞廳

察其偏枯，俯如所請，不勝感荷。詎廳令正式頒布，仍係照三萬元七五成之數，實屬不敷支配，蘇省教育經費雖形竭蹶，似亦未必短此數千元。從前中央大學抑勒敝館，擴不得與各學校、機關受平等之待遇，當由別有用心，未必係愛惜經費。鈞廳組織伊始，鑒空衡平，務祈查閱詒徵一年來請求文件，俯念敝館拮据情形，量予增給經費，縱不能照十七八年度比照各學校、機關十足之例頒發，所欠經費務祈自本年度起照十六年度預算全數頒發。此項請求雖似特別，實由上年度未獲平等而來，初非敝館敢于曉瀆。其他學校、機關，倘以非言，亦不妨告以此情，不致疑及鈞廳獨厚于敝館也。專此蕭陳，佇候明示。即請勳安　柳

詒徵頓首十一月二十三日

四日

教育廳來函（1929 年 12 月 4 日）

翼謀先生台鑒：頃誦大函，藉悉一是。貴館經費，照應擬預算草案原列爲三萬元，嗣經教費委員會議決，照管理處十八年八月暫支數爲標準，致仍列爲二萬二千五百元。台函所述支配爲難情形，廳方早經見及，好在教費委員會開會期近，執事亦爲委員之一，似可將此實在情形正式補報，由廳提會核議，廳方尊處逕行提會亦可。　總之在此教費困難之際，期於無可設法之中再謀補救耳。專復，順頌公綏　陳和銑十二月

呈教育廳（1929年12月4日）

呈為本館修建費請分年指撥，并酌給臨時修繕費事。竊查本館十七八年度預算所開臨時建築費，均係急於應用，查與本館同等之蘇州圖書館，曾於十七年度支領臨時費，又若隸屬高等教育處之水產學校，亦于今年撥付，惟本館歷年開列之數分文未得。敬祈鈞廳俯察本館迫不得已情形，迅予酌撥，如以開列建築費為數太鉅，請按年指定抽撥若干萬元分年存貯銀行，俾本館估工興築新式書樓之時，可先向銀行抵借。至現時本館館舍窳舊傾毀之處，稍稍補葺，亦匪經常費所能勝，并祈先撥一二千元，以資修葺。所有本館急待措給臨時修建費情形，合亟呈請廳長鑒核施行，實為公便。 謹呈

江蘇省教育廳廳長陳　　省立國學圖書館館長柳詒徵十二月四日

呈教育廳（1929年12月5日）

呈為本館經費請照十六年度預算三萬元十足支給，與各學校、機關一律待遇事。竊本館本年度經費，前謁廳長，承面諭照三萬元一年開列，又晤李科長，亦以此數見告，今奉鈞廳第二五〇號訓令，本館本年度經常費概數列三二五〇〇元，仍照十六年度預算七五成支給，實屬不敷支配。竊思本屆預算教育經費委員會僅規定大綱，其如何酌盈劑虛，均由鈞廳核定，本館請照三萬元支給，不過與各學校、機關受平等之待遇，並未有所增加。務祈鈞廳垂察本館拮据情形，轉知教育經費管理處，自十二月份起照年支三萬元支給，七、八、

九、十、十一五個月經費所少之數，亦請補行頒發，俾本館事業得稍稍進展，不致左支右絀，無任盼禱之至。

謹呈　江蘇省教育廳廳長陳　省立國學圖書館館長柳詒徵十二月五日

呈教育廳（1929 年 12 月 5 日）

呈為本館修改章程敬請鑒核事。竊查本館前定章程，自鈞廳成立以後，其中有不適用之處，因於十一月二十日召集館員全體會議略加修改，繕清一份，呈請鑒核施行，實為公便。謹呈　江蘇省教育廳廳長陳　附呈本館章程一份　江蘇省立國學圖書館館長柳詒徵十二月五日

致教育廳函（1929 年 12 月 6 日）

孟剡廳長大人勛鑒：接奉台函，祗悉壹是。竊思十月十六七日教育經費委員會開會，社會教育經費議決應增十○二三九○元，足見有增無減。詒徵於十月二十六日趨謁崇階及面晤李科長，蒙以本館經費照三萬元開列見告，嗣奉廳令內開，預算概數殊與所聞不符，似非教費委会所減。好在本屆預算教育經費委員會祗規定大綱，其如何酌盈劑虛，均由鈞廳核定，敝館既荷垂注于前，伏冀貫澈初意，謹已正式具呈鈞廳，務祈垂察本館拮据情形，直接令知教育經費管理處照三萬元支給，以免周折而示公平，無任企禱。專肅，敬請勛安

柳詒徵頓首十二月六日

教育廳指令（1929 年 12 月 20 日）

呈暨附件均悉。核閱該館修改章程，大致尚合，惟主任應改爲由館長遴選相當人員呈由本廳核准後聘任，毋庸荐由。廳委參議名目應即取消，改組設計委員會，以謀改進。本閱覽券資及收入之傳鈔費，並應每半年列報一次，以憑劃撥應一律免收券資，藉示公開閱覽之意至善。本閱覽券資及收入之傳鈔費，並應每半年列報一次，以憑劃撥抵用。所有以上各點，仰即遵照修正具報備核。此令。附件姑存。

廳長陳和銑十二月二十日

八日

教育廳指令（1929 年 12 月 28 日）

兩呈均悉。查十八年度教育預算，經教費委員會議決，各機關經常費除自然發展應增事業經費外，均照管理處本年八月暫支數爲標準定全年經費數。依此規定，該館經常費仍爲二萬二千五百元，臨時費未經列入，茲請將經常費照三萬元支撥，并酌給臨時修繕費。預算既未經列入，自無款可以指撥，惟查所稱需要各節，尚係實情，准予提請教費委員會設法救濟，核議飭遵，仰即知照。此令。

廳長陳和銑十二月二十

函譚組安院長（1930 年 1 月 2 日）

組安院長鈞座：前叩大閽，未獲望見顏色，倉卒赴軍政部陳訴，亦未得要領，薄暮返館，而旅部衛兵荷槍

守屋者乃逡巡他去，頗訝其必有阻止之故。昨奉鈞諭，乃知短札上邀盼睞，當時即達極峰，捷於轉圜，純荷鼎

力，以援鶴之閑蹤，勞夔龍之藎慮，保全蠹簡，叠沛鴻施，感激之忱，匪言可喻。獻歲伊始，百度維新，不揣芻

蕘，上瀆黼座。竊謂軍旅調發，固難預定，而首都重地，府兵番上，宜必有確定足駐若干師旅之所，方足以壯

國容而作士氣。迭次來館借住之軍人，聞皆效忠黨國，轉戰千里，奪命鋒鏑，勞苦功高，徵調遄行，急於星火，

入都拱衛，風雪沍寒，望門投止，容身無所，見吾輩之夏屋渠渠，安坐而食，徑行貰廡，亦係人情。敝館仰賴德

威及歷次軍事長官禁令，婉言商拒，勢難闌入，清涼山一帶大小寺院，則不待商榷，屯紮如林，粥魚茶版，錯處

貔貅，揆厥所由，蓋非得已。我公夙總師干，洞悉民隱，倘於樞府邑述斯恉，請就都門曠地規建大營若干所，

無論常駐之軍、徵發之軍，一入京畿，如登衽席，斯則一勞永佚，軍民咸安，豈惟庇及山林，實亦恩隆袍澤。愚

慮所及，恃愛瀆塵，知大君子之藎籌，必有先於管見者。臨穎無任懍懍，謹申謝悃。肅叩崇安　柳詒徵拜啓十

九年一月二日

軍政部來函（1930 年 1 月 8 日）

徑復者：案據該館函請，再申前令頒發簡明示諭，禁止軍隊借住以維文化等由，應准照辦，茲繕發佈告

一份，到即查收實貼可也。此致

江蘇省立國學圖書館　軍政部啓十九年一月八日

呈教育廳（1930年1月9日）

爲呈復事。前奉一八六四號廳令內開：「呈暨附件均悉……附片姑存」等因，相應逐項呈復。查敝館職務，自前胡、江兩廳長自兼館長時，主任一職均由廳委張前廳長聘任，詢徵爰循前例，遴委趙鴻謙爲主任，故館章係由事實而產條文，並非由條文而生事實，現在詢徵及趙主任鴻謙均係張前廳長聘委，應候鈞廳另擇賢能時，再將此條修正。參議名義與設計委員會函義，廣狹攸殊，參議可以平章學術，設計止于規劃事務，實則館中設置館長、主任等職，對于全館計劃分所當籌，若僅擔任執行而一切計畫則諉之委會，無爲未盡厥職。詢徵自任事以來，對于改良全館計劃早經呈前教廳、大學行政院在案，徒以絀于經費，無從實現，書籍則不能廣購，屋宇則不能改良，送經呈請按照十六年預算十足支付，並援各機關之例發給臨時修繕之費，均爲主持者所抑置，遂不獲與他機關均等。廳長雖深知其內幕，亦不能貫澈其主張，何況設計委員空言寧能有補！故擬暫循前章，俟經費稍充，有大規模之建設時再行組織。至于公立圖書館招徠閱覽不收券費，此稍具常識者所知，敝館所以收取普通書閱覽券費者，一則循照前章，一則稍存微意。蓋今日教育界之病，在祇知提倡學者向公家求私人之利益，不知指導學者以私人對公家之義務，故各學校要求減費等事，層見迭出，當局往往曲徇其請，以示小惠，要其損失於公家經濟者至微，而影響於國民心理者頗鉅。敝館有鑒於此，聊存告朔餼羊之意，未將舊制取消，實則閱書一次，僅收銅元四枚，所費極少，而京市城南、城北之人來此閱書所耗車費、膳費，視券費何止倍徙。且敝館從前爲優待學者起見，曾經贈送無

價之閱覽券于大學行政院各處長及大學各院長，嗣僅哲學院院長常用持券來館閱書，餘人曾未一履閱覽室。此等學界領袖，自不計較小費，然贈以閱書之券，且係主管之人，尚未嘗抽辦公之暇稍事研閱，足知今日提倡民眾教育者且不屑閱覽國學書籍，一般民眾何所效法，即使取消券費，未必即能鼓舞多人閱書之興味，此又應請鈞廳熟察民眾心理，別籌鼓勵之策者也。再，館收券費按年呈報一事，敝館在十六年、十七年均曾逐項臚列呈報大學行政院，且所列各款不止券價一項，當時聲明以此款補助館款為印行書籍之用在案。現在正擬將十八年全年收入支出造冊具報，惟因敝館所管淮南、江楚二局書籍亦為收入之一，自該經理員李楷林朦呈教部，遂將所售館書賬目隱匿不交，詒徵曾請鈞廳言之大部，迄今未奉明令，不知結果若何。此項局書，前由詒徵與前大學區擴充教育處長俞慶棠竭力向市府爭回，目前似未便恝置。現值全年結束之際，擬請鈞廳飭提國學書局經理員李楷林到省，清算賬目，報告存書，以便敝館可將各項收入專款匯案呈報。右各節，均係根據事實詳述理由，是否有當，伏候鑒核。謹呈

江蘇省教育廳廳長陳　江蘇省立

國學圖書館館長柳詒徵　一月九日

致財政廳函（1930 年 1 月 20 日）

詠霓廳長鈞鑒：敬啓者，江蘇教育經費前由詒徵與執事商定，在田賦項下指撥，當時執事曾以田賦收入不能確定為言，詒徵則謂吾蘇人民奉公守法，對於田賦正供不敢抗欠，所有積年欠解之款，大抵入于貪官污

吏之囊，但使鈞廳嚴切懲究，決不致有短少，執事爲之首肯，遂獲定案。比閱江蘇教育經費管理處通告，兩年

以來，各縣財務局欠解之數竟達一百九十餘萬之鉅，聞之殊深惶駭，即以鎮江一縣而論，兩年積欠至四萬四

千有奇。比由教育經費管理處指撥十二月教費數千元，該縣財務局長謝震竟托詞開征伊始，收數甚少，不能

撥付。夫今年田賦固僅開征，而前、去兩年則已征過，鎮江民欠，決不至如此之多，顯係謝震將此項公款挪移

侵蝕，乃至區區之數千元亦不能遵解。當此黨國青天白日之下，貪官污吏，法所必懲，該財務局長在鎮兩年，

對於一縣財務從未有公布文件，目前調任溧水縣長，所有經手公款是否交代清楚，民間亦無從知悉。詒徵素

仰廳長理財率屬廉潔勤能，對於教育經費躬爲規定，尤極熱心，誠恐各縣財務局短解教費情形壅未上聞，爲

此先將鎮江縣財務局長調任溧水縣長謝震任內積欠之事函達鈞座，請求嚴令該員回省清算上項欠款，據實

公布，如係該員侵吞挪用，依法懲處，庶幾首縣樹之風聲，屬邑從而振肅，亦可不負我廳長維護教育之初心

矣。迫切上陳，伏惟鈞鑒。 即請公安 柳詒徵謹啓 一月二十日

致民政廳長函（1930 年 1 月 20 日）

卍成廳長鈞鑒：敬啓者，鎮江現屬省會縣署，升列一等，而吏治財務因循腐化，秘密暗黑從不公開。前財

務局長現調溧水縣長謝震，在鎮兩年，短解田賦派繳教育經費至四萬二千元之鉅，最近江蘇教育經費管理處

指令該局撥發經費僅數千元，該局長托詞開征伊始，延宕不解，匆促交卸，飄然之任。查該項田賦定案征收，

積欠至四萬有奇，該員亟應早爲設法，究竟欠解之款是否純屬人民滯納，抑係該員挪移侵蝕，亦未公布，其爲黑暗可見，當黨國青天白日之下，貪官污吏，法所必懲，倘謝震挪移侵蝕田賦正供，長官不加切究，士民無從質問，何以肅吏治而重公帑？爲此據情上聞，敬請嚴令該員折回原任，清算交代，如確有侵吞情事，依法嚴懲，並飭新任財務局長對於一縣財賦按月儘征儘解，分別印布公報，庶首縣樹之風聲，屬邑相率振肅，實爲德便。專此，敬請公安　柳詒徵謹啓一月廿日

致教育廳函（1930 年 1 月 20 日）

孟釗廳長鈞鑒：敬啓者，頃得教育經費管理處通告，江蘇各縣欠解田賦派款，已達一百九十餘萬，聞之殊深惶駭。吾蘇民性純良，抗欠田賦斷無如是之鉅，顯係各縣財務局局長挪移侵蝕，漠視教育。從前大學區制時代，以大學校長之職權，不便督查屬縣，故僉謂非恢復教育廳制不足以裕教款，各縣財政局長仍蹈故轍，亟應嚴切整理。擬請廳長一面直接嚴令各縣縣政府財務局追繳積欠，對于新征田賦儘征儘解，毋任挪移；一面提出省政府會議確定各縣政府財務局征解教育經費考成，並查明各縣現任及調任之財務局長欠解成數最鉅者，有無吞蝕情事，依法懲辦；一面迅速召集教育經費委員會妥籌保障教育經費獨立之策，庶幾教育欠解不至破產，貪污不敢效尤。迫切上陳，伏維荃察。專頌公安　柳詒徵謹啓一月二十日

再啓者：鎮江現屬首縣，原任財務局長調任溧水縣長謝震積欠教育費四萬四千有奇，目前教費管理處撥付

敝館十二月份經費一千八百餘元，該局長竟飾詞征收未得，延不交付，匆促交卸，飄然之任。詒徵已將上項情節函請民、財廳長，嚴令該員回省清算並請廳長會商兩廳長，先從首縣整理，則他縣自不至玩忽，事關全省教費，初非詒徵僅顧私圖也。詒徵又啓

財政廳來函（1930 年 2 月 5 日）

徑復者：頃接台函，誦悉一是。承示前鎮江縣財務局謝震積欠田畝項下教育派款一節，刻已令飭現任任局長確查具復，除俟復到再行核辦外，尚浼奉復。順頌台綏　張壽鏞啓二月五日

中央研究院出版品國際交換處來函（1930 年 3 月 21 日）

經啓者：敝處現因德國交換局來函，索取我國各學術機關及各圖書館出版品目錄，以憑選擇而資交換，相應函請貴館將最新出版品目錄檢送二分，俾得轉送德國交換局，即希查照見復，至紉公誼。此致

江蘇省立圖書館　國立中央研究院出版品國際交換處啓三月二十一日

南京特別市政府來函（1930 年 4 月 9 日）

詒徵先生道鑒：紀文不敏，忝長京市，深以建設之要，文藝當先，首善之區，人材所萃，亟應籌建圖書

國立中央大學國學圖書館小史　盋山案牘　合刊

館，藉以啓迪文明。惟是中外典籍浩如淵海，欲求博大，端資徵集，夙稔貴館藏書甚富，出版尤多，如《圖書

館小史》《圖書館年刊》《江蘇第一圖書館覆校善本書目》《江南圖書館善本書目》《江南圖書局書目》《國學

用書類述》等書，亟欲徵求，用供借鏡，特函奉商，敬祈不吝珠玉，各種惠賜一册，俾便參考而供陳列，不勝

企盼之至。專肅，敬請道安　　劉紀文啓四月九日

中央研究院出版品國際交換處來函（1930 年 4 月 14 日）

徑啓者：敝處前因遵照國際出版品交換協約，須徵集政府暨各機關所有各種出版品，以便編製目錄送

往各協約國，以憑選擇而資交換，曾經敝處函請貴館將所有各種出版品按期檢齊彙送一份，以資查考等

因，查該項目錄現已編就，惟恐尚有遺漏，未敢遽行付梓，爰再寄奉表格一份，即祈貴館將所有刊物賜予詳

細填註寄還，以便校對而成完璧，實深感禱。此致

江蘇省立圖書館　　附表格一份　　國立中央研究院出

版品國際交換處謹啓四月十四日

山東同鄉會來函（1930 年 5 月 15 日）

敬啓者：前貴館借用馬公祠一事，因敝會前負責人處理失當，迄今莫決，尤其對貴館職員失禮，敝會深

引爲憾事。茲經敝會第三次執委會議決，推派崔惟吾先生代表敝會向貴館表達歉意，並謀馬公祠解決辦

法，至祈台洽爲荷。此致 江蘇國學圖書館 山東旅京同鄉會啓五月十五日

致鼓樓醫院（1930 年 5 月 27 日）

逕啓者：敝館工友李榮被汽車壓傷，請貴院醫治無效，昨晚身故，實深痛恨，茲請惠賜診斷書一通，俾敝館得知底蘊爲荷。此致 鼓樓醫院 國學圖書館五月廿七日

函第九局局長邵（1930 年 5 月 28 日）

敬啓者：敝館工友李榮於本月廿七日午前因公出外，至中山路胡家菜園路旁，被新華建築公司汽車壓傷，當經該段巡士將該汽車夫拘留，將李榮送往鼓樓醫院，早經聲報貴局第五分駐所在案。李榮至鼓樓醫院後，醫治無效，當晚身故，事關人命，理合聲請拘提該公司肇事人等，移請法院秉公處斷，以昭法紀而雪沉冤，實爲公便。此致 首都警察廳第九局局長邵 國學圖書館啓五月二十八日

函江寧地方法院檢察處首席檢察官陳（1930 年 5 月 30 日）

敬啓者：敝館工友李榮於本月二十七日午前因公出外，至中山路胡家菜園路旁，被新華建築公司汽車壓傷，當經該段巡士送往鼓樓醫院，奈因傷勢甚重，醫治無效，當晚身故，早經聲報警察廳第九局第五分

所，並函請第九局拘提該公司肇事人等，移請法院秉公處斷在案，理合具函請求貴處依照法定手續從嚴懲辦，以重人命而雪沈冤，實爲公便。　此致

　　江寧地方法院檢察處首席檢察官陳　國學圖書館館長柳詒徵

五月三十日

致商務印書館編輯所長何柏丞（1930 年 6 月 3 日）

柏丞先生大鑒：敬啓者，貴館此次影印《百衲本廿四史》內《晉書》一種，係借敝館藏本照印，查貴館去歲與敝館重訂借印善本規約第五條：「借照之書，發售時每本定價一元以下者，贈國學圖書館以印行部數百分之五，此項贈送書籍，國學圖書館得任意掉換商務印書館自印其他定價相同之書」，未悉貴館此書共印若干部，敝館按照規約應得《晉書》部數，除留十部外，餘擬掉換《百衲本廿四史》一部，不知價值能相抵否。謹此函聞，諸祈台洽，並希示復爲荷。專此，順頌台祺　　國學圖書館六月三日

教育廳訓令（1930 年 6 月 5 日）

爲令遵事。案奉教育部第四九四號訓令內開「查畫一教育機關公文格式辦法，業經本部製定，飭發上海中華書局出版發行，應即示期施行，以昭畫一。茲定於本年七月一日爲是項辦法實行之期，所有教育機關來往公文，自是日起，應一律依照是項辦法辦理，除分令外，合亟檢發該辦法一冊、特價券五紙，令仰遵

照辦理並轉飭所屬一體遵照。此令」等因，附發畫一教育機關公文格式辦法一冊、特價券五紙，奉此，自應遵照辦理，除分令外，合行令仰遵照。此令。

廳長陳和銑六月五日

致教育廳函（1930 年 6 月 5 日）

敬啟者：敝館十九年度預算書茲經造就，函呈鈞廳，敬祈鑒核。按江蘇省立各學校經費均有標準，惟圖書館經費標準尚未確定，敝館歷年預算係照浙江省立圖書館經費數開列，十六年度計三萬元，十八年度計五萬元，至十九年度預算，浙省圖書館已超過五萬元之數，敝館以十分撙節，十九年度預算仍照十八年度斟酌開具。竊思江浙兩省素為文化最盛之區，辦理文化事業，江蘇豈可後於浙江？況江蘇全省教育經費較諸浙江為多，而圖書館經費合南京、蘇州兩館，不及浙江一館經費，殊為江蘇之羞，且敝館館址適在首都，為中外人士觀瞻所繫，似未便因陋就簡。仰懇鈞長于舉行預算會議時力為維持，不勝企禱之至。謹呈 江蘇省教育廳廳長陳

國學圖書館館長柳詒徵六月五日

商務印書館來函（1930 年 6 月 9 日）

逕復者：昨奉貴館本月三日函稱「《百衲本廿四史》《晉書》一種係借江南圖書館藏本照印，按照規約，應得《晉書》部數，除留十部外，餘擬掉換《百衲本廿四史》一部，不知價值能否相抵」等語，查原訂規約第五

條規定，贈送書籍得任意掉換敝館自印定價相同之書，此事自應照章辦理。惟貴館所藏之本，前曾略校一過，訛誤殊多，外人亦頗有疵議（見天津《國聞周報》第七卷第十四期），現正訪求更善之本，將來是否印行貴館藏本，一時未能決定，此項贈書辦法，應俟百衲本全史出書時，果用貴館所藏之本，再照議約辦理，伏維鑒察。專此奉復，並頌台綏　何炳松六月九日

江蘇省立國學圖書館第四年刊（十九年度）案牘

教育廳訓令（1930 年 7 月 12 日）

案查十九年度省教育經費預算大綱，業經教育經費委員會議決在案。兹根據大綱規定，參照事業狀況，核定該館十九年度經常費預算概數爲二二五〇〇元，合行令仰遵照此數，于文到十日内編造詳細預算呈候核准施行。此令。　廳長陳和銑十九年七月十二日

致教育廳函（1930 年 7 月 17 日）

敬啓者：敝館曾于本年六月五日函送十八年七至十二月支出計算書等十二册，十八年一至十二月專款收支計算書等四册，中社收支表一紙，又單據簿一册，計塵鈞鑒。兹敝館十九年一月份至六月份支出計算書業經造就，連同單據粘存簿六册函呈鈞廳，即希鑒核爲荷。　謹呈　江蘇省教育廳廳長陳　省立國學圖書館館長柳詒徵七月十七日

呈教育廳文（1930年7月17日）

（申明照三萬元編造預算之理由，並請照教費委員會決議案撥發本年三、四、五、六四個月敝館應補足之數由。）案奉鈞廳訓令第一一二六七號內開「案查十九年度省教育經費預算大綱，業經教育經費委員會議決在案，茲根據大綱規定，參照事業狀況，核定該館十九年度經常費預算概數為二二五○○元，合行令仰遵照此數，于文到十日內編造詳細預算，呈候核准施行。此令」等因，茲敝館遵照全年經費三萬元之數編造預算，送呈鈞核，其理由有三：（一）鈞廳交教費委員會核議時，敝館經費增加七千五百元，（二）江蘇省政府第十九次會議決議省教費四八九六五五二二元，國學圖書館增加費在預備費項下儘先撥付，（三）江蘇教費委員會第二十次會議決議省教費四八九六五五二二元，所有敝館經費增加之數在此教費之中，業經六月二十七日第三○九次會議通過省教費四八九六五五二二元，國學圖書館經常費三萬元早經確定，故預算案即照此數編造，仰祈鈞廳通知教費管理處，自十九年度始，敝館經費照三萬元預算按月支給，以遵議案而資維持。又十九年三月十一日江蘇教費委員會第十八次會議決議，追認國學圖書館十九年三、四、五、六四個月份應補足之數，准在十六、十七年度帶征各款溢出預算數項下籌撥，現十八年度已經終了，查十六、十七兩年度帶征各款確有溢出預算數，并懇鈞廳通知教費管理處，遵議將該四個月應補足數計銀二千五百元迅予撥發，不勝盼禱之至。 謹呈 江蘇省教育廳廳長陳 附呈預算表一紙 江蘇省立國學圖書館館長柳詒徵七月十七日

教育廳指令（1930 年 7 月 19 日）

呈暨附件均悉。查該館十九年度預算概數業經核定飭遵在案，仰遵照核定概數重編預算呈候核奪，附件發還。此令。　計發還預算一册。

廳長陳和銑七月十九日

致教育廳函

孟剣廳長勳鑒：京江把晤，邕領教言，曷勝欣幸。貴廳圖書館所需敝館出版書籍，茲將影印、排印各書計二十八種共一百零六册，又畫片一組，另開書單一紙，交郵奉贈，即希惠存是幸。如尚需選購，候示選定，當即郵奉，照定價優待八五折計算。專此肅陳，祗請勳安　柳詒徵拜啓

教育廳指令（1930 年 8 月 4 日）

呈暨附件均悉。查該館經費十八年度為二萬二千五百元，前於編製十九年度預算大綱草案時，擬予增加七千五百元，嗣經教育經費委員會會議結果，仍照十八年度原數列支，惟註明該館增加經費，在預備費項下儘先撥發。至省政府委員會議決列入省預算之省教育費總數，即係依照教費委員會通過數目開列，來呈所稱各節，不無誤會，所有該館十九年度預算，自應仍照二萬二千五百元先行支配，俟收入稍裕，支配預備費時再行依據議案儘先增撥。又教費委員會第十八次會議議決，補足該館十九年三、四、五、六

四個月經費，候轉函管理處查核辦理。附件發還重編。此令。計發還預算一件。　廳長陳和銑八月四日

呈教育廳文（1930年8月7日）

（再呈按照教費委員會議案綜合上年實支數及新增數，敝館預算理合仍照三萬元編造由。）案奉鈞廳指

令第六一〇〇號內開「呈暨附件均悉。查該館經費十八年度爲二萬二千五百元，前于編製十九年度預算大

綱草案時，擬予增加七千五百元，嗣後教育經費委員會會議結果，仍照十八年度原數列支，惟注明該館增加

經費在預算費項下儘先撥發，俟收入稍裕，儘先增撥。此令」等因，伏查敝館曩年實領數爲二萬二千五百元，

合之鈞廳提出十九年度預算大綱及教費委員會議決在預備費項下儘先籌撥之七千五百元，適爲一年三萬

元。細閱教費委員會議事記錄，並無敝館預算仍應開列二萬二千五百元之文，而增加此項七千五百元又非

臨時費之比，前呈請教費管理處按月撥付二千五百元，職此之由。假令敝館忽略此層，但照曩年實支數開

具預算，轉似敝館于會計年度開始即視此項預備費爲紙上空談，而有負鈞廳及教費委員會增加敝館經費之

盛意。準之省政府公布十九年度預算收支適合之文，亦有未符。綜上各節，按照預算原理，似無抵觸，理合仍

將原具預算案送呈鈞廳，請飭教費管理處查照議案，在十九年度內如數撥付，實爲德便。　謹呈　江蘇省教育

廳廳長陳　江蘇省立國學圖書館館長柳詒徵八月七日

致教費管理處函（1930 年 8 月 10 日）

敬啟者：本年三月十一日江蘇教費委員會第十八次會議決議，追認敝館十九年三、四、五、六四個月份應補足之數，准在十六、十七年度帶征各款溢出預算數項下籌撥。現十八年度已經終了，查十六、十七兩年度帶征各款，確有溢出預算數，敬祈貴處如數撥發以符議案，無任盼禱。此致

　　　　江蘇教育經費管理處　江蘇省立國學圖書館啟八月十日

教育經費管理處來函（1930 年 8 月 12 日）

徑復者：接展大函，藉諗壹是。查十八年帶征十六七兩年漕米，只二十六萬五千餘元，核諸列入預算帶征三十萬，尚不足數萬，並無溢出預算情事，貴館應補發之追加經費，祗可暫緩撥給。准函前由，用特奉復，即希亮察爲荷。此致

　　　　國學圖書館　　江蘇教育經費管理處啟八月十二日

致楊子佖、劉北禾函（1930 年 8 月 13 日）

子佖、北禾兩先生道座：頃奉惠函，敬悉壹是。前次會議公決加給敝館四個月之款，佖公以預算已定，無可撥付爲詞，當時詒徵以十八年度各學校、機關之款既經確定，自難變動，當據尊處油印報告十六七年積欠若干萬項下追徵所得，不難撥付此區區二千數百元。彼時佖公續行聲明，此項欠款亦有三十萬列入預算，詒

徵因請于卅萬外指撥，衆無異詞，案遂通過，良以向來財政機關恒有伸縮餘地，預算開列帶徵卅萬未必確定無絲毫溢出也。比幸十八年度終了，尊處難關已度，僅此尾數未清，爰照議案具函請領。茲奉大札，謂帶徵十六七兩年漕米只有二十六萬五千餘元，并無溢出預算情事，查十八年度預算案所開帶征三十萬，並未注明專指漕米一項，當時會議撥加本館之二千數百元，亦非專指漕米之積欠。細繹來函，即漕米一項已達二十六萬有奇，合之田賦派款及他項稅收，其溢出當更倍蓰。在尊處兼籌並顧，自覺哀益爲難，而敝館所請無多，尚祈迅速籌撥。質言之，敝館所加之費係在十六七年積餘項下指撥，與十八年收入支出兩不相妨，但使十八年度帶征之十六七年度各項稅款達於三十萬零一元，則其餘之一元亦非敝館所敢請領。此係根據議案，並非逾分要求，爲此詳細申明，敬祈將該款早日撥付爲荷。專此，即請公安　　愚弟柳詒徵謹啓　八月十三日

教育廳訓令（1930 年 8 月 16 日）

案准教育經費管理處公函內開「逕啓者：頃准大函內開『據國學圖書館呈請照案撥該館十九年三、四、五、六月應補經費，請查核見復』等因，准此，查十八年帶征十六七兩年漕米，祇二十六萬五千餘元，核諸列入預算帶征數三十萬，尚不足數萬，該館補發之追加經費，只可暫緩撥給。准函前因，相應函復，即希查照爲荷」等由，准此，合行令仰知照。此令。

廳長陳和銑　八月十六日

呈教育廳文（1930 年 8 月 16 日）

（呈請再函教育經費管理處撥付追加經費由。）案奉鈞廳訓令第一五五六號內開「案准教育經費管理處

公函內開：『徑啓者……爲荷』等由，准此，合行令仰知照。此令」等因，查本年三月十一日江蘇教費委員會第

十八次會議決議，追認敝館十九年三、四、五、六四個月份應補足之數，准在十六、十七年度帶征各款溢出預

算數項下籌撥，所謂各款者，當該漕米、田賦、屠牙等稅在內。今據教費管理處致鈞廳公函，謂帶征十六七兩

年漕米祇有二十六萬五千餘元，核諸列入預算帶征數三十萬，尚不足數萬。查十八年度預算案所開帶征三

十萬，並未注明專指漕米一項，當時會議撥加敝館之二千數百元，亦非專指漕米之積欠，今漕米一項已達二

十六萬有奇，合之該處逐月油印報告，所收十六七年田賦派款及他項稅收實有八十餘萬，其溢出預算已不止

一倍。敝館所請祇二千數百元，何難籌撥？仰懇鈞廳再函教育經費管理處，將該款早日撥付，以符議案而應

急需，實爲公便。謹呈　江蘇省教育廳廳長陳　江蘇省立國學圖書館館長柳詒徵八月十六日

教育廳指令（1930 年 8 月 18 日）

呈暨附件均悉。查該館十九年度增加經費，雖有在預備費項下儘先撥發之規定，惟目下因增費來源

尚無把握，預備費暫難支配，該館十九年度預算自應仍照核定概數辦理，俟收入稍裕，預備費可以支配時

再行增撥，仰即遵照，附件發還。此令。計發還預算一冊。

廳長陳和銑　八月十八日

呈教育廳文（1930 年 8 月 26 日）

（擬贈已故范主幹三個月薪銀並予以遺稿版稅，請賜核准由。）查本館編輯兼保管部主幹范希曾，於民國十六年秋季來館任職，迄今已歷三年，服務頗見勤奮，積勞成疾，竟於本年七月中病故。該故主幹家貧親老，妻子無依，實堪憐憫，詢徵擬於積餘款中提取銀三百六十元，贈該已故主幹薪水三個月，以爲克勤厥職者勸，由其胞兄率其嗣子具領。又該已故主幹范希曾所著《書目答問補正》，其遺稿擬由館中印行，所售書款，除館中收回印刷成本外，所餘之款館中取十分之五，其餘十分之五由該已故主幹妻子受領，以示取得版稅之意。所有擬贈范故主幹三個月薪銀並予以版稅緣由，理合具文呈請廳長賜予核准備案。謹呈 江蘇教育廳廳長

陳

國學圖書館館長柳詒徵八月二十六日

教育廳指令（1930 年 9 月 2 日）

呈悉。准予再函教費管理處查照辦理，仰即知照。此令。 廳長陳和銑九月二日

江蘇教育廳第二科來函（1930 年 9 月 6 日）

徑啓者：頃接國民政府參加比國博覽會代表處函稱，此次比國獨立百週年紀念博覽會出品，以江蘇省爲最優，博得外人稱許，擬請贈與比國政府，使之陳列博物院或圖書館，以垂久遠，並免運回時裝箱保險手續

云云。貴館出品可否即作爲贈與比國政府之用，如蒙俯允，即希快函示復，以便轉達代表處查照辦理。此

致

江蘇省立國學圖書館　江蘇省教育廳第二科啓九月六日

復教育廳第二科函（1930 年 9 月 6 日）

徑復者：案准大函，以此次比國獨立百週紀念博覽會出品，以江蘇省爲最優，擬贈與比國政府，使之陳列，敝館出品，自應遵示，一體作爲贈與比國政府之用。特此函復，即希查照。此致

江蘇省教育廳第二科

省立國學圖書館九月六日

呈悉。所請應予照准備案，仰即知照。此令。　廳長陳和銑九月六日

教育廳指令（1930 年 9 月 6 日）

復曾履川函（1930 年 9 月 13 日）

履川先生道鑒：接誦大函，敬稔壹是。貴部惠贈《工商公報》等書二十二種，計一百零四册，均已拜領，分類編目公佈閱覽矣。此事全仗執事熱心贊助，感荷莫名，除函謝貴部外，謹此奉復。即頌台安　弟柳詒徵九月十三日

致池則文、蔡嵩雲函（1930年9月16日）

則文、嵩雲先生道鑒：日前晤教，快慰奚如。所談借書一事，本日敝館開會議定辦法數條，錄奉台閱，請即查照辦理。專此布達，即頌箸安　柳詒徵九月十六日

附借書辦法

（一）借書冊數每次不得逾十冊；（二）借書日期每次不得逾一星期；（三）如有油污墨漬，由借書人負責賠償；（四）書籍如有缺少，由借書人負責賠償；（五）借書函用選清詞鈔名義箋封，並加蓋私人圖章；（六）借書人親自來館方可借出；（七）前書未還，不得續借，並須追還前借之書。

考試院考選委員會來函（1930年9月19日）

徑啓者：敝會謝編纂無忌擬向貴館借閱有關考試書籍，前經函達在案。茲據謝君聲稱貴館借書章程每次只限十冊，擬請量予變通，酌加借書數目等語，用特函商，即希查照，准予增加數目，俾資利便，至紉公誼。此致　國學圖書館　考選委員會秘書處啓九月十九日

復謝剛主函（1930年9月22日）

剛主先生道鑒：接奉大函，藉稔一切。執事擬住敝館參考書籍，極爲歡迎，所有手續載在章程，茲特奉上

一份，祈察閱手復。 即頌箸安　柳詒徵拜啓九月二十二日

致俞仲還函（1930年9月22日）

仲還先生道座：頃荷賜書，敬悉馬先生慎重公款之意，待決于楊先生之一言，佩仰何似。惟前項議決案

無甚深文奧義，非如其他法律條文，非待專家解釋不可也。猶憶是日，吳先生主張追加此款，汪、高諸公均贊

成，座中亦無反對者，楊先生起立謂預算固定，此款在何項下指撥，是日議決，追加南通及如皋兩校經費。楊

先生並未問及在何項指撥，詒謂十八年經費既經固定，無可指撥，好在各縣積欠教費甚多，請在十六七年欠

款項下指撥，楊先生又聲明十六七年欠款列入預算內者有三十萬元，詒又聲請在三十萬之外指撥，楊先生無

異議，來人亦無異議，故議決案爲在帶征積欠溢出預算數撥付，吳先生且聲明，其他機關不得援例，先生與馬

先生當時均在座，當能憶及討論之情形，質之楊先生，宜亦未之或忘也。 管理處前復敝館之函，謂漕米一項

不足三十萬，顯係曲解，無論十八年度預算案所謂帶征三十萬，無專指漕米之明文，即使有之，則敝館請撥追

加之款，尤有的款可指，蓋管理處逐月報告所收十六七年地丁、田賦、屠牙各稅，不下五六十萬，如十八年度

預算所謂帶征三十萬者不含有此數項，則此數十萬者更屬溢出預算之款無疑矣。 要之，此事理論不成問題，

具如屢次函述，事實亦不成問題。 十八年度終了，庫存款數萬，中行汪君親告詒，且曾爲詒言于劉先生，又此

款至微，即令截留，亦不逮管理處按月應發全數百分之一，攤與各機關、學校，未必感謝管理處能截留此一宗

巨款也。現在惟祈先生與馬先生以斯意轉告楊先生，請其尊重議決案，勿以滑稽之語視之。此事非詒私人商借楊先生私人之款，乃詒與楊先生在公務上應有履行議決案之義務。各學校開學有學費收入，他機關經濟向來寬裕，惟敝館困難，無可設法，九月瞬將終了，聞僅可發七月之半數，故非得前項追加之全數或半數，不能點綴此三個月之虧空。若謂他機關援例請求，則他機關之臨時費固無指定在十六七年欠款內指撥之明文，指定來源條文明瞭者，獨敝館此次議案耳。旦暮晤及楊先生後，敬祈示知何時撥付及允撥之數，倘楊先生尚未來都，敬祈先函告楊先生，憫此窮館不得不履行前議之迫切情形，能于早日解決，則拜諸先生之賜多矣。瑣末之事，一再瀆陳，毋任慚悚。專頌公安　馬先生敬致意　柳詒徵啓九月二十二日

呈暨附件均悉。准予存查。此令。　九月二十九日

教育廳指令（1930 年 9 月 29 日）

呈暨附件均悉。

教育廳指令（1930 年 9 月 30 日）

九．五一二元，但該項溢出之數全屬於印書費，前此中央大學曾經核准該館以專款存餘補助印書之用，該館本年度專款存餘爲三三八三．七二七元，以之抵補溢支數，不敷一七五．七八五元，爲數不多，姑准在十

查該館十八年度七至六月支出銀二六〇六九．五一二元，比較全年預算溢出三五六

七年度存餘款內彌補。核對書據，尚屬相符，該項經常費計算書據及收支表應即准予存查，惟查專款收支計算書，頗有疑義：（一）上期書內之結存數爲一一二三·六四五元，下期書內之上期結存數爲一一四二·二二四元，二數不符；（二）經常費收支表在三、四、五、六月內均列有收入專款，爲補助印書之用，在下期專款書內則未列有是項支出，究係何故，應俟聲復再行核辦。中社印書收支表數目無訛，併准存查，仰即知照。

此令。　廳長陳和銑　九月三十日

呈復教育廳文（1930 年 10 月 3 日）

（爲前造送計算書係十七年度下期及十八年度上期祈鑒核由。）案奉鈞廳訓令第七八二五號內開「呈暨附件均悉……」等因，查敝館前次造送專款收支計算書二份，一屬十七年度下期即十八年之上半年，結存之數爲一一四二·二二四元，一屬十八年度上期即十八年下半年，結存之數爲一一二三·六四五元。核對底册，實未歧誤，理合備文聲復，仰祈鑒核。　謹呈

江蘇省教育廳廳長陳　江蘇省立國學圖書館館長柳詒徵十月三日

致鈕部長函（1930 年 10 月 16 日）

愓生部長鈞鑒：敬啓者，比來恒有軍隊中人來敝館，聲稱欲借館中餘屋即舊馬公祠暫住，均經告以馬祠久奉府部明令撥歸本館辦公，並無餘屋，且迭奉總司令部、軍政部示禁駐兵在案，來者輒怏怏而去。伏思此

項軍隊，人地生疏，尋覓駐兵之所，自不知上項情事，如警區先事告以敝館並無空屋及示禁駐兵等情，較敝館與之交涉尤爲便利。爲此擬請鈞座曉及警察廳長時，囑其飭知西區官長隨時指導覓屋軍隊，不必向敝館借屋，以重典藏而申禁令，實爲德便。專此，即請鈞安　國學圖書館館長柳詒徵謹啓十月十六日

其二

惕生部長鈞鑒：敬啓者，敝館前奉教育部令撥用鄰近之馬公祠，曾經部咨並館呈請大部備案，嗣奉部令咨行南京市政府查核，迭經市政府派員來館調查各節，並將前清建造馬祠案卷調閱攝影，確認該祠係公家建築，與山東會館無涉，撥歸館用，自無不合。事隔多時，尚未奉到市府明令，擬懇鈞座曉市長時便爲詢及，倘荷照案指撥，予以申令，更加一重保障，實爲德便。專此，即請鈞安　國學圖書館館長柳詒徵十月十六日

其三

敬啓者：昨奉教言，備荷指示。茲遵鈞旨繕具兩牋，敬祈分致當局，惟此中藏結尚須略爲聲述。龍蟠里有前清勅建祠宇三所，現在曾公祠已歸三民中學，沈公祠已歸文化學院，軍隊並未時往借屋，惟敝館領用馬祠，雖有教部明令及總司令部、軍政部禁止駐軍告示，而軍人時來滋擾，實緣山東會館中人有意尋釁，有寧願駐兵不願歸圖書館之風說。敝館藏有前清建築馬祠全案，此祠實與魯人無干，魯人明白事理者已置不問，其間難保無與軍警相熟者，明知產權不能復歸山東會館，但欲藉軍隊之力向館中攫去，故時時嗾使新來軍隊，謂彼處有馬祠，向係駐軍之所，軍人不知前情，爲所利用。來此覓屋者，被拒而去，必多不悅，故館中人恒以

此自危。另賤不敢述及此隱，敬祈鈞座切托兩長，俾以此中曲折，庶藉福庇得以寧居。近年黨部、省府均有定案，凡前清勅臣祠宇，私人所建者歸私人保管，公家所建者一概改爲學校或文化機關，敝館領用馬祠，適合于此原則，昨呈案牘載明經過各節，不另贅述，統希荃察，毋任主臣名正肅。

再啓者：市府或以敝館係省立機關，有所推托，但得有明文准予備案，自無碍於省市範圍，而較默許爲得體，諸希鼎言玉成，切禱切禱。 謹啓十月十六日

復教育廳第三科函（1930 年 10 月 19 日）

徑復者：接准大凾，囑就省立社教機關推定二處報廳選擇，得票最多數之機關，派定人員代表出席識字運動宣傳委員會。 兹敝館推定無錫教育學院、蘇州圖書館二處，相應函達，即希查照爲荷。 此復 江蘇省教育廳第三科 國學圖書館十月十九日

江蘇教育經費管理處來函（1930 年 11 月 4 日）

徑啓者：案查貴館八月份經費，業經發放五成在案。 頃准稽核員會議決，從速將各校、各機關八月份經費設法補足等因，兹特奉上貴館八月份下半月經費通知書一紙，計銀九三八元，扣還借款五百元，實四百三十八元。 連同空白收據一紙，即希查收赴庫領取，並祈見復爲荷。 此致 國學圖書館 是項借款由

第五十九次稽核員會議決緩發，兹將貴館借據一紙奉上，業經在此次八月份下半月經常費內扣還，附通知

書及空白收據各一紙，又退還收據一紙　江蘇教育經費管理處啓十一月四日

詒徵仁兄館長大鑒：前承函囑爲貴館領用馬公祠屋設法保障一節，業即分函市府警廳查照辦理，并經

奉復，諒承台覽。頃接伯聰市長、立凡廳長復函各一件，特將原函抄送，即希亮察爲荷。專泐，順頌時祺

鈕永建啓十一月六日

附抄魏市長、吳廳長原函各一件

內政部來函（1930 年 11 月 6 日）

惕生先生部長勳鑒：頃奉大函附抄江蘇省立國學圖書館密啓一件，祗悉一是。查龍蟠里馬公祠前准

貴部禮字第一四三號大咨，即經飭據財政局查明，該祠確係前清勅建，並非山東會館之産，應即收歸市有，

國學圖書館既需應用，自當照辦，惟須向財政局補行租借手續，以符定章。於上年九月間咨復貴部，請予

轉飭該館遵照辦理在案，現歷年餘，該館迄未前往接洽，致財政局對於接收馬公祠暨准由該館撥用手續尚

未辦理，重承台屬，除令飭財政局迅將馬公祠接收，一面准由該館撥用外，謹此函復，即希查照，轉飭該館

徑向財政局接洽辦理補行租借手續爲荷。　專肅，敬頌勳祺　弟魏道明謹啓

部長鈞鑒：接奉函示以江蘇省立國學圖書館恒有軍隊中人欲借駐該館餘屋，囑爲飭知該管警局，隨時

通知覓屋軍隊共維禁令，以重典藏等因，並附抄密啓一件，除奉經令飭該管第八警察局遵照辦理，合復請

察核並祈轉知圖書館是荷。尚肅，恭請鈞安　首都警察廳廳長吳思豫謹上

南京市政府財政局來函（1930 年 11 月 13 日）

徑啓者：案奉市政府急字第六三二一號訓令內開「爲令飭事。案查前准內政部咨以據國學圖書館呈報，

該館奉准使用之龍蟠里馬公祠被山東會館限令遷讓，聲稱收回產權等情，囑爲查核辦理等由，准經飭據該

局查復，以馬公祠係前清勅建，並非山東會館之產，現在應行接收，暫借與國學圖書館應用，並查有捐款收

買市房一所，坐落評事街地方，現爲山東會館佔有，請併予接收等情，據經令准派員分別接收，並咨復內政

部轉飭國學圖書館向該局補行租借手續去後，嗣據該局呈報派員接收馬公祠及評事街市房，山東會館抗

令不交等情，並准行政院秘書處函交山東會館，呈請限令該局退還馬公祠產呈一件過府後，復交該局核議

具復，各在案。茲准內政部鈕部長函以國學圖書館請將馬公祠照案指撥該館應用，並予以申令俾資保障，

囑爲查照辦理等因，查馬公祠房屋經該局查明，確係前清勅建，自應接收爲市有公產。惟評事街市房並予

接收，山東會館既有異議，自當重加考慮，除關於此點已飭參事室詳核復奪，另令飭遵，並函復鈕部長轉飭

國學圖書館徑向該局補行租借馬公祠手續外，合行令仰該局長即便遵將馬公祠先行接收，一面准由國學

圖書館撥借應用，仍將辦理情形具報備查。此令」等因，奉此，當經派員前往將馬公祠房屋接收清楚，自應

照案撥借貴館應用。相應函達，即希查照，補立借據函送過局以符手續，俾便呈報備案爲荷。此致 國學

圖書館 南京市政府財政局局長齊叙十一月十三日

致江蘇省教費稽核委員會朱次長函（1930 年 11 月 14 日）

經農次長先生道座：久未奉教，馳仰無已。茲因敝館十八年度應領之款屢請未得，近且將已領之一部分在十九年度八月份經常費內扣去，窮迫無賴，敬求援助。另具請求復議書，敬祈于稽核會開會時提出，詳情已具書中，茲不贅述，務希鼎力玉成，無任盼禱之至。此請 公安 愚弟柳詒徵十一月十四日

朱經農先生來函（1930 年 11 月 14 日）

翼謀先生有道：示悉貴館對于經費復議書，當代爲提出稽核委員會討論。特復，即請大安 弟朱經農

上十一月十四日

請稽核委員會復議稿

爲請求復議事。竊本年三月十一號教育經費委員會議決，追加敝館經費二千五百元，議案載明在帶征項下溢出預算數內撥付。追十八年度終了，管理處未發此款，敝館具函請撥，管理處復稱帶征漕米一項尚未

收足三十萬元，敝館當即根據管理處公布之十八年度十二個月收支報告核算，該處帶征十六七年田賦、漕米、屠牙各稅，實已不下八十餘萬。此是指七月以前，由七月至今當更不止。再函管理處，聲明前次議案所謂帶征項下溢出預算數之文，并非專指漕米一項，來函云云，顯係誤解，仍請其迅速照案撥付，並迭次呈請教育廳函催管理處照撥，教育廳亦經據呈函催在案。管理處迄未撥付，延至十月四號，始允先發五百元，當時楊科長謂管節關伊邇，不及繕造通知書請稽核員蓋章，令即出具借據，聲明此五百元在正式發給追加費內扣還，方冀管理處續發二千五百元之通知書，由貴會核發，以符議案。詎管理處十一月四日四〇〇號函開「貴館八月份下半月經費計銀九三八元，扣還借款五百元，實四百三十八元」，並注明「是項借款由第五十九次稽核員會議決緩發，茲將貴館借據一紙奉上，業經在此次八月份下半月經費內扣還」等因，伏查此項追加費根據議案迭奉教廳函催撥付，自係經費委員會公認，官廳核准之款，由三月議決至十月，始領到一部分，可謂緩矣，至十一月再令其緩，不知緩至何時。若謂此款不應發放，則教廳何以據函迭催，且管理處第一次覆函僅謂漕米一項尚未溢出三十萬元，即足證明但使帶征之數不止三十萬，即應將此款照案撥付。管理處報告具在，貴會逐月稽核，諒尤較敝館明瞭所征之確數，茲經議決緩發，竊未喻其理由。所有前項借據，倘屬違法朦領，貴會儘可屬管理處向敝館追索，無論機關、私人，既經出具正式借據，斷無不還之可虞，今徑在八月份經常項下扣除，似未有此先例。據最近官廳公布各學校、機關臨時費，多有未經核准已先撥付者，敝館此款視各學校、機關臨時費未經核准者，尚大相逕庭，縱使管理處萬分支絀，亦未必遽短少此五百元，未識貴會扣除此款，其中有

何癥結。敝館誠恐貴會未悉上項應撥之款詳細原委，謹將迭次函件附呈公覽，請求貴會復議，迅屬管理處將

敝館十九年度八月分下半月經常費之五百元補還，并將前項議案所指兩千五百元除已領五百元外再發二千

元，以符議案而彰公誼，實爲德便。　江蘇省立國學圖書館館長柳詒徵

致鈕處長函（1930 年 11 月 14 日）

敬啓者：本年三月十二日教育經費委員會議決，追加敝館經費兩千五百元，議案載明在帶征十六、十七

年各款溢出預算項下指撥。　至十八年度終了，依據管理處油印報告，總計帶征各款不下八十餘萬，實已溢出

十八年預算帶征三十萬元一倍有奇。　敝館依照議案具函請領，并呈請教育廳迭函催發，至十月四號借到該

款五百元，言明俟發正式通知書時扣還。　本月奉到管理處來函，謂稽核員會議決緩發，將前借之追加費五百

元在十九年度八月份經常費內扣去。　敝館經費困難萬狀，方冀續領追加費之二千元以濟眉急，今並已領之

五百元扣去，實屬不敷周轉。　敬請飭科仍照前項議案迅速撥付，并請通知稽核員此款係照議案指撥，該館經

費困難異常，勢難再緩，庶幾稍清積欠，不勝迫切待命之至。　敬請勛安　柳詒徵十一月十四日

致任中敏、祁錫勇函（1930 年 11 月 19 日）

中敏、錫勇先生大鑒：敬啓者，本年三月十二日教費委會議決，追加敝館經費二千五百元，議案載明在帶

征十六七年各款溢出預算數項下指撥。至十八年度終了，依據管理處油印報告，總計帶征各款不下八十餘

萬，實已溢出十八年預算帶征三十萬元。敝館依照議案具函請領，并呈請教廳送函催發，至十月四日借到該

款五百元，言明俟發正式通知書時扣還。本月接到管理處來函，謂稽核委員會議決緩發，將前借之追加費五

百元在本年八月份經費內扣去。敝館經費竭蹶，實屬不敷開支，況此款係照議案指撥，尤所應領，已具正式

公函請求貴會復議，屆時敬乞注意議案中指撥敝館經費，係在各款溢出預算數項下，管理處曲解爲漕米一

項，實與議案不符。先生熱心教育，定能主持公道，倘能議決照發，敝館積欠得稍清償，皆出先生之賜。臨穎

無任企盼。專此，即頌公安　柳詒徵十一月十九日

致鈕處長函（1930年11月19日）

惕生處長鈞鑒：前爲敝館請款事籲請飭科照案發給，荷蒙俞允，無任感荷。頃得余仲還先生來函，知敝

館之款緩發之故，仍係誤于楊科長之曲解，謹將俞公來函錄塵鈞鑒。伏查三月十一日教費會議決案，明云

在帶征各款內撥付，今楊科長只指冬漕一項，其爲有意留難，不顧議案，顯而易見，人雖至愚，未有不知「各

款」二字係指某某數項，決無指定一項之解說。以公衆議決之案，爲一人曲解所蔽，敝館請款事小，詒徵竊爲

教費委員會羞之。爲此敬請鈞座申諭該科長，發放各款務必查照議案辦理，議案明云帶征各款，何得專指冬

漕？圖書館所請之款即日指撥以符原議，庶幾合法治之精神而全鈞處之信譽，實爲德便。謹再瀆陳，毋任迫

切待命之至。專此，敬請勛安　國學圖書館長柳詒徵十一月十九日

致朱經農、余仲還函（1930 年 11 月 19 日）

經農、仲還兩先生道座：迭荷兩公賜復，無任感佩。仲還先生函詳示一切，尤爲明瞭。敝館此款所緣緩發，純基于楊子佑先生抱定漕粮只收到二十餘萬，諸先生即聽其一面之詞而緩之。第諸先生稽核，發款是否根據教費委會議案，如不稽議案，但憑楊先生予奪，詒徵誠無可如何，若諸先生之稽核，發款有根據議案之必要，擬請諸先生一查三月十一日議決案（有油印公布之文件，非詒徵所能僞造）有無「各款」二字，此「各款」二字是否即作十六七年冬漕解釋，詒徵無似讀書五十年，不知「各款」即冬漕一項，冬漕一項之外即非「各款」（再請一稽十八年度預算案所載帶征三十萬有無註明「冬漕」一項字樣），「各款」二字之解說明白，則此款應緩不應緩，應發不應發，自不成問題。爲此敬請兩先生會同稽核諸公先將議案核明，如「各款」之「各」字即是冬漕，亦請諸先生正式示復，敝館雖窮，決不敢曲解條文，朦領經費，否則依案指撥，爲諸先生與楊先生及詒徵共同對于議案必應履行之義務，浪費筆舌，殊可惜也。專此再瀆，敬請公安並候諭示　國學圖書館館長柳詒徵十一月十九日

致教育部朱次長函（1930 年 12 月 2 日）

經農次長先生道座：敬啓者，敝館八月份經費被扣之款，前承台端商之諸公，允爲補還，感荷無藝。事越多日，管理處尚未將前款送來，敬希先生便爲催詢，早日遞下，以免又生枝節。瑣事屢瀆，不勝惶悚，諸希鑒宥。即頌公綏　愚弟柳詒徵敬啓十二月二日

致考選委員會謝无忌函（1930 年 12 月 3 日）

无忌先生大鑒：承示前在敝館借出之《科場條例》三十册失去首兩册，查敝館書庫雖藏有此書三部，但其中兩部皆僅十餘册，惟此部三十册爲最完全。照章此等僅有之完本不輕借出，徒以貴部來函需要孔急，不得已婉商敝館保管部特與通融，且同時破例經借三十册之多。不圖貴部借出之後並不如期交還，保管部向敝部已嘖有煩言，今竟失去兩册，試問敝部何以對保管部解除經借之責任，更何以對公家？惟有（一）懇請責成遄徙書籍僕人，迅速將失去之書尋出歸還；（二）請速設法訪購同樣之書補償；（三）萬一以上兩法皆難辦到，則請徑托北平圖書館或浙江圖書館乃至其他圖書館鈔配此二册交下，至未失之二十八册，務乞即日檢還。事關公物，應請從速履行，兩清責任，不勝盼切之至。專此布達，佇竢復音　國學圖書館閱覽部啓十二月三日

謝无忌先生來函（1930 年 12 月 4 日）

敬啓者：前承借《科場條例》三十本，原擬即行奉還，適檢查原書內遺失第一、二兩本，大約是前次移居時爲用人搬物時所失，至爲抱歉。查此書貴館收藏有數部，每部價值若干，自應照價賠償，即乞賜復爲荷。

專此，敬請

江蘇省立國學圖書館　公鑒　謝无忌謹啓十二月四日

教育經費管理處來函（1930 年 12 月 4 日）

徑啓者：茲奉上貴館補發追加經費通知書一紙，計銀五〇〇元，連同空白收據一紙，即希查收繕具領款總收據赴庫領取，並祈見復爲荷。此致

國學圖書館

江蘇教育經費管理處啓十二月四日

謝无忌先生來函（1930 年 12 月 5 日）

敬啓者：茲奉還《科場條例》二十八冊，即請查收爲荷。此致

江蘇省立國學圖書館　謝无忌謹啓十二

月五日

致教費管理處函（1930 年 12 月 5 日）

徑復者：接准大函，并補發敝館追加經費五百元通知書及空白收據均收到，茲將收據填就，隨函送上，即

希察收。餘款二千元尚祈從速籌撥，以應急需，無任翹盼。此致 江蘇教育經費管理處 國學圖書館十二月五日

復謝无忌函（1930年12月5日）

逕復者：接准大函，并還前借《科場條例》二十八冊收到，尊處遺失之二冊，請照昨函第一條辦理，即日報警嚴追遷徙書籍工人，速將失去之書尋出，儘于年內歸還，以重公物爲盼。此致 考選委員謝无忌先生 國學圖書館閱覽部十二月五日

復南京市財政局函（1930年12月17日）

逕復者：接准公函，所有馬公祠房屋蒙撥借敝館應用，屬補立借據，茲遵示將借據繕就函送貴局，請即呈報備案，實爲公便。惟馬公祠左側房屋三間，由山東人范姓佔居設肆，又地一方亦由范姓佔用種植，曾由貴局賈科員於接收時令其遷出，當經范姓具結定本年年終遷移。現距年終只餘半月，務祈從速飭遷，以清手續。此致 南京市政府財政局局長齊 附馬公祠借據一紙 江蘇省立國學圖書館館長柳詒徵十二月十七日

呈教育廳文（1930年12月17日）

（爲呈報在追加費項下撥付范故主幹贈款，并擬請援例贈予錢故庶務員兩月薪銀由。）爲呈報事：（一）查

敝館於本年八月中呈請鈞廳，擬於積餘款中提取三百六十元贈已故范主幹希曾三月薪銀，旋奉指令七〇四

六號照准在案。敝館嗣以經常費積欠數月，開支不敷，已將積餘之款挪用無餘，現僅領到追加費一部分之五

百元，尚未動用，爰擬在此款項下撥付，已函致范故主幹家屬來館具領。（二）敝館庶務員錢耀宗於上月病

故，查該員服務頗見勤奮，一朝溘逝，身後蕭條，寡婦孤兒，淒苦萬狀，擬援范故主幹例贈予薪水兩月，計銀八

十八元，以昭激勸，可否撥付，理合具文呈請廳長鑒核示遵。　謹呈

書館館長柳詒徵十二月十七日

　　　　　　　　　　　　　江蘇省教育廳廳長陳　江蘇省立國學圖

樊明五先生來函（1930 年 12 月 19 日）

敬啓者：家兄漱圃嗜書如命，沈酣典籍，十年前曾重刊先紹述《諫議公集八家註》並撰《拜魁紀公齋筆

記》四卷，成《叢書》三十餘卷，茲因有從軍之行，恐所著述散佚，特將稿本廿六卷捐送尊館庋藏保存，並請

刊入十九年度年刊內，是所感荷。　此致

　　南京國學圖書館　　樊明五敬啓十二月十九日

致考選委員會秘書長函（1930 年 12 月 23 日）

徑啓者：貴處介紹編纂謝君無忌向敝館借去《科場條例》三十冊，嗣據謝君來函，因遷徙書籍爲工人失去

一、二兩冊，當經敝館函復，請其從速根查追還原書，以重公物，事隔多日，未得復音，實深焦盼。敝館年內整

理書庫，所有借出書籍一概收還，貴處失去之書務請儘三日內查獲交下爲盼。此致

　考選委員會秘書

長　國學圖書館十二月二十三日

致南京市政府財政局局長函（1930 年 12 月 25 日）

徑啓者：前准公函，曾於本月十七日繕具馬公祠房屋借據函復貴局，並聲明山東人范姓佔用馬祠左側房屋三間、地一方，懇請迅飭遷讓以清手續在案，現查得范姓業已出走，將其門戶扃閉，本日又另有一山東人劉德仁佔入。當范姓出走時，並未報告敝館門警徐鵬飛接收，今忽有劉姓佔入，顯係范、劉二人串通朦蔽，劉德仁究係何人，有無危險物品藏匿在內，殊屬可虞。應請貴局迅賜派員根據范姓原結收還房屋，勒令劉姓遷出馬祠，全部交與敝館借用，無任公感。此致

　南京市政府財政局局長齊　江蘇省立國學圖書館館長柳詒徵十

二月二十五日

致考選委員會秘書長函（1930 年 12 月 26 日）

徑啓者：二十三日曾具一函，度登簽室。敝館刻下正在整理書庫，所有借出書籍均已收還，惟貴處介紹編纂謝君無忌所借之書失去《科場條例》二册，迄今未見追還，不勝焦盼，茲特派敝館主任趙君吉士來前，請即將該書二册交下爲盼。此致

　考選委員會秘書長　國學圖書館十二月二十六日

教育廳指令（1930 年 12 月 27 日）

呈悉。查該館撫恤范故主幹三月薪金，前經呈准在積餘款中撥付，目下因經費積欠，准予暫行挪用追加費，俟經常費陸續發清時，仍應照案歸墊。至請援例贈予錢故庶務員兩月薪銀一節，該館本年度經常費內是否有餘款可以騰用，仰即聲復再候核飭。此令。　廳長陳和銑十二月二十七日

教育廳指令（1930 年 12 月 27 日）

呈暨附件均悉。准予存查。此令。　廳長陳和銑十二月二十七日

國民政府參加比國博覽會代表處來函（1930 年 12 月 30 日）

敬啓者：此次我國參加比國博覽會，貴處出品與賽，頗受外人歡迎，經該博覽會組織國際評獎委員會評判結果，貴處出品獲有金牌獎，業經十月十日該博覽會舉行授獎典禮時正式公布，洵屬國際榮譽，堪以致賀。現該博覽會雖經閉幕，惟是項獎憑尚未送到，除俟收到後再行發給外，相應先行函達查照爲荷。此致

江蘇省立國學圖書館　國民政府參加比國博覽會代表褚民誼十二月三十日

上海商務印書館来函（1931 年 1 月 8 日）

南京龍蟠里江蘇省立國學圖書館大鑒：接誦惠緘敬悉，遵即填呈新字第三三五號優待券一紙，隨函附上，即祈察存。《出版界》及《出版週刊》自當按期奉上，請台洽爲荷。此頌日祉　商務印書館總務處交通科謹啓二十年一月八日

呈復教育廳文（1931 年 1 月 8 日）

（爲呈復贈錢故庶務員兩個月月薪，擬於十八年度積餘金項下撥付，祈鑒核示遵由。）案奉訓令第一〇四八六號内開「呈悉……此令」等因，查敝館十八年度追加費，于十八年度終了之後，甫經領到五百元，即歸入十八年度之積餘金内，除贈范故主幹三個月薪銀三百六十元外，尚餘一百四十元。錢故庶務員月薪四十四元，兩個月計銀八十八元，擬於十八年度所存積餘金一百四十元中撥付，理合備文呈復，是否可行，仰祈鑒核示遵。謹呈

江蘇省教育廳廳長陳

江蘇省立國學圖書館館長柳詒徵二十年一月八日

教育廳指令（1931 年 1 月 15 日）

呈悉。准如所擬辦理，仰即知照。此令。　廳長陳和銑 一月十五日

致公安第八分局函（1931年1月28日）

敬啓者：頃由貴局派巡士二名會同南京市財政局所派巡士一名，勒令佔居馬公祠左側房屋之劉德仁遷移，業由劉德仁之妻將所有物件當場遷出。經敝館查明，該屋三間窗户俱全，天井一口内有柏樹兩株、黄楊兩株，劉姓物件絕無留存，特函奉達。此致

首都公安第八分局局長徐　　國學圖書館　一月二十八日

附市府財政局致第八分局原函

（為請轉飭該管分駐所派警協助勒令劉德仁遷讓馬公祠房屋由。）徑啓者：案准貴局函覆「勒令山東省籍人民佔住馬公祠房屋遷讓一案情形，囑即查照」等因，准此，查龍蟠里馬公祠確係前清飭建之公有房屋，官資建造有案可稽，并非山東會館之產。前奉市政府令准内政部函，請將該祠全部房屋接收，撥借國學圖書館應用等因，業經遵照辦理在案，惟前進三間小屋，仍有山東省籍民人劉德仁佔住，殊屬不合，自應勒令遷讓，以維産權。兹派敝局特務警持函前來，請煩貴局轉飭該管分駐所派警前往協助，勒令劉德仁遷讓並將馬公祠大門關鎖，俾便點交圖書館應用，即希查照辦理，實紉公誼。此致

首都警察廳第八警局

呈教育廳文（1931年1月28日）

（為重定借書規程呈請核准備案施行由。）案查敝館章程第二章保管部第十四條，有「本館藏書概不借

出，惟地方政府公務關係，行文調取普通閱覽書籍，經本館館長、主任及本部主幹許可者，得借出若干日，定期繳還，如有損失，由借閱機關賠償」等語，三年以來，敝館照此辦理，尚無事故發生。至去年冬季，有考試院考選委員會編纂謝君借去《科場條例》一部，遺失二册，雖經鈔補賠償，頗費周折，且原書因是殘缺，尤爲憾事。因感原定章程不適於用，特於本月二十六日召集館員全體會議，議決借書規程九條，期于流通文化，慎重典藏，雙方兼顧，理合呈請鈞廳核准備案施行，實爲公便。謹呈　江蘇教育廳廳長陳　江蘇省立國學圖書館館長柳詒徵 一月二十八日

南京市政府財政局公函（1931 年 2 月 3 日）

徑復者：接准大函以敝局接收馬公祠左側房屋三間，貴館擬即啓封修葺應用等由，准此，查馬公祠全部房屋既經奉令借與貴館應用，則此次接收之三間自應照案撥借，即希貴館啓封修葺應用可也。准函前由，相應函復查照。此致　江蘇省立國學圖書館長柳　財政局長齊叙 二月三日

教育廳指令（1931 年 2 月 6 日）

呈暨附件均悉。准予存查。此令。廳長陳和銑 二月六日

國立中央大學國學圖書館小史　盞山案牘　合刊

教育廳訓令（1931年2月6日）

案查《省立中小學校長請假辦法》業經本廳明白規定，非呈明請假不得離職，其請假離校在一星期以上者，應指定代理人員負責代行職務，其代理人並須呈報教育廳備案等情，經訂入服務細則令行遵辦在案，各社教機關主任、主管，各該機關行政責任綦重，自應事同一律，不得任意離職，嗣後對於請假辦法，應即適用中小學校長請假之規定，除分令外，合行令仰遵照。此令。廳長陳和銑二月六日

北平圖書館來函（1931年2月6日）

徑啓者：側聞貴館傳鈔吳興劉氏嘉業堂所藏《永樂大典》三十餘册，敝館亦擬錄副庋藏，茲特奉假貴館之本來館校鈔，每次以五本爲限，六七次可以完畢，似較徑向嘉業堂函借稍形便利，專此奉懇，至希惠允是幸。又敝館所存《大典》前已代抄數册，尚存貴館鈔費三十餘元，因寫紙須另印，前經奉詢，未承示復，故暫停頓，是否仍須續抄及改印何項寫紙並抄費辦法，統祈詳復，俾便照辦是荷。此致

江蘇省立國學圖書館

國立北平圖書館啓二月六日

致考試院考選委員會秘書處函（1931年2月10日）

徑啓者：貴處前介紹編纂謝君無忌借去敝館《科場條例》一部，據云失去二册，當經函請貴處轉告謝君設

法查出原書，交還敝館，謝君則以原書無從查獲，囑爲覓人鈔配賠償。敝館無可如何，勉徇其意，業經鈔就，曾將發單函送謝君所留住處，迄無覆信，是否謝君又遷別處，想貴處必詳知之。茲寄上敝館致謝君書及抄書費發單，敬煩飭交謝君，俾得早惠鈔資，兩清手續，無任感盼。　此致　考試院考選委員會秘書處　國學圖書館二月十日

復北平圖書館函（1931 年 2 月 10 日）

逕復者：頃奉二月六日大函，商借敝館傳鈔嘉業堂所藏《永樂大典》副本，每次以五本爲限一節，按照敝館借書辦法訂有規程，茲檢寄一份，至此次貴館借鈔《永樂大典》，擬援照第八條規程，另訂簡則如左：

（一）保證金免除；

（二）借書冊數每次二冊；

（三）借書期限以敝館發書之日起半個月爲限，至遲不得逾一月；

（四）貴館已借之書未寄還前，不繼續借出；

（五）寄書郵費及保險費由貴館擔負；

（六）原書經郵局寄遞並貴館寫官繕寫時，如有污損，應由貴館鈔賠。

上列簡則六條，如蒙同意，請繕寫二份，加蓋貴館圖記寄下，敝館再行加章，一寄奉一存館，並將第一次

應寄《永樂大典》二冊寄上。再前托貴館所鈔《永樂大典》，鈔費尚餘三十餘元，即懇印刷寫紙繼續代鈔，上次所餘鈔費用畢，當照原約陸續寄奉。　此致　國立北平圖書館　國學圖書館啓二月十日

教育廳訓令（1931 年 2 月 12 日）

案查前奉省政府訓令轉奉中央訓令，凡各機關二十年度預算，限于三月以前造送，飭轉行遵照等因，業經通令飭遵在案，惟查本省教育機關之預算，依照向例，應先由教育經費委員會議定大綱，再由本廳核定概數，令飭各機關依據概數編造預算，二十年度預算大綱自應早行確定，業經函請教育經費委員會迅行開會核議矣。　除分令外，合行令仰知照。　此令。　廳長陳和銑二月十二日

教育廳指令（1931 年 2 月 12 日）

呈暨附件均悉。核閱來件，大致尚妥，應准照行。附件存。此令。　廳長陳和銑二月十二日

呈教育廳文（1931 年 2 月 24 日）

（爲呈報二十年度預算概數六萬五千三百四十元，又建築費十萬九千六百元，請提交教育經費委員會核議由。）案奉鈞廳三五三號訓令內開「二十年度預算大綱自應早行確定，業經函請教育經費委員會迅行開會

核議矣。除分令外，合行令仰知照。此令」等因，查敝館十八、十九兩年度預算概數均未能提交教育經費委

員會，以致實支數仍照十七年度預算七五折支領，衡之全省教育機關經費均按十足發放並有增加，惟敝館兩

年以來仍行折扣，所有預定事業因此不能按期進行。茲謹備文呈報二十年度預算概數六萬五千三百四十

元，又建築費十萬九千六百元，敬請迅賜提交教育經費委員會確定，十足發放，實爲公便。謹呈 江蘇教育

廳廳長陳 國學圖書館館長柳詒徵二月二十四日

呈悉。 應俟編造二十年度預算時再行彙案核奪，仰即知照。此令。 廳長陳和銑三月四日

教育廳指令（1931 年 3 月 4 日）

致教育經費管理處函（1931 年 3 月 14 日）

徑啓者：敝館十八年度追加費二千五百元，于十八年度終了之後，領到五百元，尚有二千元未見頒發。

查十八年度帶征項下早經積收七八十萬元，現下又逾多月，所收當更不止此數，區區二千元，自不難籌撥。

敬祈將應補發敝館十八年度追加費二千元迅賜提交教費稽核委員會核發，以濟眉急，實爲公便。此致 江

蘇教費管理處 國學圖書館三月十四日

復教育廳函（1931 年 3 月 15 日）

孟釗廳長鈞鑒：接奉台函，敬諗壹是。承囑勸募中央黨部建築捐五十元，茲經募就，特行奉上，即希檢入彙交，並請示復爲荷。專此，祗頌鈞安　柳詒徵三月十五日

復國立北平圖書館函（1931 年 3 月 18 日）

逕復者：接准大函，並簡則二份收悉，茲將簡則略爲修改，另繕二份，蓋章函送察收，貴館加章後，分別抽存寄還爲盼，并由郵保險寄奉《大典》二冊，至希檢入示復。敝館應奉鈔費當於月內寄上百元不誤。貴館以前代鈔《大典》之韻字、卷數，另紙錄塵，統希察閱。此致　國立北平圖書館　國學圖書館三月十八日

江蘇省識字運動宣傳委員會公函（1931 年 3 月 28 日）

逕啓者：頃據江蘇省會識字運動宣傳週籌備處報稱，現擬選擇省會區域內衝要地點漆繪壁畫八幅，用資警醒而永宣傳等情，查事屬要舉，自應照辦，惟敝會經費有限，核計此項壁畫每幅約需三四十元，素諗貴館提倡民教不遺餘力，擬請擔任出資繪製一幅，責由該籌備處代爲辦理，藉襄盛舉，並留紀念，想此事惠而不費，當亦所樂許也。相應函達，即希查照見復爲荷。此致　江蘇省立國學圖書館　主席葉楚傖、副主席陳和銑三月二十八日

北平圖書館來函（1931 年 4 月 1 日）

敬啟者：接奉三月二十五日來示及鈔費、簡則二份，自當遵約辦理。茲加蓋敝館圖章，寄呈一份，又奉到鈔費一百元已如數收訖，附收據一紙，統希查收，承寄《大典》二冊業經遞到無誤。此致 江蘇省立國學圖書館 附簡則一份、收據一紙 國立北平圖書館啟 四月一日

江蘇省教育廳來函（1931 年 4 月 3 日）

徑啟者：茲寄奉貴館所捐中央黨部建築捐款正式收據一紙，即希查收，並請賜復爲盼。此致 江蘇省立國學圖書館 第四科第三股謹啟 四月三日

教育經費管理處來函（1931 年 4 月 18 日）

徑啟者：案准大函囑將貴館十八年度追加經費二千元提交稽核員會核議補發等因，當由四月十日稽核員會通過蓋章，茲特奉上通知書一紙，計銀二千元，連同空白收據一紙，即希查收，赴庫領取，並祈見復爲荷。此致 國學圖書館 附通知書及空白收據各一紙 江蘇教育經費管理處啟 四月十八日

致傅沅叔函（1931年4月19日）

沅叔先生惠鑒：一昨琴從枉過，適因事返里，未獲奉教，至深歉仄。比想已返旆宣南，敬惟道履綏圂為頌。敝館《南雍志》一書，缺卷十二第九葉、卷二十二第六葉、卷二十三第十八葉，素稔尊處亦有此書，敢乞將此三葉囑人代為一鈔（用烏絲欄原行款）賜下，俾敝館此書得成完璧，無任感幸。專泐奉懇，敬頌道安　愚弟

柳詒徵拜啓四月十九日

復教育經費管理處函（1931年4月21日）

徑復者：案准大函，并敝館十八年度追加經費二千元通知書及空白收據收悉，茲將收據填就，函送察收。

此致

江蘇教育經費管理處　國學圖書館啓四月二十一日

呈暨附件均悉。准予存查。此令。　廳長陳和銑四月二十九日

教育廳指令（1931年4月29日）

徑啓者：前承寄下《永樂大典》二册，俾資校錄，茲已鈔畢寄還，即希察收。又敝館現在遷移，無暇兼

北平圖書館來函（1931年5月12日）

顾，擬暫中止校抄，一俟竣竣，再當函請續寄。謹此奉達，即希察照。此致　江蘇省立國學圖書館　附《永

樂大典》二册（另寄，如收到時希速見復）　國立北平圖書館啓五月十二日

致北平圖書館函（1931 年 5 月 12 日）

徑啓者：四月五日接准大函并鈔《大典》簡則等收悉，簡則載明借書期限以敝館發書之日起半個月爲期，至遲不得逾一月，敝館三月杪寄奉《大典》二册，迄今已四十餘日，未見擲還，殊深懸盼，祈即寄下以符前約。

再敝館托鈔《大典》，未知已成幾册，并乞賜下爲荷。此致　北平圖書館　國學圖書館五月十二日

比國博覽會中國代表處來函（1931 年 5 月 18 日）

徑啓者：去年比國舉行國際博覽會，貴處出品參加與賽，經該會組織國際評判委員會評判結果，獲有金牌獎憑，業經本代表處先後函達查照。頃接該國博覽會來函，謂此項獎憑現在製造中，需數月後始能造齊，獎憑之外，另有獎章一枚，隨同獎憑分發，惟此項獎章係屬定製，須酌收比幣十五法郎，約合華幣二元之譜，相應再函奉達查照。倘貴處需要此項獎章，即請於收到信後一星期內來函示知，附銀幣二元，以便彙齊匯往該博覽會定製（敝處定於六月初旬匯款赴比，如逾限無有復信，即認爲無意領取是項獎章），否則毋庸繳納費用，如何之處，統祈示覆爲荷。此致　江蘇省立國學圖書館　比國博覽會中國代表處啓五月十八日

復比國博覽會中國代表處函（1931年6月7日）

徑復者：接准大函，敬悉比國博覽會定製獎章須國幣二元，今如數奉上，敬煩匯往該會爲荷。此致 比

國博覽會中國代表處　國學圖書館

國學圖書館六月七日

呈教育廳文（1931年6月8日）

（爲呈請照案撥付十九年度增加費由。）案查十九年六月十二日教育經費委員會第二十次會議議決，本館十九年度增加費七千五百元，在第一預備費項下儘先撥付，現十九年度將近終了，館中需款孔亟，側聞省政府籌撥銀十八萬元，業經鈞廳分別支配，除各學校臨時費外，尚餘六萬元撥與各機關用。敢請求鈞廳查照前案，將本館所加七千五百元儘先撥付，以符議案而應急需，實爲德便。謹呈

江蘇省教育廳廳長陳　江蘇省立國學圖書館館長柳詒徵六月八日

致山東省立圖書館王獻唐函（1931年6月19日）

獻唐先生道鑒：頃奉華翰，備荷藻芬，愧悚奚似。交換刊物一節，辱蒙慨允，尤深感幸。惠下季刊一册、新印《海源閣書目》二册，謝謝。除《書目》一册詒敬領外，餘已交館編目，供衆閱覽矣。茲照所開書目奉上書籍二十四種，《南雍志》《歌代嘯》容出版後照寄，《常州詞録》俟再版時奉上。敝館所需拓本及書籍另紙録

塵察閱，賜予寄下，其未出版者，亦祈出版後照寄。濰縣高氏磚冊，敬煩代拓一分，工料費若干請示知。專泐，并申謝悃，即頌著安　柳詒徵六月十九日

教育廳指令（1931 年 6 月 20 日）

呈悉。查十九年度臨時費支配尚未核定公布，至省庫補助經費，除經常收入內每月應撥之數曾陸續撥付若干，至今尚欠撥甚鉅外，本年並無其他省款之撥付，該館增加經費雖經教育經費委員會第二十次會議議決，在預備費項下儘先撥發，惟以原列預備費至今未有着落，所請撥發增加經費自應暫毋庸議，仰即知照。此令。　江蘇省教育廳廳長陳知銑六月二十日

電賀國立北平圖書館（1931 年 6 月 22 日）

接奉大柬，敬悉貴館新舍落成，舉行典禮。由是縹囊翠軸，無須積石爲倉；天祿石渠，儘有藏書之府。萬間廣厦，輪奐一新；二酉奇書，搜羅殆遍。珍重國寶，嘉惠士林，曷勝佩仰。專肅電賀不備　國學圖書館館長柳詒徵六月二十二日

呈教育廳文（1931 年 6 月 26 日）

（為呈請照案酌撥十九年度臨時費及照案撥付十九年度增加費由。）查本年六月二十三日教育經費委員會會議議決，十九年度各機關臨時費，以十八萬元由鈞廳支配管理處籌撥在案。敝館十九年度預算案內所列臨時費，以須改建書庫，為數較鉅，一時恐未能完全撥給，惟敝館舍年久失修，不得不大加修葺，又添置滅火機及卡片櫥架等，在在需款，仰懇鈞廳于支配臨時費時，查照敝館十九年度預算案臨時費，列入支撥，以應急需。又查二十年度省教育預算支配大綱草案內總說明，有支配方面除十九年度所列各項支出，不能不一概照列云云，敝館十九年度增加費七千五百元，本經教費委員會第二十次會議議決，現既一概照列，自應撥付。年度將終，需款孔亟，敬祈鈞廳查照前案，將敝館所加七千五百元迅賜撥付以符議案，實為德便。謹呈

　江蘇省教育廳廳長陳　　江蘇省立國學圖書館館長柳詒徵六月二十六日

江蘇省立國學圖書館第五年刊（二十年度）案牘

教育廳訓令（1931 年 6 月）

案查二十年度省教育經費預算支配大綱業教育經費委員會第二十四次會議議決通過在案，茲根據大綱規定參照事業狀況，核定各該館二十年度預算概數，除分令外，合行檢發該館預算概數表一紙，編製預算應注意各點暨預算書格式各一紙，令仰該館長遵照規定，於文到十日內編造詳細預算呈候核准施行。此令。計發二十年度該館預算概數表一紙、編製預算應注意各點及預算書格式各一份　江蘇省教育廳長陳和銑二十年六月

教育廳訓令（1931 年 7 月）

案查十九年度省教育臨時費前教育經費委員會第二十三次會議議決，總數爲十八萬元，由教育廳支配在案，茲由本廳根據決定總數詳察各機關迫切需要，通盤支配，核定各機關臨時費數目及用途。查該館十九年度准撥給臨時費五千元，內三千元充影印善本書之用，餘二千元充修理設備之用，合行令仰遵照

四三九

盋山案牘

核定數目及用途重擬計劃，呈候核准施行。此令。　江蘇省教育廳廳長陳和銑二十年七月

教育廳訓令（1931 年 7 月）

案奉江蘇省政府第四八七六號訓令內開：「案准內政部咨開『案奉行政院訓令第三一七一號內開「爲令知事。案查前據該部呈請中央通令各黨政機關并轉飭學校及各地方團體恭錄十七年四月十九日國府提倡道德明令，懸諸禮堂或公共場所，以資申儆而資共喻等情到院，當經轉呈并指令知照在案。茲奉國民政府指令內開『呈悉。現經本府核定，該項區額只須橫列「忠孝仁愛信義和平」八字，一律藍地白字，自行製成懸挂，以資啓迪。除函中央黨部並通令飭遵外，仰即轉行知照。此令」等因，奉此，除呈復並分行外，相應咨請查照，并轉飭所屬一體遵照』等由，除分令外，合行令仰該廳轉飭所屬一體遵照。此令」等因，並奉教育部一二九號令，同前因各奉此，除分令外，合行令仰遵照。

此令。　並奉教育部一二九號令

江蘇省教育廳廳長陳和銑二十年七月　日

致施韻秋函（1931 年 7 月 7 日）

韻秋先生有道：時序如馳，遂已入暑，猥以塵擾，久未羾書，歉仄奚似，茲將又有無厭之請矣。敝館儗備《明史實錄》一書，求之數年，迄未能獲，聞尊處藏有精鈔之本，曷勝艷羨，竊思援照《永樂大典》前例，按期匯

上鈔費，仍乞就近招致寫官錄一副本，藉光乙庫，倘蒙俯允，感幸靡既已。專此，即頌箸祺 柳詒徵啓民國二十

年七月七日

復教育學院高踐四函（1931年7月10日）

踐四先生大鑒：接誦惠書，祗承壹是。暑期講習會會務，藉先生鼎力，籌備告成，曷勝欣幸。辱蒙不棄，邀弟于開辦期到會演講，義務所在，敢不遵命。講題刻已擬定爲「民衆教育的根本」，日期請公酌定，詒隨時可來錫也。茲附奉敝館《概況》一册，即希惠覽，此次講習會學員若干人請示知，以便每人寄贈一册。專泐奉復，即頌公綏 柳詒徵七月十日

呈教育廳文（1931年7月10日）

爲呈報十九年度決算書事由。查本館十九年度決算書業經造就，謹連同十九年七月至十二月之收支對照表、收支計算書共六册，單據存粘簿六册，又十九年一月至十二月專款單據粘存薄二册、收支計算書二册呈請鑒核備案，實爲公便。 謹呈

江蘇省教育廳廳長陳 江蘇省立國學圖書館館長柳詒徵七月十日

復施韻秋函（1931 年 7 月 12 日）

韻秋先生道席：欣承復翰，具紉熱忱。《明實錄》卷帙浩繁，自難欲速，一切當依畫進行，紙張用上等毛

九，似尚細潔耐久，版匡行格即求代制，就近印成，以便應用而省周折，至繕校酬金，蒙採敝館成例，尤所樂

從，准自下月起月匯百元，以備先生支配也。仰聞貴樓藏有《宋會要》一書，羨爲海內孤本，偶見北平館刊亦

列此目，意者移錄自尊處耶？專此，敬請著安　柳詒徵啓七月十二日

致教育廳函（1931 年 7 月 12 日）

敬啓者：茲遵前令，將本館四、五、六三個月經過工作各填表百分，送呈鈞核轉報，實爲公便。謹呈　江

蘇省教育廳廳長陳　江蘇省立國學圖書館館長柳詒徵啓七月十二日

呈教育廳文（1931 年 7 月 12 日）

爲呈報二十年度預算由。案奉鈞廳訓令第一三五六號內開「案查二十年度……此令」等因，謹將二十年

度預算書依式造就，繕錄三分，備文呈請鑒核示遵。謹呈　江蘇省教育廳廳長陳　附呈預算書三份　江蘇

省立國學圖書館館長柳詒徵七月十二日

復程演生函（1931 年 7 月 14 日）

演生先生大鑒：奉書蒙惠贈《皖雅初集》六冊，謹已拜領，交館編目，供眾閱覽矣。陳公詩話稱尊處藏有俞理初《四養齋詩稿》，敝館擬錄一副本，倘荷金諾，尤深感泐，如何鈔錄，并祈賜示。專此，並申謝悃，即頌撰祺

柳詒徵啓七月十四日

致施韻秋函（1931 年 7 月 18 日）

韻秋先生道席：雒誦復書，欣承種切。紙張決用最好毛邊，六開版匡略仿桐風廔鈔藏明代史乘格式，擬就仍求斟酌盡善，徑付南潯公司淺綠色鉛印。所須工料繕校等費，自八月始仍擬暫奉百金一月，縮短時間，快覩全豹，極所希圖，惟以與北平圖書館尚有傳鈔成約，深恐淺沼，來源有時中竭，難爲接濟耳。《宋會要》北平止於占有版權，許還原璧，誠如所云，延津劍合會有時，可樂觀也。敬頌籌祺 柳詒徵啓

七月十八日

教育廳指令（1931 年 7 月 22 日）

呈暨附件均悉，准予存查。此令。 江蘇省教育廳廳長陳和銑七月二十二日

教育廳訓令（1931 年 7 月 23 日）

案查十九年度臨時費支配前經通盤核定，令飭遵照核定數目及用途擬具計劃預算呈候核准施行在案，該館十九年度臨時費經准撥五千元，應指定專充影印善本書籍之用，前令所飭以二千元充修理設備之用一節，係屬繕寫錯誤，應予更正，仰即知照，並仰遵照指定用途擬具計劃呈候核奪。此令。　江蘇省教育廳廳長陳和銑二十年七月二十三日

教育廳訓令（1931 年 7 月 23 日）

呈暨附件均悉。　查預算支配大致尚合，應准照行，惟表列上年度預算數並未呈經核准，該欄應即刪除。附件存。此令。　江蘇省教育廳廳長陳和銑七月二十三

教育廳訓令（1931 年 8 月）

查統計條例第二條載「統計年度依照學年起訖，自本年八月一日始至次年七月三十一日止」、第四條載「省區教育統計由省區教育行政機關編製之，其填報教育部之期，至遲不得過次年度四個月（即不得過次年度十一月三十日）」各等語，歷經通飭所屬一體遵辦在案。現十九年度早經終結，所有該年度社會教育統計亟待編造，除分令外，合行檢發統計表式暨填表注意各點，令仰該館長趕速依式編製，限於九月三

十日以前送廳，以憑彙編轉報。事關統計要政，幸勿稍事延誤，切切。此令。　計發填表應行注意各點一

份，社教統計表二份　江蘇省教育廳廳長陳和銑二十年八月　日

致警察廳長函（1931 年 8 月 7 日）

敬啓者：敝館爲宣傳文化起見，自本學期起特撰標語若干則，以洋鐵製牌懸釘通衢電綫桿上，使民衆一目了然。茲謹將標語繕錄一紙，送請鑒核備案，并懇轉飭各分局飭警隨時保護，無任公感。此致　首都警察

廳廳長吳

江蘇省立國學圖書館館長柳詒徵八月七日

首都警察廳來函（1931 年 8 月 11 日）

經覆者：案准貴館函開「以宣傳文化起見，自本學期起特擬標語若干則，以洋鐵製牌懸于通衢電線桿上，使民衆一目了然。附錄標語稿，請備案并飭屬保護」等由，計附標語稿一紙，准此，查貴館製發標語擬懸釘電綫桿上，自應先行函商電政機關，俟得許可後，再行函由本廳飭屬保護，以符手續。准函前由，相應函復查照。此致

江蘇省立圖書館　首都警察廳廳長吳思豫八月十一日

致電燈廠函（1931年8月12日）

敬啓者：敝館爲宣傳文化起見，自本學期起撰標語數十條，以洋鐵製牌擬懸釘通衢電桿上，使民衆一目了然，曾具函首都警察廳，請予備案並飭屬保護去後，頃准警廳復稱，應先行函商貴廠，俟得許可後再行函飭屬保護云云，合將前情備函連同標語稿一分送請察閱，並祈俯允敝館懸釘該項標語，無任企盼之至。此致

建設委員會電燈廠廠長鮑　計附標語稿一分　江蘇省立國學圖書館館長柳詒徵八月十二日

教育廳訓令（1931年8月15日）

案奉省政府訓令內開「爲令遵事。案准國民政府主計處函開『本處爲明瞭全國各機關之統計組織與工作情形起見，茲擬定簡單調查項目一種，隨文送請查照逐項見復，並請印發所屬各機關，於文到二星期內，連同項目內所列各項附件逐級遞送，統由貴府轉送過處，以便考查而利進行』等由，附調查項目到府，除分令外，合行檢發項目一份，令仰該廳遵照，依期具報同樣二份，以便存轉。此令。附調查項目一份。正核辦間，又奉教育部令，同前因附調查項目十份，飭即遵辦，并轉飭所屬一體遵照辦理」各等因，奉此，除分令外，合亟印發調查項目一份，令仰該館依式照填四份，於十日內呈送來廳，以便轉報，勿稍遲延，切切。此令。　計發調查項目一份　江蘇省教育廳廳長陳和銑八月十五日

建設委員會首都電廠來函（1931 年 8 月 18 日）

徑復者：接准大函，以本學期起撰就標語數十條，以洋鐵製牌擬在通衢要道之電桿上懸釘，特抄標語稿一份，囑即察閱，准予懸釘等由到廠。查本廠電桿時有放綫及修理等工作，倘懸釘該項標語鐵牌，勢必受其妨礙，承商一節，本廠實難照辦。准函前由，相應函復即希查照爲荷。此致

　　江蘇省立國學圖書館

建設委員會首都電廠啓 八月十八日

致國民政府參加比國博覽會代表處函（1931 年 8 月 19 日）

敬啓者：六月六日接准大函，即於七日奉復並附上銀幣二元，請轉匯比國爲定製獎章之用，計早遞到匯去矣，該項獎章寄到後，希即惠下爲荷。此致

　　國民政府參加比國博覽會代表處

國民政府參加比國博覽會代表處 江蘇省立國學圖書館 八月十九日

復王獻唐函（1931 年 8 月 20 日）

獻唐先生道鑒：接讀惠函，敬審壹是。承賜濰縣漢畫像六幅、青州漢畫像二幅、濰青畫像十一幅，均已拜領，謝謝。茲奉贈敝館新印之《南雍志》八册、《歌代嘯》一册，即希檢收示復。上陶室磚瓦文攟，敝館決請代拓一部，並請代製黑白匟字錦套一副，瀆神感感，惟敝館下半年受水災影響，經費窘迫，應於何時匯款請示

知，俾早預備。專復，祇請箸安　柳詒徵啓八月二十日

呈教育廳文（1931年8月20日）

　　為依式填具統計組織及工作備文，呈復請鑒核轉報由。案奉鈞廳訓令第一七三號內開「案奉省政府訓令內開……又奉教育部令同前……此令」等因，奉此，遵即依式填就本館統計組織及工作四份，連同本館藏書統計表、十八年度修補裝訂書籍一覽表、館內館外傳鈔工作表、善本閱覽統計表、普通閱覽統計表各一份備文呈復，仰祈鑒核轉報，實為公便。謹呈　　江蘇教育廳廳長陳　附呈統計組織及工作四份，藏書統計表等五葉　江蘇省立國學圖書館館長柳詒徵八月二十日

教育廳指令（1931年8月24日）

　　呈暨附件均悉。查該館十九年度七至十二月經常費支出共一一二五二·九六四元，比較六個月預算雖超支二·九六四元，但為數甚微，自易彌補，核對書據，尚屬相符，專款收支書據並經詳核數目無訛，應即准予存查。此令。　廳長陳和銑八月二十四日

教育廳快郵代電（1931 年 8 月 26 日）

省立各級學校、各社會教育機關暨各縣教育局覽：江蘇省社會教育成績展覽會原訂九月十二日起在鎮舉行，前經檢發辦法令飭遵辦在案，茲以各地方水勢未退，交通梗阻，各項應徵品件運寄不便，改期十月十五日起至二十八日止，仍照前訂辦法舉行，特電知照。　江蘇省教育廳宥印八月二十六日

教育廳訓令（1931 年 9 月）

案奉江蘇省政府第六三二零號訓令內開「案奉行政院先電開『中央政治會議第二八六次會議議決捐薪振濟水災辦法，凡屬全國官吏及國營企業職員、公立學校教職員、公立教育機關職員暨黨部工作同志，月薪在百元以上者捐百分之五、二百元以上者捐百分之十，四百元以上者捐百分之十五，六百元以上者捐百分之二十，以三個月爲限，於本年九、十、十一三個月內儘先扣繳，經函國府轉令下院，合亟電仰飭屬一體遵照』等因，又奉第四三二三號令，同前因，除全省公務員捐俸助振辦法仍照本府第四二六次議決案辦理並呈復外，至關於公立學校暨公立教育機關教職員捐薪辦法一節，合行令仰該廳轉飭遵照」等因，奉此，查本省今年水災之重，近紀所無，迭呈慘狀，怵目驚心，凡有同情，肯靳義舉服務，教育同人爲社會之導師，尤應首先倡率，慷慨輸將，庶民衆觀感所及，教育效率亦增。茲奉前因，除分令外，合行飭仰該館一體遵照，自本年九月起至十一月止，按月照扣繳廳，以便彙解。此令。　廳長陳和銑二十年九月　日

致教育廳陳廳長函（1931 年 9 月 1 日）

孟釗廳長鈞鑒：敬啓者，閲報知江北水災，凡各機關公務人員月薪在百元以上者，規定於九、十、十一三個月中月抽百分之五以資救濟，竊思被災區域飢民奄奄待斃，若按月抽捐，陸續放賑，殊有緩不濟急之虞。敝館現將職員中應捐之款計銀一百三元五角，又有薪不滿百而自願捐助者計銀四十二元，及同人節省膳餘計銀二十八元一併提前奉上，並附清單一紙，祈轉交江北水災急賑會收爲感，收到并希示復。詒徵以爲此種辦法尚能救急，如由鈞廳提倡，俾各機關均照此辦理，則垂斃之災民因而得慶更生者，當非少數。愚忱謹狂，伏望鈞裁。專肅，祇請勛安　柳詒徵啓九月一日

實業部國貨陳列館來函（1931 年 9 月 3 日）

徑啓者：本年十月十日全國運動大會在京舉行，四方學生薈萃首都，本館鑒於國產教育用品實有提倡宣傳之必要，爰經擬定規則呈奉實業部，令准於雙十節舉辦教育用品展覽會，業已積極籌備。茲查報紙爲教育工具之一，宣揚文化，利導群倫，若經廣事徵集，附帶展覽，則觀摩研究收效必非淺鮮。此次中國報學社在杭舉辦之報紙展覽會，規模宏大，成績斐然，業由本館函商該會主辦人，允將全部報紙出品移京陳列，定於雙十節在教育用品展覽會內附辦報紙展覽會，惟爲擴大徵集起見，擬請貴館將歷年搜藏之各地報章雜誌酌量選送參加，相應檢同辦法一份專函布達，即希查照見復爲荷。此致

　　江蘇省立國學圖書館　附

徵品辦法一份　實業部國貨陳列館館長楊鐸九月三日

致警察廳公函（1931 年 9 月 3 日）

敬啓者：案准八月十一日台函，敬悉懸釘標語一節，承囑先行函商電政機關，現已與各機關商榷，敝館標語止在懸有造林運動宣傳品及國華銀行廣告牌之電桿上懸釘，其字樣較大之標語牌，則擬釘於興中門、中山門口之城牆上及通衢之廣告欄，敬請貴廳備案並飭各分局保護，無任公感。　此致　首都警察廳廳長吳　江蘇省立國學圖書館館長柳詒徵九月三日

首都警察廳來函（1931 年 9 月 7 日）

徑復者：頃准大函，以貴館懸釘標語一節業經將懸釘處所與各機關商榷，請爲備案並飭局保護等由，自應照辦，除抄發原送標語稿令飭各警局暨督察處飭屬加以保護外，相應函復查照。　此致　江蘇省立國學圖書館　首都警察廳九月七日

安徽叢書編印處來函（1931 年 9 月 9 日）

貽老道座：奉書並承賜《南雍志》一部，拜領，謝謝。《四養齋詩》由敝處鈔手寫錄，無庸給值也。專復，

敬候萬福

程演生頓首九月九日

陳廳長來函（1931 年 9 月 10 日）

翼謀先生史席：昨奉手簡暨捐款清單一份，計洋一百七十三元五角，領悉一是。館中同仁本已飢已溺之懷，宏救世救人之願，慨沛廉泉，廣濟災眚，尤可佩者，以節衣縮食之資，裹集腋成裘之舉，洵足以風薄俗而勵群僚矣。捐款即爲彙轉，以揚仁風。更有進者：迭奉省令，關於全省公務員、公立學校教職員，公立教育機關職員捐薪助賑案，月薪在百元以上者捐半個月，限於本年八、九、十、十一四個月匀扣，飭屬遵照等因，本廳業已遵行，館中同仁月薪在百元以上者，仍請貫澈始終，務宏願力，照案輸將，依限惠繳，則各同仁義聲所樹，當與江流共永矣。專此布臆，諸希亮察。順頌政祺，不戩。

弟陳和銑拜復九月十日

呈復教育廳（1931 年 9 月 15 日）

爲填報十九年度社教統計表事由。案奉鈞廳訓令第一八四一號内開「查統計條例第二條……此令」等因，謹將來表在圖書館項下填就，備文呈請鑒核彙編轉報，實爲公便。謹呈

江蘇省教育廳廳長陳 附呈社會教育概況統計表一紙 江蘇省立國學圖書館館長柳詒徵九月十五日

江蘇省立南京民眾教育館來函（1931年9月23日）

敬啓者：日本強暴，突占遼吉，我社教同人均應改變工作方案，準備對日，茲用聯合會名義，致全國社教機關一電及致國聯施代表代電，錄呈查照。此致

　　江蘇省立國學圖書館公鑒　附原電　江蘇省立南京民眾教育館啓九月二十三日

江蘇省社會教育成績展覽會籌備委員會來函（1931年9月23日）

經啓者：查江蘇省社會教育成績展覽會改期十月十五日起至二十八日止，仍照原訂辦法在鎮舉行，業經教育廳以第二二零號代電知照在案。現距開幕日期不足一月，依照原辦法第十條之規定，各參加出品機關須於會期半個月前（即九月三十日以前）造報出品清冊，開幕日一週以前（即十月七日以前）將出品送達會場陳列，時期迫近，亟應趕速準備。其在各機關間有前經呈報清冊或附送品件者，並應查明已否包括出品全部，抑仍有必需續報品件，統希依照限期分別寄交會場所在地江蘇省立鎮江民眾教育館代收，以便陳列而資展覽，是所至荷。此致

　　江蘇省立國學圖書館　江蘇省社會教育成績展覽會籌備委員會啓九月二十三日

致工務局局長函（1931年9月24日）

敬啓者：漢西門拆卸城牆牆下發現廣惠寺遊人題名碑一具，長約三尺，闊二尺，有「至正八年某月日」字

樣。此等古物，與首都歷史頗有關係，敝館擬請代任保管之責，如蒙許可，請即轉知警局，敝館當飭人舁置館中，以供好古者之參考也。此致 工務局局長馬 國學圖書館啓九月二十四日

敬啓者：漢西門拆卸城牆，牆下發現廣惠寺遊人題名碑一具，長約三尺，闊二尺，有「至正八年某月日」字樣。此等古物，與首都歷史頗有關係，敝館函商工務局願任保管之責，業蒙允許，於昨日飭人舁置館中矣，用特奉函，請煩查照。此致 首都警察廳第八局第四分所巡官楊 江蘇省立國學圖書館啓九月二十五日

致警察第八局第四分所楊巡官函（1931 年 9 月 25 日）

南京市政府工務局來函（1931 年 9 月 26 日）

徑啓者：案准大函，以「漢西門拆卸城牆，牆下發現廣惠寺遊人題名碑一具，長約三尺，闊二尺，有『至正八年某月日』字樣，此等古物，與歷史頗有關繫，敝館擬請代任保管之責」等由，准查該項題名碑據本局監工及包工人面稱，已於昨日由貴館自行運去。惟查本京前次發現飛來剪及大行宮石獅等古物，均由市教育局負責保管，以備陳列市立圖書館內藉供衆覽，是該項題名碑自應仍由該局保管，以資一律。除呈報市府暨函教育局派員接收外，相應函復，即希查照爲荷。此致 江蘇省立國學圖書館 南京市政府工務局局長馬軼群九月二十六日

致社教成績展覽會籌備會函（1931年9月29日）

敬啓者：案准大函內開社教成績展覽會各參加出品機關所有出品清冊，須於九月三十日以前造報等因，茲謹將敝館參加出品開具清冊隨函奉上，即希察收爲荷。此致 江蘇省社會教育成績展覽會籌備委員會

江蘇省立國學圖書館啓九月二十九日

附出品清冊

計開

館舍平面圖、職員表、經費分配表、歷年經費比較表、善本書籍統計表、藏書統計表、行政組織系統表、歷年出版書目、儲藏檔案統計表

南京市教育局來函（1931年10月3日）

案查工務局第九零六號公函內開「案准江蘇省立國學圖書館函開『漢西門拆卸城牆，牆下發現廣惠寺遊人題名碑一具，長約三尺，闊二尺，有「至正八年某月日」字樣，此等古物，與歷史頗有關繫，敝館擬請代任保管之責』等由，准查該項題名碑據本局監工及包工人面稱，已於昨日由該館自行運去。惟查本市前次發現飛來剪及大行宮石獅等古物，均由市教育局負責保管，以備陳列市立圖書館內藉供衆覽，是該項題名碑自應仍由貴局保管，以資一律。除呈報市府暨函復外，相應檢同該館收據一紙函送查照，即希派員接收

國立中央大學國學圖書館小史　蠹山榘牘　合刊

爲荷」等因，並附收據一紙到局，准此，查此項古物確與歷史頗有關係，既在本市範圍內發現，自應陳列市立歷史博物館內以供衆覽，除函復外，相應給函派員帶同貴館收據趨前接收該題名碑，即請查照迅煩點交帶回，以便陳列爲荷。此致

　　江蘇省立國學圖書館　附收據一紙　南京市教育局局長張忠道十月三日

南京市立博物館來函（1931 年 10 月 20 日）

徑啓者：奉市教育局令，囑往貴館運取廣惠寺遊人題名碑，茲派岳科、陳金龍兩同志前來面洽，即祈賜予接見爲荷。此致

　　江蘇省立國學圖書館　南京市立歷史博物館啓十月二十日

教育廳訓令（1931 年 11 月）

案查前據省立揚州中學校長周厚樞呈請，擬以中央規定之各校教職員賑災捐薪移作救濟江北災區小學教員之經費等情，當以事關變更捐賑辦法，據情呈請江蘇省政府核示在案。茲奉第八四六九號指令內開「呈悉。案經本府委員會第四四四次會議議決，以中央規定之各校教職員賑災捐薪移作救濟災區小學教職員之用，呈院備案在案，除呈報外，仰即轉飭知照。此令」等因，奉此，除分令外，合行令仰知照。此令。

　　江蘇省教育廳廳長陳和銑二十年十一月　日

四五六

教育廳訓令（1931 年 11 月）

案查本省各學校及社教機關教職員照中央規定之賑災捐薪，前經省政府委員會議議決，移作災區教職員救濟之用，業經通飭知照在案，茲爲明瞭各該機關捐薪實數以憑計劃支配起見，特製定調查表一種，除分令外，合行檢發表式，令仰該館長依式填製，限於十一月二十日以前呈送到廳，以憑彙核辦理。事關要政，幸勿延遲爲要。此令。 計發賑災捐薪調查表表式一份　廳長陳和銑十一月　日

教育廳指令（1931 年 11 月 13 日）

呈表均悉，准予彙編。此令。 表存。 廳長陳和銑十一月十三日

國民政府參加比國博覽會代表處來函（1931 年 11 月 16 日）

徑啓者：去年比國舉行國際博覽會，貴處出品參加與賽，經該會組織國際評判委員會評判結果，獲有金牌獎，業經本代表處先後函達查照，嗣接該國博覽會來函，謂此項獎憑之外另有獎章一枚，係屬定製，如需領取，須酌收比幣十五佛郎（約合華幣二元之譜），亦經本代表通告貴處在案。現比國博覽會已將是項獎憑寄到（獎章尚未寄來），爰定於十一月二十八日上午十時假上海天妃宮橋市商會會址舉行發給獎憑典禮，務希貴處屆時派員前來參加領取（如在外埠者，可委託本埠人爲代表）爲荷。此致

江蘇省立國學圖

國立中央大學國學圖書館小史　蠹山案牘　合刊

書館　國民政府參加比國博覽會代表褚民誼十一月十六日

教育廳指令（1931 年 11 月 19 日）

呈暨附件均悉，准予存查。此令。　江蘇省教育廳廳長陳和銑十一月十九日

教育廳指令（1931 年 11 月 24 日）

呈表均悉，准予存查，仰即知照。此令。　廳長陳和銑十一月二十四日

致劉翰怡函（1931 年 11 月 25 日）

翰怡先生道鑒：茲有懇者，尊處所刊《雪橋詩話》初、續、三集均蒙惠賜，感篆莫名，惟餘集八卷敝館尚付闕如，敬懇賜下一部，俾敝館此書得成全璧，而學者更受惠不淺矣。　再《晉書斠注》亦乞檢賜一部，無厭之求，尚希鑒宥。　專泐奉懇，即頌大安　國學圖書館十一月二十五日

復國民政府參加比國博覽會褚代表函（1931 年 11 月 26 日）

敬啓者：案准大函，敬審比國博覽會獎憑業經寄到，定於十一月二十八日上午十時假上海天妃宮橋市商

四五八

會會址舉行發給獎憑典禮，敝館現派館員周君雁石來前領取，即希查照發給爲荷。此致　國民政府參加比

國博覽會代表褚　國學圖書館十一月二十六日

劉承幹來函（1931 年 12 月 6 日）

國學圖書館諸公均鑒：接奉惠函，敬悉壹是。承索《雪橋詩話餘集》，敝處尚有存書，茲檢奉一部，藉備插架。《晋書斠注》當時初印無多，而覆校之後發見舛誤之處纍纍，現已將書版由北平起運，俟到滬後再行刊正，不料過津時爲海關扣留，欲按古玩徵税，函電交馳，至今猶未放行，殊悶損也。專此奉復，祇

頌台安　劉承幹頓首十二月六日

教育廳訓令（1932 年 1 月 6 日）

爲令行事。案奉國民政府令開「任命周佛海爲江蘇省政府委員」，又奉令開「任命周佛海兼江蘇省教育廳廳長」各等因，奉此，遵於一月四日先行接印，視事再定期宣誓，除分別呈咨函令外，合行令仰知照。此令。　廳長周佛海二十一年一月六日

国立中央大学国学図書館小史　荿山案牘　合刊

江蘇省立社會教育機關職教員聯合會來函（1932 年 1 月 22 日）

敬啓者：本會業於一月十九日舉行成立，并決議於二月九日下午二時在南京省立民教館舉行代表大會選舉執行委員，敬請屆時推選二人出席與議，并希先期將貴職教員會會員名册賜下。兹將會議録及簡章附上，即希查照爲荷。　此致　　江蘇省立國學圖書館職教員會　　江蘇省立社會教育機關聯合會啓　一月二十二日

江蘇省立教育學院來函（1932 年 1 月 22 日）

徑啓者：兹准江蘇教育經費委員會函開「案查本會本年一月十三日開第二十七次江蘇教育經費委員會會議，討論修正本會簡章一案，決議於原簡章第二條乙項加入江蘇省立中小學校教職員代表二人，江蘇省社會教育機關教職員代表二人等因，除分別通知外，相應函請查照推定代表見復過會，以便下屆開會得以召集，是爲至盼」等因，准此，相應函達，即希轉知貴館全體教職員查照辦理爲盼。　此致　　江蘇省立國學圖書館館長柳　　　　　　江蘇省立教育學院啓　一月二十二日

教育廳訓令（1932 年 1 月）

案查接管卷内奉教育部訓令内開「查十八年度全國社會教育概況調查統計事宜，業經各省按照本部

印發表式依限填報在案，現在十九年度已經終了，此項調查統計事宜亟應賡續辦理。茲製定十九年度社會教育概況調查統計表，分爲表一、表二兩種，表一係調查一般之社會教育設施，表二係調查學校之社會教育設施，並爲謀填報便利起見，各表均附有填表須知，以備參考。隨令發去表一、表二暨填表須知各一百三十份，仰即遵照須知第二條及第十一條各規定，分發所轄各縣市教育局分別查填呈報該廳，由該廳彙齊所得材料加以整理，限於二十一年二月底以前填報本部，以憑彙編。事關全國社會教育統計，務各依限趕辦，是爲至要。此令」等因，計發十九年度社會教育概況調查統計表一、表二暨填表須知各一百三十份到廳，奉此，自應遵照辦理。合行檢發十九年度社會教育概況調查統計表一、表二暨填表須知各一份，令仰遵照分別查填，限於二月十五日以前呈送來廳，以憑彙轉。案關部令特飭要件，務各依限趕辦，勿稍逾延，切切。此令。 計發十九年度社會教育概況調查統計表一、表二暨填表須知各一份　廳長周佛海二十

一年一月

致教育廳公函（1932年1月23日）

敬啓者：茲遵前令，將本館二十年度十、十一、十二三個月經過工作各填表百分送呈鈞核轉報，實爲公便。

　謹呈　江蘇省教育廳廳長周　江蘇省立國學圖書館館長柳詒徵二十一年一月二十三日

致教育廳公函（1932 年 1 月 28 日）

敬啓者：本館十九年度一月至六月收支對照表、支出計算書及單據粘存簿業於二十年十月七日函送鈞廳在案，迄今未奉指令，至深懸盼。二十年度七月至十二月收支對照表、支出計算書，又十八年度追加費收支計算書茲經造就，連同單據粘存簿共十四冊呈送鈞廳，即希鑒核爲荷。謹呈

江蘇省教育廳廳長周　江

蘇省立國學圖書館館長柳詒徵　一月二十八日

教育廳指令（1932 年 1 月 30 日）

海

一月三十日

據接管卷內呈暨附件均悉。查該館十九年度一至六月經常費支出共一零八零七·一四九元（冊列總數內除准以專款輔助之印書費一零三八·四八元），比較六個月預算減少四四二·八五一元，核對書據尚屬相符，應即准予存查。十九年度決算書及專款收支書據務速呈送備核。此令。　廳長周佛

教育廳訓令（1932 年 1 月）

案本中國國民黨中央執行委員會秘書處特字第一二六九號函開「查第四次全國代表大會關於教育問題，經通過依據訓政時期約法關於國民教育之規定確定其實施方針之決議案，現已刊印成冊，特檢寄二千

份，即希查收分發所屬各學校、各教育機關爲荷」等因，准此，除分發外，合亟令仰該館館遵照。此令。計附

四全大會關於教育之決議案五冊　廳長周佛海二十一年一

呈教育廳文（1932年1月30日）

爲填送十九年度社會教育概況調查統計表，請鑒核彙報由。案奉鈞廳訓令第八八號內開「案查接管卷內奉教育部訓令內開『查十八年度……』……須知各一份」等因，謹將來表依式填就，呈送鈞廳鑒核彙報，實爲公便。謹呈　江蘇省教育廳廳長周　附呈十九年度社會教育概況調查統計表一份　江蘇省立國書館館長柳詒徵一月三十日

呈教育廳文（1932年2月14日）

爲呈請咨行南京市政府請迅速酌撥山地以便建造窟室由。案查本館藏書廿萬餘冊，宋元秘笈號爲寶藏，而書樓接近清涼山要塞，又係木質構造，當茲強敵肆行之際，誠恐有意外之虞。經與軍事專家商榷，謂書樓之後幸有盋山土阜，足資屏蔽，倘於山中擇一相當地點造一窟室，庶可於遇有警訊之時，舉宋元秘笈庋之窟室，俾免危險。本館爲愼重藏書起見，業經函請南京市政府酌撥附近廠館書樓山地一二畝，以資應用在案，惟廠館隸屬鈞廳，似應再由主管機關咨請市府，益形鄭重，合無仰懇鈞廳將以上情形咨行南京市政府，請

其於國難期間保護文物，不分畛域，迅速酌撥，俾便飭匠建築，不勝盼禱之至。謹呈　江蘇省教育廳廳長周

附呈本館致南京市政府公函稿一紙　江蘇省立國學圖書館館長柳詒徵二月十四日

致南京市政府公函（1932 年 2 月 14 日）

敬啓者：敝館書樓接近清涼山要塞，當茲強敵肆行之際，誠恐有意外之虞，經與軍事專家商榷，謂書樓之後幸有盎山土阜，足資屏蔽，倘於山中擇一相當地點造一窟室，庶可於遇有警訊之時，舉宋元秘笈庋之窟室，俾免危險。惟山地久經市政府收用在案，茲因慎重藏書起見，可否仰懇市政府酌撥附近敝館書樓山地一二畝，以資應用，敝館駐在市內，久荷姅懤，幸垂愛護文化之忱，藉作未雨綢繆之計，倘蒙俯允施行，實爲德便。

此致

　南京市政府代理市長谷　江蘇省立國學圖書館館長柳詒徵二月十四日

致教費管理處鈕處長函（1932 年 2 月 17 日）

惕生處長鈞鑒：前荷指示保護藏書之法，當向經費委員會提議請撥特別費，以便工作，業經公議准撥特別費五百元在案。目前戰局緊張，亟應先事預防，倘稍遲滯，誠恐措手不及，敬懇迅予飭處即日將該款撥付，至紉公誼。專蕭，祇請公安　柳詒徵二月十七日

南京市政府來函（1932 年 2 月 20 日）

徑復者：頃准貴館函開以附近書樓之後有盋山土阜可造窟室，請酌撥該處山地一二畝以資應用等由，准此，當經飭由土地局調查該地情形呈復核辦去後，茲據復稱「查江蘇省立圖書館擬撥清涼山該館附近山地一案，當經派員前往實地調查，據該館職員指示之地，即中央研究院請准內政部公告徵收之地，經由中央研究院委托本局代爲徵收，尚未辦竣。查該地地主姓陳，業經通知由中央研究院徵收，惟未發地價，但江蘇省立圖書館既爲保存文化之用，似可逕向中央研究院商借，將來仍由中央研究院發價徵收，似于地主亦無妨礙，合將奉查情形簽請鑒核」等情，據此查該處山地既經中央研究院請准內政部公告徵收，現貴館既需用此地，當可逕行向院方商借。相應函復，即希查照辦理爲荷。此致

　江蘇省立國學圖書館　南京

市市長馬超俊兼代南京市市長谷正倫二月二十日

教育廳指令（1932 年 2 月 20 日）

呈悉，即經轉咨南京市政府知照辦理矣。此令。　廳長周佛海二月二十日

教育廳訓令（1932 年 2 月 20 日）

案查教育經費委員會第二十八次會議討論事項第九項，委員兼省立國學圖書館館長柳詒徵提議，請

撥費及地建造窟室，以避戰禍而保藏書案，經議決，由管理處撥洋五百元爲保護藏書之用，由柳館長設法辦理等由，案經議決，自應照辦，除函請管理處查照撥發外，合行令仰該館遵照辦理具報。此令。廳長周

佛海二月二十日

江蘇教育經費委員會來函（1932 年 2 月 22 日）

案准貴館長於本會第二十八次會議時臨時提議，請撥費及地建造窟室以避戰禍而保藏書一案，當經議決，函由江蘇教育經費管理處撥洋五百元爲保護藏書之用，由柳館長設法辦理。准議前因，除函請江蘇教育經費管理處查照撥發外，相應録案函達，即希查照辦理。此致

江蘇省立國學圖書館館長柳　二月二十二日

致中央研究院蔡院長函（1932 年 2 月 22 日）

敬啓者：敝館書樓接近清涼山要塞，當兹強敵肆行之際，誠恐有意外之虞，爰擬於書樓之後盋山中擇一相當地點建築窟室，庶可於遇有警訊之時，舉宋元秘笈庋之窟室，俾免危險。業經函請南京市政府酌撥附近敝館書樓山地二三畝，以資應用在案去後，頃准市政府函復，經飭土地局查復，敝館指定之地爲貴院請准內政部公告徵收之地，屬敝館逕向貴院商借等因，敝館爲此特具函請貴院，俯念敝館爲臨時防禦侮起見，准將該地惠借敝館爲建造窟室之用，想貴院愛護文物，夙具熱忱，倘蒙慨允，曷勝公感。所有市府來函另録

附呈。此致 國立中央研究院院長蔡 江蘇省立國學圖書館館長柳詒徵二月二十二日

呈教育廳文（1932 年 2 月 24 日）

為呈請增加二十一年度經常費及二十年度臨時費由。案查二十一年度預算業經教育經費委員會議決總數，由鈞廳支配在案，用特具文申請。本館事業逐年增進，絕非固定者可比，敬請鈞廳按照各學校機關自然發展之比例照數增加。二十一年度經常費至少需銀四萬元，至臨時費計有四種：一為刊印全館書目，約銀四千元；一為改造閱覽室，約銀四千元；一為影印古書，約銀五六千元；一為建築水泥鐵筋善本書庫，至少需銀五六千元，計共臨時費兩萬元，仰懇鈞廳於支配經費時如數增加，俾本館事業得按年發展，不勝盼禱之至。

謹呈 江蘇省教育廳廳長周 江蘇省立國學圖書館館長柳詒徵二月二十四日

呈京滬衛戍司令長官陳（1932 年 2 月 24 日）

為呈請事。本館藏書，著稱海內，宋元精槧，尤為世所希有，迭經蔣總司令、軍政部、首都衛戍司令部佈告禁止駐軍在案，數年以來，賴以維護，得無毀損。迺近日時有軍隊來館覓屋借住，敝館屋宇無多，除藏書外，另有大宗版片須屋庋藏，兼有住館讀書之人，實無餘屋可借，敬祈鈞長賜予發給佈告，禁止駐軍，俾軍士知所禁令而本館古籍得以保護，實為德便。謹呈 京滬衛戍司令長官陳 江蘇省立國學圖書館館長柳詒徵

致中央研究院函（1932年2月24日）

敬啓者：茲遵來稿繕就借地據一紙奉上，即希察存。貴院收到後請給收據，擬稿如下：今收到國學圖書館借地據一紙，即當照據施行。希酌奪。此致 中央研究院

　　　　　　江蘇省立國學圖書館二月二十四日

二月二十四日

國立中央研究院來函（1932年2月25日）

徑復者：關於暫借清涼山山地建築窟室一節，業經本院派員會同貴館指定地點，茲准來函並附送借地據一紙到院，應准存案照據施行，相應函復查照。此致 江蘇省立國學圖書館

　　　　　　國立中央研究院總辦事處二月二十五日

江蘇教育經費管理處來函（1932年2月26日）

徑啓者：前奉大函暨教育廳一三二一號函開「准撥國學圖書館洋五百元爲保護藏書之用，請查照撥發」等因，當即填就教字通知一紙，計銀五百元，由稽核會核議蓋章，茲特連同空白收據一紙隨函奉上，即希查收，繕具領款收據赴庫領取，並祈見復爲荷。此致 國學圖書館 附通知、空白收據

各一紙　江蘇教育經費管理處啓二月二十六日

復教費管理處函（1932 年 3 月 3 日）

致

　江蘇教育經費管理處　國學圖書館三月三日

敬復者：接奉大函并敝館特別費通知書及空白收據敬悉，茲將收據填就，隨函送上，即希察收爲荷。此

教育廳指令（1932 年 3 月 4 日）

令。廳長周佛海三月四日

呈悉。查二十年度省教育經費以受時艱歲荒影響，窘迫已達極點，按月經常費尚無法維持，臨時費自更毫無着落，所請自應暫毋庸議。至二十一年度預算，應俟預算支配大綱確定後再行核奪，併仰知照。此

教育廳訓令（1932 年 3 月 5 日）

案准南京市政府一三五七號函開「案准貴廳第四零號咨，以據國學圖書館呈請轉咨，酌撥附近書樓山地一二畝，以資應用等情，囑爲查照見復等由，准此，查此案前准該館函商，當經飭據土地局調查該地情形，復稱查該館所擬撥山地已由中央研究院請准內政部公告徵收，似可由館徑向院方商借等情，即經函復

在案。兹准前由，相應「函復查照」等由，准此，合行令仰該館長即便遵照。此令。　廳長周佛海三月五日

致十九路軍辦事處函（1932 年 3 月 8 日）

敬啓者：貴軍前敵，將士喋血兼旬，爲民族爭生存，爲國家爭地位，出生入死，勞苦功高，凡我人民，理應加以慰勞。兹敝館同人捐集俸銀九十二元五角，區區之數，聊申敵愾之忱，即希惠存彙轉，並給收據爲幸。

此致　十九路軍後方辦事處　國學圖書館三月八日

復南京民教館函（1932 年 3 月 8 日）

敬復者：接奉大函，敬悉貴館擬組織蘇省社教機關前敵慰勞團，由各機關分期募捐，敝館極表同情。敝館同人捐集俸銀九十一元五角，業已先日徑送十九路軍後方辦事處矣，合以奉聞。此致　江蘇省立南京民眾教育館　國學圖書館三月八日

呈教育廳文（1932 年 3 月 15 日）

爲呈報建造窟室工竣及另擬保險辦法，請示祇遵由。　查本館以强敵橫行，深恐有意外之虞，請撥特別費五百元建造窟室，該款業已領到，即經雇工造一土窟，外又以沙袋堆一土室，刻已竣工，另購保險箱數具，俟

有事變，即可將書籍庋藏，以資保護。惟事變之來，難以逆睹，書籍雖有窟室可藏，尚難免有掘藏之慮，似宜多為之備，以盡人力，現在上海戰事已告平息，擬將善本書酌抽一部分乘輪運滬，交銀行保管庫代為保存，似較穩妥。擬議所及，未敢專擅，尚祈訓示，如鈞廳認為可行，仰懇備文關務署，聲明該項書籍係運滬保險，俾金陵江海各關得以通過，以便屆時本館請領護照將書運滬。所有本館建造窟室工竣及擬運書一部分至滬保存等由，理合備文呈請鑒核示遵，實為公便。謹呈　江蘇省教育廳長周　江蘇省立國學圖書館館長柳詒徵三月十五日

教育廳指令（1932 年 3 月 19 日）

呈悉。已函請關務署發給護照，仰即知照。此令。　廳長周佛海三月十九日

江蘇省立社教機關聯合會來函（1932 年 3 月 24 日）

敬啓者：本會第十六次會議決議案第二項，會銜呈請維持二十年度經常費並另籌臨時費二十萬元，按照十八、十九兩支配比例發放一案，呈奉教育廳指令「會呈已悉，查二十年度經常費維持辦法，前經教育經費委員會第二十八次會議公決，分別函飭知照在案，茲據所陳，各節是否可行，應候再行提會核議辦理可也，仰即知照。此令」云云，為此抄錄函達，即希查照為荷。此致　國學圖書館　江蘇省立社教機關聯合會啓三月二十四日

致土地局函（1932年3月26日）

敬啓者：敝館前請酌撥盋山山地，准市政府復稱，由貴局調查，該地業由中央研究院徵收，屬徑向中央研究院商借，敝館當即商請研究院劃借山地，訂立借據。現擬在地面興工，雖僅畝餘，而有地主三四戶，誠恐該地地主未明底蘊，致生枝節，仰懇貴局招致該地地主實行徵收，敝館當將貴局前定地價備款交與研究院彙交貴局發給地主，以清手續。相應函懇，即希查照辦理爲荷。此致

南京市土地局局長　省立國學圖書館館長柳詒徵三月二十六日

復教育部圖書館函（1932年3月30日）

敬復者：頃奉大示，藉諗貴部以編纂《中國教育年鑑》及課外讀物，須借圖書以資參考，甚盛甚盛。查敝館爲謀擴充閱覽範圍計，昨年曾特訂借書規程，限制不無稍嚴，所以防私人之假借名義，貴館同屬文化機關，繳納保證金一條當然從免，惟敝館所藏重分之書不多，期於無妨閱覽，借用時限惟有仍依規定，倘荷同意，商一特約，藉資互守可也。此復

教育部圖書館　國學圖書館三月三十日

國民政府參加比國博覽會代表處來函（1932年4月7日）

徑啓者：前年赴比賽會，貴處出品與賽獲有獎憑、獎章，獎憑已於前月在上海市商會舉行大會頒發竣

事，獎章因屬定製，故寄運較遲，現此項獎章業經比博覽會製就寄滬，相應函達，貴出品人持同敝處前發定獎收據前來領取（在外埠者，須委託本埠親友代表領取，因是項獎章係屬銅質，不便郵寄）爲荷。此致　江蘇省立國學圖書館　國民政府參加比國博覽會代表處啓四月七日

致施韻秋函（1932年4月8日）

韻秋先生道鑒：第四批《明實録》十五冊業已奉到，欣幸莫名，暫止傳鈔，良非本願，祇以經濟來源難恃，不得不從審慎耳，荷體貼雙方情形，謀工作照常賡續，報酬時數並許通融，感佩曷任，自當遵辦。惟時局前途究難窺測，進行仍以從容勿迫爲宜，此間秩序，表面如恒，戒備周密，敝館書籍爲防患未然計，除分別臨時窖藏外，亦儗以一部分之善本移滬保險，職責所在，聊盡人力而已。知注附聞，敬請撰安　柳詒徵四月八日

呈教育廳文（1932年4月12日）

爲呈送進行事業狀況表由。案奉鈞廳訓令第一五四號内開「案查本廳所頒本年度上學期進行事業狀況表……此令」等因，謹將來表依式填就備文送上，即祈鈞鑒。謹呈　江蘇省教育廳廳長周　附呈狀況表兩紙

江蘇省立國學圖書館館長柳詒徵四月十二日

致第五局第五分駐所楊巡官函（1932 年 4 月 12 日）

敬啓者：貴所昨派警士來館，據云常駐敝館之警士徐鵬飛現已退伍，即日離館等情，敝館數年來承貴所遴派警士防衛，一切感荷無涯，刻下時局不靖，敝館爲典藏重地，不可一日疏忽，徐鵬飛既經告退，仍請貴所另派警士一名常川駐館，以資保護，實紉公誼。此致

首都警察廳第五局第五分駐所巡官楊　國學圖書館四月十二日

南京市土地局來函（1932 年 4 月 13 日）

徑啓者：案查接管卷内准貴館函請代爲徵收盋山山地等由，業經派員丈量，計收用李筱緣地五釐零五絲、陳潘氏地六分七釐三毫二絲、曾公祠地三分四釐一毫七絲，共收用地一畝零六釐五毫四絲，按照中央研究院徵收該地經土地徵收審查委員會議定之補償金，山平地每畝一百二十元爲準，應發地價洋一百二十七元八角四分。相應函請查照，希即將該款撥送過局，如該業已解交中央研究院，即請函致該院迅將該款轉撥，以便通知各業户驗契具領，而利征收，至紉公誼。此致

江蘇省立圖書館　局長鄧翔海四月十三日

復土地局函（1932 年 4 月 15 日）

徑復者：案准大函，祇承壹是。盋山山地地價洋一百二十七元八角四分，敝館業經解送中央研究院，茲遵示函請研究院將該款轉送貴局，以便徵收。相應具復，即希查照爲荷。此致

南京市土地局　國學圖書

致中央研究院函（1932 年 4 月 17 日）

敬啓者：敝館前承貴院惠借之山地，曾函請土地局代爲征收，茲准土地局復稱，按照貴院征收該地經土地征收審查委員會議定之補償金，山平地每畝一百二十元爲準，應發地價洋一百二十七元八角四分，屬敝館將款解交貴院後，請貴院迅將該款轉撥，以便通知各業户驗契具領等因，特將地價洋一百二十七元八角四分備函送上，即希檢收賜復，並懇即日轉撥土地局，俾便征收，無任感盼之至。 此致

國立中央研究院　國學圖書館四月十七日

教育廳指令（1932 年 4 月 23 日）

呈暨表均悉，准予彙編。此令。 表存　廳長周佛海四月二十三日

祁錫勇、趙光濤來函（1932 年 4 月 28 日）

翼謀先生大鑒：徑啓者，徐州民衆教育宣傳周前經徐州民衆教育館籌備委員會推勇等負責籌備，現經決定於五月十五日在徐州舉行。惟以茲事體大，非群策群力擴大宣傳，難收實效，素仰貴館辦理社教事業

館四月十五日

早著成績，應請協助進行，共襄盛舉，實紉公誼。此請台安　祁錫勇、趙光濤啟四月二十八日

復南京民眾教育館函（1932 年 4 月 29 日）

敬啟者：接准大函，敬悉募捐慰勞前敵將士，敝館募得大洋一零九元六八六、小洋一四角，除敝館同人所捐九十一元五角早經徑送十九路軍後方辦事處外，餘一八元一八六、小洋十四角，茲連同空白收據兩冊一併奉上，即希檢收彙轉，並乞示復。尚餘收據三冊，暫留敝館，以便繼續勸募，緩日再行繳奉。此致　南京民眾教育館　國學圖書館四月二十九日

復徐州民眾教育館宣傳周籌備處函（1932 年 5 月 3 日）

光濤先生台鑒：刻奉公函，藉諗徐州民教館定於本月十五日起舉行宣傳周，欽佩無既，茲特檢送敝館之新舊印書五種計十二冊，及外界贈館之重份書二十九種計六十二冊，分作三包付郵寄奉，以備陳列。此項書籍，在宣傳週閉幕之後請即移贈徐州民教館，勺水拳石，無補於崇深，尚祈哂存是幸。專復，順請台安　江蘇省立國學圖書館謹啟五月三日

交通部總務司第六科來函（1932年5月6日）

徑啓者：敝處先後出版十七年《交通統計年報》《郵政統計專刊》，十七、八兩年《國際統計叢刊》中之《電政專冊》《郵政專冊》及二十年《交通統計簡報》等刊物，均已分送貴館，諒荷察收。比聞尊處宣揚文化，印行古籍，擬請贈賜若干種，藉供觀摩，是所盼禱，以後敝處出版印件當源源寄奉，以資交換。此致　江蘇

省立國學圖書館　附奉輿圖四種　交通部總務司第六科啓　五月六日

致教育廳函（1932年5月6日）

敬啓者：本館日前因强敵橫行，深恐有意外之虞，擬將善本酌抽一部分乘輪運滬保藏，曾請鈞廳函達關務署請給護照，現時局略定，書籍運滬一事即行作罷，特將鈞廳致關務署一函繳還，即希察收取消爲荷。謹

呈　江蘇省教育廳廳長周　江蘇省立國學圖書館館長柳詒徵五月六日

復參加比國博覽會代表處函（1932年5月10日）

徑復者：按准大函，敬悉敝館出品與賽比國博覽會所獲獎章業已寄滬，囑携貴處前發定獎收據前來領取，查敝館一切開支均須按月報銷，貴處收據已於去年六月造册報銷時粘送教育廳矣，用特備函申明，敬希查照。兹敝處委託鹽業銀行蕭實丹君來前代表領取，即希照發爲荷。此致

國民政府參加比國博覽會代表

處 國學圖書館五月十日

教育廳指令（1932 年 5 月 11 日）

呈暨附件均悉。查該館二十年度七至十二月支出共一二八六三·七五三元，內除專款撥助印刷費一

八七四·三五五元，實支一零九八八·三九八元，比較六個月預算減二一三六·六零二元，核對書據，尚屬相

符。追加十八年度支出書據經核無訛，並准存查。此令。 廳長周佛海五月十一日

教育廳指令（1932 年 6 月 22 日）

呈暨附件均悉，准予存查。此令。 廳長周佛海六月二十二日

江蘇省立鎮江圖書館籌備處來函（1932 年 6 月）

徑啓者：奉江蘇省教育廳廳長面諭，積極籌備省立鎮江圖書館，以便早觀厥成，並奉頒發圖記一顆，文

曰「江蘇省立鎮江圖書館籌備處圖記」等因，奉此，遵即覓定太平橋東舊道署街二號房屋，於五月三十日率

同籌備處職員遷入辦公並啓用圖記，除呈報並分函外，相應函達即希查照是荷。此致 江蘇省立國學圖

書館 江蘇省立鎮江圖書館籌備主任童致旋二十一年六月

四七八

國立中央大學國學圖書館小史 盋山案牘 合刊